FÉRIAS

Novo Regime
Convenção n. 132 da OIT

Fabíola Marques — Presidente da Associação dos Advogados Trabalhistas de São Paulo (AATSP) — biênio 2006/2008. Mestre e Doutora em Direito pela Pontifícia Universidade Católica de São Paulo. Advogada e consultora trabalhista desde 1991. Professora dos cursos de graduação e pós-graduação *latu sensu* da PUC/SP. Coordenadora do Curso de Especialização em Direito Processual do Trabalho da Universidade Católica de Santos — UNISANTOS. Professora do Curso de Administração da Escola Superior de Propaganda e Marketing — ESPM. Professora convidada do Programa MBA — Recursos Humanos da Universidade de São Paulo — FIA/USP. Professora Convidada da Escola Superior de São Paulo — AASP. Integrante da *Asociación Iberoamericana de Derecho del Trabajo y de la Seguridad Social.* Membro da Comissão de Estudos em Direito e Processo do Trabalho da OAB/SP.

FABÍOLA MARQUES

FÉRIAS

Novo Regime
Convenção n. 132 da OIT

Editora
LTr
São Paulo

Dados Internacionais de Catalogação na Publicação (CIP)
(Câmara Brasileira do Livro, SP, Brasil)

Marques, Fabíola

Férias : novo regime : convenção n. 132 da OIT / Fabíola Marques. — São Paulo : LTr, 2007.

Bibliografia.

ISBN 978-85-361-0892-6

1. Férias trabalhista — Leis e legislação — Brasil 2. Organização Internacional do Trablaho. Convenção n. 132. I. Título.

06-7092   CDU-34:331.817.5(81)(094)

Índices para catálogo sistemático:

1. Brasil : Leis : Férias : Direito do trabalho 34:331.817.5(81)(094)
2. Leis : Férias : Brasil : Direito do trabalho 34:331.817.5(81)(094)

(Cód. 3331.2)

© Todos os direitos reservados

LTr

EDITORA LTDA.

Rua Apa, 165 — CEP 01201-904 — Fone (11) 3826-2788 — Fax (11) 3826-9180
São Paulo, SP — Brasil — www.ltr.com.br

Junho, 2007

Dedicatória

*Aos que se foram, meus avós,
Armando Borali e Helena Onzanski Borali (in memoriam),
que muito me ensinaram.
E, aos que estão chegando, meus sobrinhos, Henrique e Heitor,
que trazem a alegria das primeiras descobertas.*

AGRADECIMENTOS

Muitas são as pessoas a quem devo agradecimentos pela amizade, compreensão e auxílio na execução deste livro. Algumas delas, contudo, têm de ser citadas, especialmente, pela contribuição direta na elaboração da obra.

Em primeiro lugar, agradeço ao meu orientador, Professor Doutor *Pedro Paulo Teixeira Manus*, meu mestre de sempre, a quem não me canso de escutar e com quem aprendo cada vez mais. A ele devo agradecer a paciência e a dedicação com que sempre me atendeu, auxiliando-me e indicando-me o caminho para a concretização desse trabalho.

Ao Professor Doutor *Amauri Mascaro Nascimento* pelo grande incentivo e confiança.

À Professora *Cláudia José Abud*, minha sócia e grande amiga, que discutiu comigo diversas idéias e informações contidas nesse estudo e, também, que permitiu meu afastamento temporário de nosso escritório, para que eu pudesse dispensar maior dedicação à pesquisa necessária.

À Professora Dra. *Carla Teresa Martins Romar*, amiga em que me espelho, que me ajudou muito com a bibliografia desse trabalho e, tantas vezes, ofereceu-me seu "ombro amigo".

Ao Professor Dr. *Sólon de Almeida Cunha*, amigo paciente e sempre disposto a escutar minhas lamentações e dúvidas.

Ao Professor Dr. *Paulo Sérgio João*, com quem trabalho na PUC-COGEAE, um grande incentivador.

Aos meus amigos *Graziela de Andrade, Flávia de Carvalho Bazzon, Ana Márcia Marquez Targa, Ana Amélia Mascarenhas Camargos, Beatriz de Lourdes Antonio, Christiani Marques, Suely Esther Gitelman, Ji Eun Kim, Elaine Maffessoni, Ivone Laraia, Ricardo Pereira de Freitas Guimarães, Rui César Publio Borges Correa*, que de várias formas me ajudaram a compor este livro.

Às meninas do escritório que muito colaboraram com o desenvolvimento desse trabalho, *Rosilene Olinda dos Santos Cerqueira, Cenyra Akie Nakamura Pucci* e *Viviane Neves de Souza*.

Aos meus alunos da especialização em Direito do Trabalho da PUC-COGEAE e Universidade Católica de Santos que muito me ensinaram com seus questionamentos e experiências.

Sumário

ABREVIATURAS	11
PREFÁCIO — *Amauri Mascaro Nascimento*	13
INTRODUÇÃO	15
1. PERÍODOS DE DESCANSO NO CONTRATO DE TRABALHO	17
1.1. Fundamentos	17
1.2. Descanso *intra* e *inter* jornada	20
1.3. Descanso semanal remunerado	21
1.4. Descanso anual	25
2. DIREITO DE FÉRIAS	28
2.1. História do direito de férias	28
2.2. Antecedentes legislativos no Brasil	29
2.3. O Conceito e a natureza jurídica das férias	32
3. DIREITO INTERNACIONAL	39
3.1. Organização Internacional do Trabalho — OIT	41
3.2. Convenções, recomendações e resoluções da OIT	43
3.2.1. Ratificação das convenções	43
3.2.2. Vigência e eficácia das convenções	47
3.3. Convenções e recomendações sobre o direito de férias	56
4. CONVENÇÃO N. 132 DA OIT	58
4.1. Origem e o contexto atual	58
4.2. Objetivos sociais e econômicos	61
4.3. Vigência no ordenamento jurídico nacional	63
4.4. Eficácia no ordenamento jurídico nacional	64
4.4.1. Legislação aplicável ao regime de férias	66
4.4.2. Teorias do conglobamento e acumulação	69
4.4.3. Sistema jurídico dinâmico — antinomias	72
4.5. Aplicação (abrangência)	76
75. O NOVO REGIME JURÍDICO DAS FÉRIAS	79
5.1. Férias anuais	79

5.2. Período aquisitivo 80
5.3. Período mínimo de férias 83
    5.3.1. Dias corridos e exclusão de feriados 87
    5.3.2. Empregado doméstico 92
    5.3.3. Faltas ao serviço e cômputo das férias 96
    5.3.4. Serviço militar obrigatório e cômputo das férias 102
5.4. Perda do direito de férias 103
5.5. Concessão das férias 109
    5.5.1. Concessão por ato do empregador 110
    5.5.2. Comunicação da concessão das férias 112
    5.5.3. Continuidade e fracionamento das férias 114
    5.5.4. Concessão extemporânea das férias 117

6. FÉRIAS COLETIVAS E A CONVENÇÃO N. 132 121
6.1. Regras gerais 123

7. REMUNERAÇÃO E ABONO DE FÉRIAS 126
7.1. Remuneração de férias 127
7.2. Abono de férias 131

8. FÉRIAS E CESSAÇÃO DO CONTRATO DE TRABALHO 136
8.1. Férias decorrentes da cessação do contrato de trabalho, antes da ratificação da Convenção n. 132 da OIT 137
8.2. Férias decorrentes da cessação do contrato de trabalho, após a ratificação da Convenção n. 132 da OIT 139
8.3. Natureza jurídica das férias devidas após a cessação do contrato de trabalho 142

9. PRESCRIÇÃO DO DIREITO DE FÉRIAS 144

10. PROPOSTA DE ALTERAÇÃO LEGISLATIVA 146

CONCLUSÃO 149

ANEXOS
1. Decreto n. 3.197, de 5 de outubro de 1999 153
2. Convenção n. 132 da OIT 153

BIBLIOGRAFIA
1. Obras citadas 159
2. Obras consultadas 164

Abreviaturas

art.	—	artigo
arts.	—	artigos
c/c	—	combinado com
CF	—	Constituição Federal
CLT	—	Consolidação das Leis do Trabalho
CP	—	Código Penal
CPC	—	Código de Processo Civil
CPP	—	Código de Processo Penal
DOU	—	Diário Oficial da União
DRT	—	Delegacia Regional do Trabalho
inc.	—	Inciso
INSS	—	Instituto Nacional do Seguro Social
n.	—	número
OIT	—	Organização Internacional do Trabalho
TST	—	Tribunal Superior do Trabalho
SDI-I	—	Seção de Dissídios Individuais I
STF	—	Supremo Tribunal Federal
ss	—	seguintes

Prefácio

Uma das questões ainda não resolvidas pelos Tribunais do Trabalho é tratada, de modo seguro e competente, neste livro de Fabíola Marques. Tive a honra de integrar a banca examinadora da sua tese de doutorado na PUC de São Paulo, exatamente sobre esse tema, na qual foi aprovada com todos os méritos. A autora estudou, com profundidade, os efeitos da Convenção n. 132, da OIT, que dispõe sobre férias remuneradas, sobre o nosso ordenamento jurídico, chegando a conclusões que merecem a reflexão do leitor.

São diversas as questões que o tema sugere, todos da maior relevância, teórica e prática, a respeito dos quais tanto a doutrina como a jurisprudência ainda não pôde apresentar, pelo que de inovador a matéria levanta, seus posicionamentos definitivos.

O primeiro aspecto é a compatibilização do nosso sistema legal com a referida Convenção n. 132, ratificada pelo nosso país, o que nos põe de frente com a questão inicial de aplicabilidade normativa, sendo certo que o Brasil ratificou o respectivo instrumento internacional (Decreto Legislativo n. 47, de 23.9.1981 e Dec. n. 3.197, de 5.10.1999), depositou-o na OIT em 23.9.1998, entrando em vigor, em nosso país, em 23.9.1999.

Ora, é sabido que Convenção da OIT ratificada pelo Brasil tem nível de lei federal e se partirmos da premissa de que lei posterior revoga lei anterior, a Convenção n. 132 sobrepõe-se ao capítulo de férias da CLT, no que se atritarem os dois textos e no que for mais benéfico ao trabalhador.

Discute-se, também, se, admitida a aplicabilidade, a comparação entre nosso direito positivo e a Convenção n. 132 saber se a aplicação da Convenção far-se-á fiel à teoria do conglobamento ou à teoria da acumulação, significando a primeira que um texto, dos dois confrontados, será aplicado inteiramente, e a segunda, que o confronto será feito texto por texto de modo fracionado.

A Convenção n. 132 nem sempre se mostra clara introduzindo, inclusive, conceitos não-habituais em nosso direito, porque traz figuras e um modelo de férias novo, o que dá à interpretação de Fabíola um sentido monográfico inegavelmente pioneiro da maior utilidade para o desenvolvimento natural e ulterior dos seus enunciados.

É o que ocorre com, por exemplo, com figuras como crédito de férias, que nos parece ser um direito que o empregado tem de levar o saldo de férias que não teve em um emprego para outro emprego (art. 11), não havendo nada parecido em nosso direito; férias proporcionais indenizadas, além, também, de gozadas (art. 11); férias proporcionais, o que penso que provocará mais intensa discussão entre nós, em todos os casos de extinção do contrato de trabalho, independentemente da causa de extinção do vínculo.

Podem ser afetados padrões habituais admitidos até hoje no Brasil substituídos por outros. É a situação, para exemplificar, do fracionamento das férias. Nenhuma das frações deverá corresponder a menos de duas semanas (C. n. 132, art. 8, 2), o que é mais benéfico para o empregado do que os 10 dias previstos na lei brasileira (CLT, art. 134, § 1º); a definição da ocasião do gozo das férias, pela nossa lei determinada pelo empregador, pela Convenção n. 132 ainda pelo empregador decidido, porém após consulta ao empregado ou a seus representantes, a menos que seja fixada por regulamento, acordo coletivo, sentença arbitral (C. n. 132, art. 10), residindo a novidade na exigência de consulta ao interessado, o que não é previsto em nossa lei (CLT, art. 136); a nulidade da renúncia ao gozo de férias anuais (C. n. 132, art. 12), ou seja, à chamada venda das férias, total ou parcial (abono de férias).

Como se vê, diante da clara necessidade de reorientação dogmática do tema em nosso direito, o livro de Fabíola só pode ser muito bem recebido e está destinado a ocupar um lugar de destaque na bibliografia monográfica do nosso País.

Prof. Amauri Mascaro Nascimento

INTRODUÇÃO

I. Justificativa

A tese que pretendemos defender neste trabalho é a de que a aplicação da Convenção n. 132 da Organização Internacional do Trabalho (OIT) ao direito nacional deu origem a um novo regime de férias.

Falar de férias é algo agradável, pois tirar férias é sinônimo de descansar, de parar de trabalhar, de interromper os estudos pelo término das aulas. Com as férias vem, também, a possibilidade de viajar e conhecer lugares novos. Tudo relacionado ao lazer e ao prazer.

Nosso "turismo jurídico" neste trabalho, contudo, restringir-se-á à aplicabilidade da Convenção n. 132 da OIT à legislação pátria e sua alteração. O tema é de fundamental importância porque a referida Convenção é de difícil interpretação e, em certos casos, apresenta-se confusa e contraditória. Além disso, de um lado, poucos são os doutrinadores que estudaram o tema a fundo e têm conhecimento de sua vigência no plano nacional, e, de outro, muitos, ao escrever sobre as férias, simplesmente ignoram a sua existência, não se lançando ao debate necessário em torno de suas conseqüências.

Pode-se dizer, portanto, que apesar de a Convenção n. 132 estar vigente há quase seis anos, ou seja, desde 06 de outubro de 1999, data da promulgação do Decreto presidencial n. 3.197, de 05 de outubro de 1999, as novidades por ela introduzidas ao ordenamento jurídico nacional continuam a ser ignoradas pela maioria dos nossos operadores do direito.

Diante dessas modificações, nosso intuito é estudar os aspectos materiais do direito de férias, o direito internacional do trabalho, a aplicação da Convenção internacional à legislação trabalhista brasileira e, principalmente, as alterações sofridas pela aplicação da Convenção n. 132 da OIT que criou um novo regime de férias. Procuraremos enfrentar as questões duvidosas vividas no dia-a-dia do Direito do Trabalho, que afligem empregados e empregadores, em razão de a legislação nacional e internacional permitir diversas interpretações, e, também, em razão de a doutrina não ser unânime ou, ainda, em razão de a jurisprudência de nossos Tribunais não ser pacífica.

Defenderemos a aplicação da Convenção n. 132 da OIT à legislação nacional, afastando as teorias da acumulação e do conglobamento, que a nosso ver, aqui não se aplicam, para utilizar a regra da *lex posterior derogat legi priori*, prevista na Lei de Introdução ao Código Civil (LICC), e da norma mais benéfica. Depois, passaremos a compor as regras do novo regime de férias, determinando seu conteúdo e seu alcance.

O estudo se justifica porque esse é um assunto que, pela importância de que se reveste, deve ser acessível não só aos profissionais do Direito mas a todos os jurisdicionados eventualmente ameaçados pela inaplicabilidade prática do direito de férias. Afinal, entendemos ser o descanso do trabalhador questão fundamental para sua saúde física e mental, e a inobservância da Convenção n. 132 da OIT traz sérias conseqüências aos empregados, que não têm seus novos direitos efetivamente garantidos.

Delimitamos a tese à aplicabilidade da Convenção n. 132 da OIT, que exclui de sua abrangência os trabalhadores marítimos, previstos pela Convenção n. 146 da OIT.

II. Descrição do trabalho

Para alcançar nosso objetivo de estudar os aspectos materiais do direito de férias, o Direito Internacional do Trabalho, a aplicação da Convenção internacional à legislação trabalhista brasileira, além das alterações sofridas pela aplicação da Convenção n. 132 da OIT que criou um novo regime de férias, partiremos da análise dos aspectos históricos e jurídicos das formas de proteção à duração do trabalho, especialmente da concessão de intervalos para descanso dos trabalhadores, bem como da evolução histórica do direito aos descansos obrigatórios, em seu tríplice aspecto, a limitação diária, semanal e anual. Esse tratamento histórico é fundamental para explicarmos os objetivos individuais e sociais das férias e da proteção ao trabalhador e também, de quem vive sob sua dependência moral e econômica.

Depois, ocupar-nos-emos do estudo do direito internacional e, em especial, das convenções internacionais do trabalho e seus reflexos por entendê-los essenciais à compreensão da origem, objetivos, vigência e eficácia da Convenção n. 132 da OIT.

Apresentamos, também, o ordenamento jurídico brasileiro relativo às férias anuais remuneradas, diante das modificações sofridas pela Convenção n. 132 da OIT, com breves e pontuais comparações com o Direito Internacional relativo às férias de países como Espanha, Portugal, Suíça, França, Chile, México, Panamá e Argentina.

Defendemos, então, o surgimento do novo regime de férias, posto no ordenamento jurídico nacional pela Convenção n. 132 da OIT, que diversos benefícios trouxe aos trabalhadores.

Para deixar mais claro nosso ponto de vista, a título de sugestão, apresentamos uma proposta de alteração legislativa, para facilitar a análise da interpretação e alcance do novo regime de férias nacional.

III. Métodos e Técnicas de Pesquisa

O trabalho realizou-se, predominantemente, a partir do método dedutivo, já que partimos de teorias gerais para explicar o particular, que, no caso, é a criação de um novo ordenamento jurídico de férias. Podemos dizer, contudo, que o método indutivo foi também praticado quando analisamos o *corpus*, composto pelo conjunto de normas e princípios, que fundamentam nossa tese.

Consultamos fontes primárias, como leis, convenções internacionais, sentenças judiciais, e também, fontes secundárias, realizando ampla pesquisa bibliográfica.

Por fim, com base nas diretrizes lançadas, sugerimos propostas para a interpretação do novo regime jurídico de férias, mediante o processo sistemático.

1. Períodos de Descanso no Contrato de Trabalho

1.1. Fundamentos

O direito do trabalho tem como objeto as relações sociais derivadas da modificação do mundo, pelo homem, através do trabalho.

O *trabalho* é sinônimo de atividade que gera cansaço, fadiga, e é conceituado por *Plácido e Silva* como todo esforço físico ou intelectual com intenção de realizar ou fazer alguma coisa. No sentido econômico ou jurídico,

> "é tôda ação, ou todo o esforço, ou todo desenvolvimento ordenado de energias do homem, sejam psíquicas, ou sejam corporais, dirigidas com um fim econômico, isto é, para produzir uma riqueza, ou uma utilidade, suscetível de uma avaliação ou apreciação monetária."[1]

O caráter penoso do trabalho, na lição de *Bernardo da Gama Lobo Xavier*[2], deriva de *tripalium*, objeto constituído por três paus para dominar cavalos que resistiam à marcação a ferro, mas que também, serviu como instrumento de tortura.

O estudo histórico das formas lingüísticas revela que o conceito de "trabalho, trabalhar" formou-se a partir da idéia de sofrimento[3]. Assim, as regras de limitação do tempo de prestação de serviços têm como objetivo garantir a dignidade do trabalho humano e são uma reivindicação operária presente na atualidade.

Como nos ensina *Roberto Barretto Prado*, no período das corporações de ofício, a duração diária do trabalho era, em média, de nove horas e meia no inverno e doze horas e meia no verão. Porém, não se trabalhava nos feriados e nos dias dedicados às festas religiosas que eram numerosos. Além disso, a tradição antiga não admitia o trabalho após o pôr-do-sol. O autor lembra, contudo, que o ritmo de vida na Idade Média era muito diferente de hoje, sendo que, no período tradicional do "sol a sol", havia muito tempo para o descanso.[4]

A racionalização do trabalho se deu nos primeiros tempos da revolução industrial, quando o mesmo passou a ser realizado em série. Os operários exercem atividades específicas e particularizadas, repetidas inúmeras vezes, como exigência imposta pela mecanização. A atividade humana passou a ser encarada como mero fator de produção, sujeita à lógica do mercado e, portanto, à diminuição dos custos para a obtenção do lucro, submetendo-se ao ritmo das máquinas.

A mecanização acabou por criar tensões e desemprego tecnológico, e fez surgir a chamada "questão social" decorrente da "incrível miséria da classe operária no

---

(1) *Vocabulário Jurídico*, v. IV, p. 1573.
(2) *Curso de Direito do Trabalho*, p. 15.
(3) CUNHA, Antônio Geraldo da. *Dicionário etimológico Nova Fronteira da língua portuguesa*, p. 779.
(4) *Tratado de direito do trabalho*, v. 1, p. 320.

século XIX", que se tornou isolada, desprovida de proteção legal e sujeita a uma intensa exploração.[5]

O predomínio do liberalismo fez crescer o problema da exploração do trabalho, com a eliminação dos descansos e a instituição de jornadas de quinze, dezessete e até dezoito horas diárias. Assim, na segunda metade do século XIX surgiram as primeiras manifestações contrárias à exploração do trabalho, com o objetivo de reduzir as jornadas excessivas. *Robert Owen* foi o pioneiro a reduzir a jornada de trabalho dos empregados em sua fábrica de tecidos, localizada em New Lamark, na Escócia.[6]

A experiência de *Owen* não teve maiores repercussões entre os industriais, já que seu exemplo não foi seguido. No entanto, suas idéias inspiraram os trabalhadores que, a partir de 1830, iniciaram movimento operário organizado ("trade unions"), que objetivava reduzir a jornada, fixando o dia de trabalho em oito horas.

Em 1847, o Parlamento inglês aprovou a primeira lei sobre a limitação da jornada de trabalho, que passou a ser de dez horas. Em 1848, a duração diária do trabalho também foi reduzida para dez horas, em Paris, e para onze horas, nas províncias francesas. Os empregadores, contudo, reagiram e, no mesmo ano (1848), a lei francesa foi derrogada, dilatando-se a jornada de trabalho para doze horas.

Enquanto isso, as manifestações de protesto contra as jornadas excessivas cresciam e se espalhavam pela Europa. Na Inglaterra, os grandes movimentos de protesto, inspirados pela pregação socialista de *Owen*, pleiteavam, em forma de verso: "Eight hours to work, Eight hours to play, Eight hours to sleep, Eight hours shillings a day."[7] Esse lema foi sendo adotado pelos movimentos operários e discutido pelas conferências internacionais. Finalmente, em 1891, o Papa Leão XIII publicou a *Encíclica Rerum Novarum,* advogando a intervenção do Estado nas relações de trabalho, defendendo o salário justo e combatendo o prolongamento excessivo da jornada.

A jornada de trabalho de oito horas foi-se, então, generalizando no início do século XX, sendo adotada por diversos países (Uruguai, Suécia e França, em 1915; Equador, em 1916; Rússia, Finlândia e México, em 1917; Alemanha, em 1918; e, Itália e Inglaterra, em 1919).[8] Em 1919, os Estados que assinaram o Tratado de Versailles, comprometeram-se a adotar a jornada de oito horas diárias e quarenta e oito horas de trabalho semanais.

Assim, o regime das oito horas diárias constitui hoje uma conquista universal dos trabalhadores, embora o processo evolutivo até o estágio atual tenha sido lento

---

(5) XAVIER, Bernardo da Gama Lobo. *Curso de direito do trabalho,* p. 25.
(6) Roberto Barretto Prado informa que: "Entre as grandes inovações de Owen notamos a de não se admitir na indústria empregado menor de 10 anos, e a redução paulatina do período diário de trabalho para 16 horas, mais tarde 12 horas e 30 minutos, e finalmente, a partir de 1816, para 10 horas e 30 minutos. Owen explorou sua indústria de tecidos de 1800 a 1820. Depois dessa data dedicou-se à criação de colônias de trabalho coletivo, destacando-se a célebre 'New Harmony', fundada nos Estados Unidos, em 1825. Em 1830, Owen funda as associações de trabalhadores, as 'trade unions', com a finalidade de melhorar as condições de trabalho, notadamente com referência à delimitação da jornada diária. O problema nessa ocasião assumia proporções gravíssimas, notando-se na Inglaterra grande massa de desempregados, e de tal forma que no tempo da Rainha Elizabeth, em 1832, foi promulgada a 'lei pelos mais pobres', concedendo auxílio de 7 milhões de libras para que não morressem de fome os indigentes desempregados", *op. cit.,* p. 321.
(7) CESARINO JR., A. F. *Direito social brasileiro,* v. 2., p. 360, nota 842.
(8) NASCIMENTO, Amauri Mascaro. *Iniciação ao Direito do Trabalho,* p. 333.

e penoso. Sobre o tema, *Délio Maranhão* sustenta que "a luta pela diminuição da jornada de trabalho é a luta humana pela vida e a luta por uma vida humana..."[9]

Verifica-se, portanto, que a primeira forma de proteção à duração do trabalho foi a limitação da jornada. Entretanto, esta não é a única forma de garantir a dignidade do trabalho humano, já que é fundamental a concessão de intervalos para descanso dos trabalhadores.

Nos tempos atuais, a doutrina está voltada para o estudo dos descansos gozados durante a jornada de trabalho, ou entre uma jornada e outra, dos descansos semanais e, finalmente, das férias anuais.

A instituição dos descansos obrigatórios, em seu tríplice aspecto (limitação diária, semanal e anual), tem objetivos individuais e sociais, pois não protege apenas o trabalhador, mas também quem vive sob sua dependência moral e econômica.

Neste sentido, vale a pena reproduzir as palavras do jurista argentino *Juan D. Pozzo*, citado por *Mozart Victor Russomano*:

"Si el trabajo es considerado en la actualidad una función social provechosa no solo para las partes ligadas por el contrato, sino para todo el conjunto social; si el criterio moderno entiende que el trabajo nos es una mercancía y que su regulación debe ser considerada con un criterio humano y no económico, lógico es que la legislación haya limitado al empleador la utilización de las fuerzas del empleado, imponiéndole la obligación de respectar ciertos periodos de descanso, ya sea durante el transcurso de la jornada laboral, ya durante un periodo de tiempo determinado ordinariamente la semana — y, en fin, una fracción de tiempo más extensa de descanso durante un año de trabajo.

El descanso entre las horas del trabajo o entre dos jornadas tiende a procurar el indispensable reposo para la recuperación de la energía física; el descanso semanal da al individuo no sólo reparación física, sino que le otorga una noción de su propia personalidad dentro de su familia y independencia para considerarse como un ser humano; el hombre al recobrar su individualidad encuentra ya sea en el reposo, en el intercambio de relaciones, en la diversión, en el paseo, en la lectura, en la realización de intensos deseos de entretenimientos, un paliativo para el diario trabajo, un descanso para su desgaste físico y mental

---

(9) O referido autor ainda acrescenta uma passagem da publicação *Growth of Labor Law in the United States*, do Departamento de Trabalho americano, de 1962, referente ao depoimento de Helen Sisscak, de oito anos de idade, prestado perante o Juiz Gray, da Pensilvânia, sobre seu trabalho em uma fábrica têxtil, em 1911:
"Juiz: Helen, quando você vai para o trabalho?
Helen: Às seis e meia da tarde.
Juiz: E quando volta para casa?
Helen: Às seis e meia da manhã.
Juiz: A fábrica fica longe?
Helen: Não sei. Levo uma hora para chegar lá.
Juiz: E o inspetor me informou que você tem que caminhar através de campos desertos sujeitos a tempestades. Quanto você ganha, Helen?
Helen: Três cents por hora, senhor.
Juiz: Se minha aritmética não falha, são 36 cents por uma noite de trabalho. Bem, vemos aqui, realmente, a carne e o sangue de crianças cunhados em dinheiro." *In Direito do trabalho*, p. 87.

y un objetivo para su vida. Por supuesto que mayor de resultar esta influencia del descanso semanal, en el período de vacaciones anuales.

El moderno criterio acerca de la institución del descanso del empleado no sólo tiende a la sola conservación del individuo para la recuperación de energías perdidas. La limitación de la jornada y el descanso obligatorio permiten al empleado desarrollar su personalidad, cultivar su espíritu, acrecentar su educación y formar su cultura. En pocas palabras, el descanso, en sus distintas formas, da al individuo la oportunidad de sentirse como tal dentro de la sociedad; el individuo deja de ser parte de un sistema de producción, para transformarse en un ser libre y pensante que constituye el objeto de la organización social y del derecho."[10]

1.2. Descanso *intra* e *inter* jornada

A limitação da duração da jornada de trabalho, apesar de sua grande importância para a saúde do trabalhador, não é suficiente para a reposição de sua capacidade física.

Desse modo, além de fixar a jornada de trabalho, a lei obriga a concessão de intervalos durante a mesma ou entre uma jornada e outra, com o objetivo de permitir a restauração das energias do organismo. Esses intervalos podem ser remunerados ou não, ou seja, quando são ou não computados na jornada de trabalho.

Além disso, é obrigatória a concessão de intervalo de 11 horas entre uma jornada e outra de trabalho (art. 66 da CLT) e, também, de intervalo no curso de cada jornada de trabalho, para alimentação ou repouso do trabalhador (art. 71 da CLT).

O intervalo de 11 horas é necessário entre uma jornada e outra para que o empregado tenha condições de recuperar suas energias. É o descanso diário, também chamado de intervalo *inter* jornada, ou seja, o tempo de recuperação das energias consumidas no dia de atividade pelo sono, mas também o período de reinserção na vida familiar e no círculo social a que o trabalhador pertence.[11]

A não concessão do intervalo mínimo de 11 horas entre duas jornadas de trabalho, ou seja, o início da prestação de serviços antes de completado o referido descanso, garante ao empregado o pagamento das horas suprimidas de descanso como extraordinárias. Vale dizer que esse descanso não se confunde com o descanso semanal remunerado de 24 horas, e deve ser somado a ele, conforme a Súmula n. 110 do TST.

Há também o intervalo obrigatório que deve ser concedido pelo empregador ao empregado, durante a jornada de trabalho, que é de uma hora ou quinze minutos conforme o tempo de trabalho prestado. O intervalo obrigatório para as jornadas de

---

(10) *Derecho del trabajo*, v. 2, p. 173-175 apud *Comentários à Consolidação das Leis do Trabalho*, v. 1, p. 113.

(11) Em se tratando de empregados sujeitos a horários variáveis (jornada de 7 horas) nos serviços de telefonia, telegrafia, radiotelegrafia e radiotelefonia, o intervalo interjornada é de 17 horas (art. 229 da CLT). Para os empregados operadores cinematográficos, o intervalo interjornada é de 12 horas (§ 2º do art. 235 da CLT). No serviço ferroviário, o intervalo é de 10 horas (§ 1º do art. 239, CLT). Os cabineiros ferroviários têm intervalo de 14 horas (art. 245, CLT). Os jornalistas profissionais têm intervalo de 10 horas (art. 308, CLT).

trabalho com duração mínima de seis horas será de uma hora no mínimo e duas horas no máximo; o intervalo obrigatório será de quinze minutos, quando a jornada de trabalho não ultrapassar o limite de seis horas de duração, desde que o empregado trabalhe o mínimo de quatro horas. Convém observar que se o empregado tem jornada igual ou inferior a quatro horas, não faz jus à concessão de intervalo durante a prestação dos serviços.

A interrupção do trabalho, no curso da jornada, é chamada intervalo *intra* jornada e deve separar duas partes do dia, destinando-se, normalmente, à refeição e algum descanso. Como bem explica o jurista português *António Monteiro Fernandes* [12], a interrupção do trabalho intrajornada é um período de plena auto-disponibilidade do trabalhador, já que ele é livre para usar esse tempo como melhor lhe aprouver e onde mais lhe convier. O empregado não precisa nem mesmo deixar as instalações da empresa, podendo realizar suas refeições e gozar de seu tempo de descanso no próprio estabelecimento. Mas, se preferir fazer sua refeição em casa, ou em qualquer outro local, tem liberdade para isso.

Tais intervalos não são computados na jornada como tempo à disposição do empregador e por esse motivo não são remunerados. Existem, contudo, intervalos intrajornada, igualmente obrigatórios, que são computados na jornada de trabalho e, portanto, são remunerados. Esses são aplicados ao caso dos empregados que atuam nos serviços permanentes de mecanografia e do digitador que têm intervalo de 10 (dez) minutos para cada 90 (noventa) minutos trabalhados (art. 72, CLT e Súmula n. 346, TST); dos que trabalham em câmaras frias, com intervalo de 20 (vinte) minutos de descanso para cada 1 (uma) hora e 40 (quarenta) minutos de trabalho (art. 253, CLT); dos empregados em minas de subsolo que têm intervalo de 15 (quinze) minutos para cada período de 3 (três) horas de trabalho (art. 298, CLT); e da mulher em fase de amamentação que tem direito a dois descansos de 30 (trinta) minutos cada um, para amamentar filho menor até 6 (seis) meses (art. 396, CLT). É importante ressaltar que, além desses intervalos remunerados legalmente previstos, tais empregados também têm direito ao descanso intrajornada de 15 (quinze) minutos, ou de uma ou duas horas, para alimentação e repouso, nas hipóteses em que a sua jornada exceda, respectivamente, os limites de 4 (quatro) ou 6 (seis) horas diárias (art. 71, CLT).

Finalmente, a não concessão total ou parcial do intervalo intrajornada mínimo, para repouso e alimentação (art. 71), implica o pagamento total do período correspondente, com acréscimo de, no mínimo, 50% sobre o valor da remuneração da hora normal de trabalho, conforme a Orientação Jurisprudencial n. 307 da SDI-I do TST.

1.3. Descanso Semanal Remunerado

O descanso semanal remunerado, também chamado de repouso semanal ou repouso hebdomadário[13], está previsto no art. 7º, inc. XV, CF/88, na Lei n. 605 de 5 de janeiro de 1949 e nos artigos 67 a 70 da CLT. Trata-se do período de 24 horas consecu-

---

(12) *Direito do trabalho*, p. 381.
(13) Segundo os ensinamentos de *Sérgio Pinto Martins*, as expressões *descanso hebdomadário* ou *repouso hebdomadário* são impróprias porque a palavra *hebdômada* diz respeito ao período de sete dias, sete semanas ou sete anos. *Direito do trabalho*, p. 551.

tivas em que o empregado paralisa suas atividades, deixando de prestar serviços ao empregador, uma vez por semana, preferencialmente aos domingos e também nos feriados civis e religiosos, mas percebendo remuneração. O objetivo do repouso semanal remunerado é permitir ao empregado o descanso após uma semana de trabalho, de forma que a cada 6 (seis) dias trabalhados o empregado repouse no sétimo dia.[14]

Como nos ensina *Cesarino Jr.*, repouso semanal "é o período de folga a que tem direito o empregado após um determinado número de dias ou de horas de trabalho por semana, com o fim de proporcionar-lhe um descanso higiênico, social e recreativo."[15]

A origem do descanso semanal é religiosa. Os hebreus costumavam descansar aos sábados (*sabbath* significa descanso); os cristãos, no domingo (*dies Domini*, ou dia do Senhor); os maometanos, na sexta-feira; alguns grupos africanos, na terça-feira; e os antigos chineses, na segunda-feira.[16] Também no Decálogo de Moisés já estava previsto o descanso semanal:

"Guarda o dia de sábado, para o santificar, como te ordenou o Senhor teu Deus" (5, v. 12);

"Seis dias trabalharás e farás toda a tua obra" (5, v. 13);

"Mas o sétimo dia é o sábado do Senhor teu Deus; não farás nenhuma obra nele, nem tu, nem teu filho, nem tua filha, nem o teu servo, nem a tua serva, nem o teu boi, nem o teu jumento, nem animal algum teu, nem o estrangeiro que está dentro de tuas portas: para que teu servo e tua serva descansem como tu" (5, v. 20).

Depois, com o advento do cristianismo, o descanso do sábado foi trocado para o domingo, que passou a ser reservado para a celebração da ressurreição de Cristo, ocorrida neste dia.

Como esclarece *Amauri Mascaro Nascimento*, tomando por base as informações dos historiadores, o primeiro preceito civil que reconheceu o descanso semanal ocorreu em 321, quando Constantino proibiu toda e qualquer espécie de trabalho aos domingos, exceto as atividades agrícolas.[17] Durante toda a Idade Média, por influência da Igreja Católica, o costume de descanso aos domingos se arraigou profundamente, sendo que as corporações de ofício incluíam sempre nos seus estatutos a obrigação de paralisar o serviço nesse dia da semana.[18] Assim, a vinculação religiosa garantiu que o descanso semanal, na atualidade, e na maioria dos países[19], fosse usufruído aos domingos.[20]

---

(14) Sustenta *Alfredo Montoya Melgar* que: "La necesidad de que el trabajador disponga de un tiempo de ocio (de no-trabajo) — necesidad psicofísica que ha de ser atendida por razones sociales y económicas, y de la que se hace eco la Constitución (art. 40.2, art. 43.3) — se traduce no sólo en la limitación de la jornada laboral sino también en la fijación de unos períodos de descanso semanal y anual", *Derecho del trabajo*, p. 350.
(15) *Direito social brasileiro*, v. 2, p. 377.
(16) GIGLIO, Wagner. *Férias e descansos remunerados*, p. 51.
(17) *Curso de direito do trabalho*, p. 713.
(18) SÜSSEKIND, Arnaldo. *Instituições de Direito do trabalho*, v. 2, p. 842.
(19) Interessante observar que, segundo a Legislación laboral y de Seguridad Social espanhola, os trabalhadores têm descanso semanal de um dia e meio, sem interrupções, que, em regra, é usufruído na tarde de sábado ou na manhã de segunda-feira e o dia completo de domingo (art. 37, 1.). Entretanto, os acordos de cooperação entre o Estado espanhol e a Federação de Entidades Religiosas Evangélicas da Espanha, a Federação de comunidades Israelitas na Espanha e a Comissão Islâmica da

Desde então, o descanso semanal aos domingos vem sendo objeto de inúmeros preceitos legais, ora cumpridos, ora não, segundo os historiadores da legislação trabalhista.

O caráter do descanso semanal mudou com o laicismo originário da Revolução Francesa, passando de confessional a social, já que as regras, antes impostas pela Igreja, correspondiam às necessidades sociais de permitir ao empregado maior tempo livre para dedicar-se à vida familiar ou à cívica.[21]

O descanso semanal remunerado de 24 horas consecutivas deve ser concedido a todos os empregados, preferencialmente aos domingos, com exceção das atividades que, por sua natureza, devam ser exercidas também nesses dias. Neste caso, o empregado deverá compensar o domingo trabalhado com outro dia de folga durante a semana.

Ressalta *Valentin Carrion* ser imperativo que o trabalhador repouse no domingo, ou seja, no mesmo dia que sua família, seus parentes e seus concidadãos. Segundo o autor, o trabalho em dias em que os filhos, a esposa e os amigos descansam, contribui para a "dissolução de laços gregários" importantes para a sociedade e para a estabilidade do indivíduo, sendo ainda que o repouso nesse dia repercute sobre a produção, a economia e a criminalidade pois "o homem que trabalha durante a semana, em grande parte, o faz com a esperança de atingir o dia de descanso, como prêmio." [22]

No Brasil, o direito ao repouso semanal foi garantido pela Constituição de 1934 (art. 121, § 1º, *e*) e pela Constituição de 1937 (art. 137, *d*). Entretanto, apenas com a Constituição de 1946 tornou-se compulsória a remuneração do dia de descanso. Até então, os trabalhadores brasileiros que não eram mensalistas, ou seja, os diaristas, gozavam o direito ao descanso semanal, geralmente aos domingos, mas não percebiam a respectiva remuneração. A Constituição de 1946 (art. 157, VI), contudo, garantiu aos trabalhadores o direito ao repouso remunerado e aos feriados civis e religiosos. Posteriormente, a Lei n. 605, de 5 de janeiro de 1949 e o Decreto n. 27.048,

---

Espanha reconhecem a possibilidade de descanso integral aos sábados para os evangélicos e judeus, e a interrupção de trabalho às sextas-feiras, das 13h30 às 16h30, e término da jornada uma hora antes do pôr do sol durante o mês de jejum (Ramadan) para os muçulmanos, como horas de compensação, mediante acordo entre as partes. Ademais, tais acordos com as comunidades judias e muçulmanas citados também reconhecem, mediante negociação prévia, a possibilidade de substituir alguns feriados de caráter geral pelas cinco festividades tradicionais judias ou pelas seis muçulmanas (Leys ns. 24/1992, 25/1992 e 26/1992).

(20) Sobre o tema, comentam *Manuel Alonso Olea* e *Mª Emilia Casas Baamonde* que: "Los orígenes de la institución son sobradamente conocidos; el mandamiento religioso está en el Antiguo Testamento con gran insistencia (Génesis, 2,3; Exodo, 16,23-30; 31, 13-26; 34,21; 35,2; etcétera), comprendiendo a servidores y, al parecer, incluso a esclavos (Exodo, 20,10; Deuteronomio, 5,14). Con el mismo sentido pasó al cristianismo, siendo en éste el domingo día de celebración, esto es, de inversión sacra o litúrgica de un ocio concebido justamente con esta finalidad (Catecismo, §§ 1166-1167 y 1193). El descanso semanal o dominical conserva la impronta de este su carácter originario, aunque el siglo haya hecho de él, para muchos, una institución secularizada; en cualquier caso, el profundo respeto de la naturaleza humana que implica es incomprensible sin el recuerdo de su origen", Derecho del Trabajo, p. 285.

(21) GOMES, Orlando e GOTTSCHALK, Elson. *Curso de direito do trabalho*, p. 294.

(22) *Comentários à Consolidação das Leis do Trabalho*, p. 114, nota 5 ao art. 70 da CLT.

de 12 de agosto de 1949 regulamentaram a matéria, garantindo o descanso a todos os empregados. Este preceito foi mantido pela Constituição de 1967 (art. 165, VII) e pela Constituição de 1988 (art. 7º, XV).[23]

A evolução relativa ao pagamento do repouso semanal, apesar da inexistência de Convenção Internacional, fixando este direito a todos os operários, é fundamental, uma vez que o descanso sem remuneração, seria um dano ou castigo ao trabalhador.

Quanto aos empregados do comércio varejista em geral, vale ressaltar que a Lei n. 10.101, de 19 de dezembro de 2000 autorizou o trabalho aos domingos, desde que haja autorização do poder público municipal. Assim, tais empregados poderão gozar o repouso semanal em outro dia, desde que o descanso coincida, pelo menos uma vez, com o domingo, no período máximo de 4 (quatro) semanas.

É conveniente acrescentar que o Brasil ratificou duas Convenções Internacionais que tratam do descanso semanal. Uma foi a Convenção n. 14 da OIT[24], aprovada na 3ª reunião da Conferência Internacional do Trabalho (Genebra — 1921), que garantiu a todo pessoal ocupado em qualquer estabelecimento industrial o repouso de pelo menos 24 (vinte e quatro) horas consecutivas no decorrer de cada período de sete dias; outra foi a Convenção n. 106 da OIT[25], aprovada na 40ª reunião da Conferência Internacional do Trabalho (Genebra — 1957), que também conferiu a todas as pessoas que atuam nos estabelecimentos comerciais e nos escritórios, um período de repouso semanal de no mínimo 24 (vinte e quatro) horas consecutivas, para cada período de 7 (sete) dias.

A condição para o repouso semanal remunerado é o empregado ter cumprido integralmente seu horário de trabalho, ou seja, não ter faltado injustificadamente na semana anterior. Portanto, havendo impontualidade, ou faltas ao trabalho não justificadas, o empregado não tem direito ao pagamento do descanso semanal, apenas ao seu gozo.

A ausência de compensação para o trabalho desempenhado aos domingos e feriados assegura ao empregado o pagamento em dobro do período em que esteve à disposição da empresa, mantida a remuneração correspondente ao repouso semanal (Súmula n. 146, TST).

As horas extras habitualmente prestadas integram o repouso semanal remunerado mesmo que o trabalhador preste os serviços por hora, dia, semana, quinzena ou mês (Súmula n. 172 do TST e as alíneas *a* e *b* do art. 7º da Lei n. 605/49). Da mesma forma, é devida a remuneração do repouso semanal remunerado e dos dias feriados ao empregado comissionista (Súmula n. 27 do TST).

---

(23) O direito ao descanso semanal remunerado é garantido também aos empregados rurais (art. 7º, *caput* da CF); domésticos (parágrafo único do art. 7º da CF) e trabalhadores avulsos (art. 7º, inc. XXXIV, CF).
(24) A Convenção n. 14 da OIT foi aprovada pelo Decreto Legislativo n. 24, de 29.05.56 do Congresso Nacional e ratificada em 25 de abril de 1957, com vigência a partir de 29 de abril de 1958, sendo que sua promulgação se deu pelo Decreto n. 41.721, de 25.6.57.
(25) A Convenção n. 106 da OIT foi aprovada pelo Decreto Legislativo n. 20, de 30.04.65 do Congresso Nacional e ratificada em 18 de junho de 1965, com vigência a partir de 18 de junho de 1966, sendo que sua promulgação se deu pelo Decreto n. 58.823, de 14.7.65.

Nos feriados civis e religiosos também é vedado o trabalho mas devida a remuneração. Esses feriados se destinam sobretudo a permitir aos cidadãos participar de comemorações da coletividade, no plano político, cívico e religioso.

Os feriados civis, previstos pela Lei n. 9.093, de 12 de setembro de 1995, são: a) os declarados em lei federal; b) a data magna do Estado, fixada em lei estadual; c) os dias de início e término do ano do centenário de fundação do Município, fixado em lei municipal.

Os feriados nacionais estão previstos, em sua maioria, na Lei n. 662, de 06 de abril de 1949 e são os seguintes:

— 1º de janeiro (Dia da Paz Mundial, Lei n. 662/49)

— 21 de abril (Tiradentes, Lei n. 1.266/50)

— 1º de maio (Dia do Trabalho, Lei n. 662/49)

— 7 de setembro (Independência, Lei n. 662/49)

— 12 de outubro (Nossa Sra. Aparecida, Lei n. 6.802/80)

— 15 de novembro (Proclamação da República, Lei n. 662/49)

— 25 de dezembro (Natal, Lei n. 662/49)

— dia das eleições gerais (Lei n. 1.266/50).

Os feriados religiosos são os dias de guarda, que forem determinados por lei municipal, de acordo com a tradição local e que não poderão ser superiores a quatro, nestes incluída a Sexta-feira Santa. Nesses dias, ainda são geralmente incluídas as datas de fundação dos municípios, como, por exemplo, 25 de janeiro reservado à comemoração da fundação de São Paulo.

Não poderão ser criados outros feriados além dos mencionados, salvo por lei federal.[26]

1.4. Descanso Anual

Pudemos verificar que a origem do descanso semanal, preferencialmente aos domingos, é conquista antiga e, como já dissemos, tem suas raízes em motivos de ordem religiosa.

Quanto ao instituto das férias, entretanto, não podemos dizer o mesmo, já que este foi consagrado recentemente no direito positivo como complemento do descanso semanal.

Neste sentido, *Brun* e *Galland*, citados por *Hirosê Pimpão*, observam que:

---

(26) Segundo as informações fornecidas por *Bernardo da Gama Lobo Xavier*, o número de feriados em Portugal é considerável, comparativamente ao dos outros países da Europa Ocidental: "Mesmo contando só os feriados em absoluto obrigatórios, os 12 feriados de que os trabalhadores portugueses dispõem encontram-se no topo da lista (com a Alemanha), sendo freqüente a fixação de 10 feriados (Bélgica, EUA, França, Noruega), 9 (Dinamarca e Finlândia), 8 (Irlanda, Inglaterra e Suíça) e até 7 (Holanda).", *Curso de direito do trabalho*, p. 424, nota 1.

"Le congé annuel apparaît comme de complément normal du repos hebdomadaire. Celui-ci est, en effet, insuffisant: la fatigue accumulée au cours d'une année de travail exige un long repos; d'autre part, le repos hebdomadaire ne permet pas aux salariés de se dégager de leurs préoccupations habituelles. Aussi la Déclaration Universelle des Droits de l'Homme a-t-elle prévu, à juste titre, dans la nomenclature des droits sociaux: les congés payés périodiques (art. 7).

Malgré sa légitimité, le congé annuel payé est une institution relativement récent en France et à l'étranger. C'est en Autriche que l'institution fit ses débuts en 1910; mais, après la guerre de 1914, l'institution se généralise. Elle fut introduite en 1921 dans la législation russe, en 1927 dans la legislation italienne."[27]

De fato, acreditamos que, apesar de usufruir o descanso semanal, o trabalhador ainda retém em seu organismo uma parcela de cansaço físico e psíquico, após uma semana de trabalho. É evidente que a limitação da jornada de trabalho, a existência de intervalos intrajornada e interjornada e o repouso semanal do empregado oferecem momentos de reparação inestimáveis das energias dispendidas durante toda a semana. No entanto, os referidos descansos não são suficientes para a completa reposição das forças do empregado, motivo pelo qual a concessão de férias anuais é fundamental para o descanso do trabalhador.

Assim, o repouso anual se justifica em razão do desgaste físico ou intelectual do empregado. As férias asseguram ao mesmo o direito de usufruir alguns dias de repouso, sem prejuízo de seu salário, após um ano de trabalho, com o objetivo de refazer suas forças.

Os fundamentos básicos do direito às férias, reconhecidos internacionalmente e pela legislação comparada, são três: o fundamento higiênico (ou biológico), o fundamento social (ou moral) e o fundamento econômico.

Sobre o tema, explica o jurista e médico *Cesarino Jr.* que:

"o abuso imoderado do organismo conduz a um envenenamento geral, de graves conseqüências, e que a todo trabalho deve seguir-se um período de descanso, para que a acumulação de resíduos da carburação respiratória elementar dos tecidos musculares seja eliminada e o sistema muscular obedeça novamente às imposições da vontade. Ao lado da finalidade higiênica do descanso, existe a sua valorização no terreno econômico, pois a produtividade do trabalho não depende apenas de sua duração, mas também de sua intensidade. Ora, diminuindo, naturalmente, a intensidade do trabalho, à medida que se prolonga a sua duração, como é pacífico em fisiologia, é lógico que surja, economicamente, a necessidade do repouso. Há, ainda, a finalidade social das férias, porque o homem não é apenas uma máquina, mas um ser com necessidades espirituais, intelectuais; não vive isolado, mas é parte de uma família, da coletividade, e, atualmente, quando a torrente avassaladora da indústria foi buscar em suas casas aquêles homens e mulheres que não eram apenas parte eficiente

---

(27) BRUN, A. e GALLAND, H. *Droit du travail*, 1958, p. 414 *apud* PIMPÃO, Hirosê. *Problemas práticos de direito do trabalho*, p. 130.

de uma organização precisa, perfeitamente ajustada e mecanizada, surgem os dias de descanso, procurando reintegrá-los em seu meio natural, permitindo-lhes o estreitamento das relações familiares, tão intensamente prejudicadas, favorecendo-lhes a oportunidade de cuidarem dos aspectos intelectual, espiritual, cívico, moral e social de sua existência, que não deve limitar-se à vida de trabalho."[28]

As férias são a melhor forma de o empregado garantir seu equilíbrio físico e emocional, pois se afasta do ambiente estressante de suas atividades, para relaxar e praticar as atividades de seu interesse ou, simplesmente, para não fazer nada.

---

(28) *Direito social brasileiro*, v. 2, p. 393.

2. Direito de Férias

2.1. História do direito de férias

A expressão *férias* vem do latim *feriae*, que significa repouso em honra dos deuses, e daí, dia de descanso, dias feriados, férias, festas. Arnaldo Süssekind explica que decorre de *ferendis epulis*, para quem a história da Roma antiga revela que o povo comemorava, com jogos, sacrifícios e banquetes, o princípio e o fim das colheitas, vindimas, etc., sendo tais festejos denominados de férias pois eram consagrados aos deuses e considerados dias de purificação. Continua este autor, informando que se chamavam *nundinas* as férias gozadas de nove em nove dias pela gente do campo que ia à Roma para fazer compras e informar-se dos regulamentos públicos. Chamavam-se *férias públicas* as celebradas às custas do Estado e que podiam ser fixas (marcadas em cada ano) ou extraordinárias (decretadas pelos magistrados). Dentre estas, destacam-se as grandes cerimônias celebradas no monte Albano pelas quarenta e sete cidades da Confederação latina, em honra a *Jupiter Lacial*, as quais foram mantidas até o ano 400 d.C. [1]

As férias surgiram de usos e costumes, sendo que tais descansos tinham, em geral, caráter religioso.

Informa *Osiris Rocha* que, na Babilônia, havia o Festival do Ano Novo, que durava 11 dias, e que, na China, havia os Festivais de Estação, tão longos que tinham até que ser restringidos. Para os maometanos, há um mês de meditação (Ramadan) que terminava com demorados festivais públicos. [2]

Como registra o estudo preparado para a primeira discussão da convenção sobre férias, que foi adotado pela Conferência Internacional do Trabalho em 1936, citado por *Arnaldo Süssekind*, os artesãos tinham o costume de suspender seu trabalho em cada ano, além dos domingos, durante um número considerável de dias dedicados a festas religiosas. Assinala que tal costume foi transformado em norma estatutária por Corporações de Ofício durante os séculos XII e XV. [3]

Entretanto, com o advento do individualismo da Revolução Francesa, da total liberdade de contratar, da utilização das máquinas, a conquista de novos mercados e a necessidade de produção, o costume das férias anuais foi abandonado, a jornada de trabalho foi aumentada e, ainda, a tradição do repouso semanal desrespeitada.[4]

Com o passar do tempo, as férias anuais remuneradas começaram a ser concedidas aos funcionários de serviços administrativos do Estado. Essa prática foi paulatinamente adotada pelas grandes empresas privadas que, no início, só concediam férias aos empregados antigos, ou que ocupassem cargos elevados.

---

(1) *Comentários à nova lei de férias*, p. 21.
(2) *A nova lei de férias*, p. 3.
(3) *Comentários à nova lei de férias*, p. 22.
(4) SÜSSEKIND, Arnaldo. *Comentários* ..., cit., p. 22.

Até quase o final do século XIX, não havia legislação que garantisse a concessão de férias, sendo que estas eram concedidas como uma liberalidade do empregador, sobretudo no comércio. O direito de férias passou a ser regulado, inicialmente, por convenções coletivas e, só mais tarde, foi objeto de leis.[5]

Em 1872, a Inglaterra promulgou a primeira lei de férias garantindo o direito de férias a operários de algumas indústrias. Depois disso, por mais de quarenta anos, muitas empresas de diversos países adotaram o regime de férias, concedendo-as a seus empregados, por mera liberalidade, ou por previsão em convenções coletivas de trabalho. Também foram concedidas férias apenas aos trabalhadores de alguns segmentos ou profissões. No Brasil, por exemplo, em 1889, concederam-se férias anuais remuneradas, de 15 dias, a todos os trabalhadores do Ministério da Agricultura, Comércio e Obras Públicas, o que se estendeu aos operários diaristas e aos ferroviários da Estrada de Ferro Central do Brasil em 1890. Também explica *Arnaldo Süssekind*[6] que, graças ao Ministro Demétrio Ribeiro, o Brasil foi o segundo país a conceder férias anuais remuneradas a determinados grupos de trabalhadores.

Finalmente, em 30 de julho de 1919, na Áustria, foi aprovada a primeira lei concedendo o direito a férias remuneradas a todos os trabalhadores assalariados. Aos poucos, mas principalmente após o Tratado de Versailles, essa prática se generalizou e foi consagrada por inúmeros países[7].

2.2. Antecedentes legislativos no Brasil

Além de ser o segundo país a conceder o direito a férias anuais remuneradas, o Brasil foi o sexto a estender esse direito a todos os empregados e operários de empresas privadas com a Lei n. 4.582, de 24 de dezembro de 1925, que em seu art. 1º determinava que:

> "a empregados e operários de estabelecimentos comerciais, industriais e bancários e de instituições de caridade e beneficência no Distrito Federal e nos Estados, serão anualmente concedidos 15 dias de férias, sem prejuízo dos respectivos ordenados, diárias, vencimentos e gratificações."

A referida lei foi regulamentada pelo Decreto n. 17.496, de 30 de outubro de 1926, que também tornou obrigatório o registro em carteira de trabalho e em livro próprio do empregador, devendo conter a identidade, a data de admissão, a remuneração, as férias gozadas, além de outras anotações.

Apesar de muito louvada, por ser a primeira com essa extensão nas Américas e uma das primeiras leis no mundo a respeito do direito de férias, sua aplicação não foi eficiente, já que a obrigação patronal raramente era observada.[8]

Em 1931, foi criado o Ministério do Trabalho e a partir de então a legislação do trabalho se desenvolveu assustadoramente[9]. Ainda no mesmo ano, em 28 de mar-

---
(5) GIGLIO, Wagner. *Férias e descansos remunerados*, p. 77.
(6) *Ibid.*, p. 24
(7) O exemplo da Áustria foi imediatamente seguido pela Letônia, Polônia, Finlândia e México, em 1922; pelo Chile, em 1924; pelo Brasil e pela antiga Tchecoslováquia, em 1925; por Luxemburgo, em 1926; pela Itália, em 1927; pela Espanha, em 1929; e assim, sucessivamente.
(8) GIGLIO, Wagner. *Férias e descansos remunerados*, p. 85.
(9) PRADO, Roberto Barretto. *Tratado do trabalho*, v. 1, p. 370.

ço, a legislação de férias foi revogada pelo Decreto n. 19.808 que manteve o direito a quinze dias de férias anuais remuneradas e estabeleceu o prazo de doze meses a contar de sua publicação, prorrogável por mais seis meses para que as empresas concedessem férias aos seus empregados.

Posteriormente, em 19 de agosto de 1933, o Decreto n. 23.103 regulamentou o direito de férias dos empregados em estabelecimentos comerciais e bancários e em instituições de assistência privada. Além disso, o Decreto n. 23.768, de 18 de janeiro de 1934, regulamentou o direito de férias dos trabalhadores de atividade industrial, empresas jornalísticas, de comunicações e transportes terrestres e aéreos, e de serviços públicos executados pela União, Estados, Municípios, ou por empresas concessionárias de tais serviços, desde que sindicalizados (art. 4º).

Os decretos citados criaram condições específicas para cada tipo de trabalhador. O Decreto n. 23.103 de 1933 previu, dentre outros direitos, o período aquisitivo e concessivo de um ano (arts. 4º e 5º), desconto das faltas (art. 6º), parcelamento das férias em casos excepcionais, proibido para menores de 18 anos e maiores de 50 anos (art. 8º), além da proibição de trabalho durante as férias (art. 10), e da inclusão das férias não gozadas no crédito privilegiado em caso de falência do empregador (art. 27).

O Decreto n. 23.768 de 1934 por sua vez, permitiu: a) o parcelamento das férias em períodos não inferiores a 5 dias (art. 7º); b) a proporcionalidade entre a duração do repouso e o tempo de trabalho efetivo (art. 8º); c) a perda do direito às férias do ano seguinte, se o empregado trabalhasse em qualquer estabelecimento durante as férias anteriores (art. 11 c/c art. 28); d) a comunicação, ao empregado, da concessão de férias com, pelo menos, 8 dias de antecedência (art. 12); e) e, finalmente, o pagamento, em dobro, das férias não concedidas (art. 27).

A exigência de sindicalização para garantir o direito a férias, prevista no Decreto n. 23.768/1934, foi revogada pela Constituição Federal, de 16 de julho de 1934, art. 121, § 1º, letra "f"[10]. O referido Decreto também foi modificado pela Lei n. 222, de 10 de julho de 1936, que excluiu do direito a férias remuneradas os trabalhadores que não percebessem salário fixo aproximado do mínimo comum na região e os representantes com firma comercial autônoma ou com economia própria, aos quais facultou o gozo de férias sem remuneração.

A Constituição de 1937, por influência italiana, alterou a redação da Constituição anterior ("férias anuais remuneradas"), passando a garantir em seu art. 137, letra "e" que: "depois de um ano de serviço ininterrupto em uma empresa de trabalho contínuo, o operário terá direito a uma licença anual remunerada", com o objetivo de excluir o direito a férias de várias categorias de empregados, pois distinguia trabalho contínuo e intermitente. Entretanto, como ressalta *Wagner Giglio*, esse objetivo não foi alcançado.[11]

---

(10) Como explica NOGUEIRA JUNIOR, J. A. in *Das férias anuais remuneradas*, p. 61, o referido Decreto introduziu, quando publicado, a condição de sindicalizado para o empregado fazer jus ao descanso, com o objetivo, expresso na Exposição de motivos de autoria do então Ministro do Trabalho, Indústria e Comércio, de estimular a sindicalização, hostilizada a princípio. Esta exigência foi, contudo, revogada, quando o Supremo Tribunal Federal, apreciando o Agravo de Petição n. 7.231, em 1938, decidiu, à vista da Constituição de 1934, pela improcedência dessa formalidade.
(11) *Férias e descansos remunerados*, p. 87.

Em 22 de setembro de 1939, entrou em vigor, no plano internacional, a Convenção n. 52 da OIT, sobre férias anuais remuneradas, que foi aprovada na 20ª reunião da Conferência Internacional do Trabalho (Genebra, 1936). A referida Convenção foi aprovada pelo Decreto-lei n. 481, de 8 de junho de 1938, ratificada em 22 de setembro de 1938, entrando em vigor no Brasil, em 22 de setembro de 1939.

Em 1º de maio de 1943, foi aprovada a Consolidação das Leis do Trabalho pelo Decreto-lei n. 5.452, que ordenou a legislação esparsa, revogou algumas disposições anteriores e unificou o regime de férias, estendendo-o a quase todos os empregados, inclusive aos rurais, com exceção, porém, dos domésticos.

Em Paris, foi então aprovada pela Assembléia Geral das Nações Unidas, em 10 de dezembro de 1948, a Declaração Universal dos Direitos do Homem, que teve o Brasil como país signatário. Esta Declaração também teve papel importante para a evolução do direito de férias, pois garantiu no art. XXIV, que "todo homem tem direito a repouso e lazer, inclusive a limitação razoável das horas de trabalho e a férias remuneradas periódicas."

A ampliação do direito de férias prosseguiu com a Lei n. 816, de 9 de setembro de 1949, que aumentou o período de gozo de 15 para 20 dias úteis; a Lei n. 1.530, de 26 de dezembro de 1951, que criou o direito a férias proporcionais; além da ratificação, pelo Brasil, da Convenção n. 101 da OIT, que trata das férias remuneradas para os trabalhadores rurais, promulgada pelo Decreto n. 4.721, de 25 de junho de 1957 e que entrou em vigor em 25 de abril de 1958; da Lei n. 5.017, de 13 de setembro de 1966, que concedeu férias proporcionais aos empregados com menos de um ano de serviço ao mesmo empregador; e da Lei n. 5.085, de 26 de dezembro de 1966, que estendeu o direito de férias aos avulsos.[12]

A Carta Constitucional de 1967 reproduziu a mesma redação da Constituição anterior e garantiu, em seu art. 165, inc. VIII, o direito a férias anuais remuneradas.

A Convenção n. 54 da OIT, que estendeu o direito de férias aos marítimos, em 1936, não chegou a entrar em vigor no plano internacional, porque não alcançou número suficiente de ratificações. Foi então revista pela Convenção n. 91 da OIT, de 1949, que iniciou vigência internacional em 1967. No Brasil, a Convenção n. 91 foi ratificada em 18 de junho de 1965 e promulgada pelo Decreto n. 66.875, de 16 de julho de 1970.

Em 11 de dezembro de 1972, a Lei n. 5.589, regulamentada pelo Decreto n. 71.885, de 9 de março de 1973, estendeu o direito de férias aos empregados domésticos, garantindo o gozo de 20 dias úteis.[13]

A Lei n. 6.019, de 03 de janeiro de 1974, assegurou ao trabalhador temporário o direito às férias proporcionais.

Em 21 de julho de 1975, foi constituída a Comissão Interministerial de Atualização da Consolidação das Leis do Trabalho, presidida por *Arnaldo Süssekind*. A Comis-

---

(12) RUSSOMANO, Mozart Victor in *Comentários à Consolidação das Leis do Trabalho*, v. I, p. 200, destaca que a Lei n. 5.085 de 1966, a qual dispõe sobre férias devidas ao trabalhador avulso, abriu um novo rumo na vida do Direito do Trabalho em nosso país, pois ampliou a concessão deste direito.
(13) A Lei n. 11.324, de 19 de julho de 2006, alterou a redação do art. 3º da Lei n. 5.589/73 para garantir ao empregado doméstico o direito a férias anuais remuneradas de 30 (trinta) dias com, pelo menos, 1/3 (um terço) a mais que o salário normal, após cada período de 12 (doze) meses de trabalho, prestado à mesma pessoa ou família.

são entregou o anteprojeto da nova CLT aos Ministros da Justiça e do Trabalho em 1976, que seria submetido ao Congresso Nacional, sucessivamente, dividido em títulos ou capítulos. Após a aprovação de todos estes títulos e capítulos, eles seriam convertidos em lei para aprovar a nova CLT de forma global. Assim, o capítulo sobre férias foi o primeiro a ser encaminhado ao Congresso Nacional. Ocorre que, com o recesso temporário deste órgão, o Presidente Ernesto Geisel resolveu aprová-lo por Decreto-lei, conforme lhe autorizava o § 1º do art. 2º do Ato Institucional n. 5, de 1968.[14]

Desse modo, em 13 de abril de 1977, foi aprovado o Decreto-lei n. 1.535, que alterou o regime de férias da CLT, trazendo inúmeras inovações, como: a) a alteração do período de duração das férias anuais, antes fixado em 20 dias úteis, para 30 dias corridos (art. 130, CLT); b) a distinção entre falta justificada e ausência legal (art. 473, CLT); c) a distinção das férias individuais de férias escolares para os professores (art. 322, CLT), dentre outras.

Finalmente, a Constituição Federal de 1988 trouxe outra grande novidade, pois garantiu o direito ao gozo das férias e estabeleceu o acréscimo de um terço ao valor do salário normal, como determina o art. 7º, inc. XVII.

O Pacto Internacional dos Direitos Econômicos, Sociais e Culturais, aprovado na XXI Sessão da Assembléia Geral das Nações Unidas, em Nova York, no dia 19 de dezembro de 1966, que também trata dentre outros, do direito de férias, foi promulgado, no Brasil, pelo Decreto n. 591, de 6 de julho de 1992 e entrou em vigência nacional em 24 de abril de 1992. No art. 7º, os Estados-Parte reconhecem o direito de toda pessoa de gozar de condições de trabalho justas e favoráveis, que assegurem especialmente: "d) o descanso, o lazer, a limitação razoável das horas de trabalho e férias periódicas remuneradas, assim como a remuneração dos feriados."

A Convenção n. 132, que trata das férias remuneradas, aplicada a todos os empregados, com exceção dos marítimos, foi aprovada na 54ª reunião da Conferência Internacional do Trabalho (Genebra, 1970), e entrou em vigor no plano internacional em 30 de junho de 1973. O Congresso Nacional brasileiro aprovou essa Convenção pelo Decreto Legislativo n. 47 de 23 de setembro de 1981. Porém, o Instrumento de Ratificação somente foi depositado na OIT, em 23 de setembro de 1998. Em 5 de outubro de 1999, a Convenção foi promulgada pelo Decreto n. 3.197. Com a ratificação da referida Convenção, foi denunciada tacitamente a Convenção n. 52.

A Convenção n. 91 sobre as férias dos marítimos também foi revisada pela Convenção n. 146, que trata das férias remuneradas da "gente do mar" (marítimos), concluída em Genebra, em 29 de outubro de 1976. No Brasil, a Convenção n. 146 foi aprovada pelo Decreto Legislativo n. 48, de 27 de novembro de 1990, depositada na Repartição Internacional do Trabalho, em 24 de setembro de 1998. Foi então promulgada pelo Decreto n. 3.168 de 14 de setembro de 1999, publicado no Diário Oficial da União em 15 de setembro de 1999.

2.3. O conceito e a natureza jurídica das férias

No Brasil, diversos juristas apresentam diferentes interpretações para o conceito de férias.

---

(1) SÜSSEKIND, Arnaldo. *Comentários à nova lei de férias*, p. 13.

Segundo *Orlando Gomes* e *Elson Gottschalk*, entende-se por férias

"*o direito de o empregado interromper o trabalho por iniciativa do empregador, durante um período variável em cada ano, sem perda da remuneração, cumpridas certas condições de tempo no ano anterior, a fim de atender aos deveres da restauração orgânica e de vida social.*"[15]

Amauri Mascaro Nascimento explica que as férias anuais remuneradas são

"*um certo número de dias consecutivos durante os quais, cada ano, o trabalhador que cumpriu certas condições de serviço suspende o seu trabalho, recebendo, não obstante, sua remuneração habitual.*"[16]

Wagner Giglio define férias anuais remuneradas como o

"*direito do empregado, adquirido anualmente, de não prestar os serviços contratados durante vários dias consecutivos, sem prejuízo da remuneração.*"[17]

No entendimento do argentino *Carlos Alberto Etala*, as férias são:

"*el período continuado de descanso anual remunerado, fijado por la ley o el convenio colectivo de trabajo, a que tiene derecho el trabajador que ha prestado un mínimo de servicios, en función de su antigüedad en la empresa, para lograr su restablecimiento físico y psíquico.*"[18]

Para *Ísis de Almeida*, o conceito das férias recebe uma expressiva significação assistencial, sem perda de sua natureza *stricto sensu* salarial, considerado o salário no aspecto não exclusivamente contraprestacional.[19]

A doutrina moderna vem-se distanciando da anterior, para a qual as férias tinham natureza jurídica de prêmio que o empregador concedia aos empregados mais dedicados ou mais antigos, como forma de compensar o seu trabalho.[20]

Realmente, as férias eram encaradas como um prêmio ao trabalhador assíduo e eficiente.[21] No entanto, depois da generalização do direito de férias, tomou força a idéia de que as férias constituem um direito trabalhista, acessível ao trabalhador por sua simples qualidade de empregado, destinado a consagrar as indispensáveis oportunidades de disponibilidade pessoal, de lazer e de liberdade inerentes à suspensão das coerções laborais. É direito relacionado à política de saúde pública e bem-estar social, agindo como instrumento fundamental para inserir o cidadão no contexto social.

A natureza jurídica das férias envolve direitos e obrigações para o empregado e para o empregador. Enquanto esse tem a obrigação de conceder férias remunera-

---

(15) *Curso de direito do trabalho*, p. 297.
(16) *Curso de direito do trabalho*, p. 721.
(17) *Férias e descansos remunerados*, p. 82.
(18) *Contrato de trabajo*, p. 387.
(19) *Manual de direito individual do trabalho*, p. 280.
(20) Em sentido contrário, *Sergio Pinto Martins* sustenta que as férias podem ter também a característica de prêmio, em razão do tempo trabalhado sem descanso. *Direito do trabalho*, p. 564.
(21) Interessante a observação de *António Lemos Monteiro Fernandes*, segundo a qual, em Portugal, o direito a férias, inicialmente consagrado em 1937 (arts. 7º e 8º da Lei n. 1.952), tinha conteúdo compensatório sendo devida pelo "bom e efectivo serviço" de certos trabalhadores em certas empresas. Apenas com o Decreto-lei n. 47.032 de 27.5.66, esse direito se generalizou, associando-se então, à mera qualidade de trabalhador subordinado. *Direito do trabalho*, p. 394, nota 1.

das aos seus empregados, aquele tem o direito de exigi-las, pois o descanso é uma necessidade para a conservação de sua saúde. Por outro lado, o empregador pode exigir o pleno aproveitamento das férias pelo empregado, pois, se ele paga para o trabalhador repousar, ele tem obrigação de descansar, para voltar ao trabalho com as energias revigoradas.

É clássica e precisa a lição de *Cesarino Junior*:

"Aqui, mais do que nunca, embora em acepção diversa, é verdade que jus et obligatio sunt correlata. Logo, a natureza jurídica das férias anuais remuneradas é dupla: a) para o empregador, é a de uma obrigação de fazer e de dar: de fazer, a de consentir no afastamento do empregado durante o período mínimo fixado pela lei, e a de dar, a de pagar-lhe o salário equivalente; b) e para o empregado é ao mesmo tempo um direito, o de exigir o cumprimento das mencionadas obrigações do empregador, e uma obrigação, a de abster-se de trabalhar durante o período de férias. É lógico que, desta obrigação, surge para o empregador um direito, que é o de exigir o seu cumprimento. "[22]

Mozart Victor Russomano fala de *direito-dever*, pois o titular da prerrogativa não deve prejudicar o alcance dos objetivos das férias, dedicando-se ao trabalho durante o espaço de tempo que as normas reservam para que ele descanse. No entanto, complementa que na prática, não existem meios, na sociedade contemporânea, de se exigir que o trabalhador, durante as férias, não trabalhe.[23] Por sua vez, *José Luiz Ferreira Prunes*, chama as férias *direito-obrigação*, pois elas não são apenas de interesse do empregado, mas também do empregador (em ter um empregado refeito e descansado), da família do empregado (que necessita de convívio mais prolongado) e do próprio Estado (que tem interesse no equilíbrio físico, psíquico e social dos cidadãos).[24]

Sergio Pinto Martins analisa as férias a partir de seus aspectos negativo e positivo. O aspecto negativo é que, durante o período de descanso, o empregado não pode trabalhar, e o empregador não pode exigir seus serviços. O aspecto positivo diz respeito à obrigação do empregador de *fazer* (conceder as férias) e *dar* (pagar a remuneração devida).[25]

De fato, as férias constituem uma interrupção do contrato de trabalho com o objetivo de proporcionar ao empregado um período de descanso anual remunerado. Nesse sentido, esclarece *Alfredo Montoya Melgar* que: "las vacaciones suponen un derecho a percibir el salario sin contraprestación laboral a cambio; el trabajador ostenta así un derecho unitario — derecho al descanso retribuido — ." E complementa:

"En cuanto a la naturaleza de las percepciones devengadas por el trabajador durante el tiempo de vacaciones, en nuestro Derecho debe admitirse que se trata de verdaderas percepciones salariales, a diferencia de lo que ocurre en algún sistema extranjero en que se configuran como prestación de Seguridad Social. La objeción de que técnicamente no cabe hablar de salario cuando no

---

(22) *Direito social brasileiro*, v. 2, p. 392.
(23) *Curso de direito do trabalho*, p. 320.
(24) *Férias anuais remuneradas na CLT e na Convenção n. 132 da OIT*, p. 17.
(25) *Direito do trabalho*, p. 564.

se retribuye prestación laboral alguna se deshace recurriendo a la tesis de la 'sinalagmaticidad genérica', según la cual también es salario el pagado durante las vacaciones o los días festivos, ya que su causa es puramente retributiva; en efecto, aunque aparentemente no existe correspondencia entre trabajo y salario en el caso de las vacaciones y festividades retribuidas, un análisis más profundo revela que la retribución de los días de descanso va imputada al conjunto de prestaciones del trabajador, consideradas como un todo; en definitiva la retribución correspondiente al día festivo no es una retribución sin trabajo sino una retribución imputada al total de las prestaciones realizadas por el trabajador durante el año."[26]

Também é importante o caráter imperativo das férias, que deriva, segundo *Mauricio Godinho Delgado*, de sua indisponibilidade. Desse modo, o direito de férias não pode ser objeto de renúncia ou transação prejudicial, por estar vinculado diretamente à saúde e segurança do trabalho.[27] A lei procura assegurar que o direito de férias se concretize em repouso efetivo, evitando que o trabalhador o substitua por um benefício pecuniário imediato.

Diante de seu forte teor social, as férias são direitos de ordem pública, pois qualquer ato que contrarie direta ou indiretamente seus objetivos pode ser taxado de nulidade, o que, no entanto, não retira seu caráter obrigacional privado. Interessa à sociedade que o empregado goze de boa saúde, pois, desta forma, continua sendo útil à sociedade e à sua família.

Arnaldo Süssekind ensina que as férias são um direito público subjetivo, que não admite renúncia nem transação pelas partes integrantes da relação de emprego.[28] Estas normas de ordem pública são também chamadas de normas cogentes, normas de imperatividade absoluta, ou ainda, normas impositivas. São as que ordenam ou proíbem alguma coisa de modo absoluto. Impõem obrigações de fazer ou não fazer, sem admitir qualquer alternativa de forma a vincular o destinatário a um único esquema de conduta.[29]

Desse modo, as normas de ordem pública são aquelas em que a vontade geral, manifestada pelas normas de direito objetivo, se sobrepõe, inderrogavelmente, à vontade individual.

As férias são normas de ordem pública e de interesse geral porque se dirigem a um fim de utilidade pública, à saúde do empregado com a restauração do equilíbrio físico e psíquico do mesmo, e à satisfação de exigências de ordem social, permitindo o descanso do trabalhador e a sua efetiva integração na sociedade da qual participa.

Além de caracterizarem-se como normas de ordem pública, as férias também devem ser consideradas um direito fundamental do empregado. É difícil, entretanto, atribuir ao direito fundamental um conceito sintético e preciso porque a doutrina constitucional emprega várias expressões para designá-los, que, na maioria das vezes, são usadas com a mesma significação, tais como: liberdades públicas, liberdades fundamentais, direitos humanos, direitos do homem, direitos públicos subjetivos, direitos naturais, dentre outros.

---

(25) *Derecho del trabajo*, p. 353.
(26) *Curso de direito do trabalho*, p. 951.
(27) *Instituições de direito do trabalho*, v. 2, p. 875.
(28) DINIZ, Maria Helena. *Compêndio de introdução à ciência do direito*, p. 345.

Segundo *Luiz Alberto David Araujo* e *Vidal Serrano Nunes Júnior*, os direitos e garantias fundamentais constituem

"*um amplo catálogo de dispositivos, onde estão reunidos os direitos de defesa do indivíduo perante o Estado, os direitos políticos, os relativos à nacionalidade, os direitos sociais e os difusos.*"[30]

Portanto, para os autores citados, as expressões *liberdades públicas* e *direitos do homem* não são suficientes para abranger o conteúdo dos direitos fundamentais. A primeira expressão porque, ao chamar tais direitos de *liberdades*, faz uma correlação direta com a defesa do indivíduo perante o Estado, e, a segunda, porque está impregnada de sentido histórico, conforme o rol de direitos, de conteúdo meramente declaratório, dos documentos internacionais, como é o caso da Declaração de Direitos do Homem e do Cidadão (França, 1789).

José Afonso da Silva, por outro lado, critica as expressões *direitos naturais* por estar ligada a direitos inerentes à natureza do homem. Na atualidade, diz o autor, não se aceita mais com facilidade tal teoria, pois os direitos fundamentais são direitos positivos que encontram seu fundamento e conteúdo nas relações sociais materiais em cada momento histórico. Outras expressões criticadas são: *direitos humanos* e *direitos do homem* porque não existem direitos que não sejam humanos ou do homem, já que só o ser humano pode ser titular de direitos; *direitos individuais* porque seriam restritos aos direitos do indivíduo isoladamente, sendo o termo usado para denotar um grupo dos direitos fundamentais; *direitos públicos subjetivos* também é expressão ligada à concepção individualista do homem, e por isso insuficiente para caracterizar os direitos fundamentais; *liberdades públicas* e *liberdades fundamentais* por serem expressões igualmente limitativas, já que as liberdades não abrangem em seu conceito os direitos econômicos e sociais.[31]

Os doutrinadores aludidos, contudo, concordam com a expressão utilizada na Constituição Federal de 1988, *direitos fundamentais*, por ser a mais precisa e adequada pela sua abrangência. O vocábulo *direitos* indica tanto a situação em que se pretende a defesa do cidadão perante o Estado, como os interesses jurídicos de caráter social, político ou difuso protegidos pela Carta Constitucional. E o qualitativo *fundamentais* refere-se às situações jurídicas sem as quais a pessoa não se realiza, não convive e por vezes, nem mesmo sobrevive, ou seja, diz respeito à imprescindibilidade desses direitos à condição humana.

Explica *Gomes Canotilho* que os direitos fundamentais são "constitucionalizados" para que exista uma proteção efetiva de tais direitos, já que devem ser compreendidos, interpretados e aplicados como normas jurídicas vinculativas e não como "trechos ostentatórios" das grandes "declarações de direitos".[32]

Os direitos fundamentais estão divididos em três níveis: os direitos fundamentais de primeira geração, os de segunda geração e os de terceira geração[33]. Os direitos

---

(30) *Curso de direito constitucional*, p. 57.
(31) *Curso de direito constitucional positivo*, p. 158.
(32) *Direito constitucional e teoria da Constituição*, p. 376.
(33) *Canotilho* critica o que chama de *generatividade geracional*, porque para o autor os direitos são de todas as gerações, e por isso prefere falar de *três dimensões de direitos do homem* e não de "três gerações". *Direito constitucional e teoria da Constituição*, p. 384.

fundamentais de primeira geração dizem respeito aos direitos individuais e políticos, pois estabelecem qual o domínio das atividades individuais e qual o das estatais, impondo o dever de abstenção do Estado em determinadas matérias ou domínios da atividade humana. Os direitos fundamentais de segunda geração são os que exigem uma atividade positiva do Estado, de prestação social (saúde, educação e segurança social), e estão ligados a três núcleos, os direitos sociais, econômicos e culturais. Os direitos fundamentais de terceira geração tratam dos direitos difusos e coletivos.

Os direitos de segunda geração de natureza social podem ser divididos em três espécies: os direitos sociais gerais (art. 6º), os direitos individuais dos trabalhadores urbanos, rurais e domésticos (art. 7º) e os direitos coletivos desses trabalhadores (art. 8º a art. 11).

Assim, o instituto das férias, que permite o gozo de um período de descanso anual remunerado, com pelo menos um terço a mais do que o salário normal, é um direito fundamental de segunda geração e especialmente, um direito social individual dos trabalhadores, previsto no inc. XVII do art. 7º do capítulo II do título II da Constituição Federal.

Sobre essa espécie de direitos, chamados por *Gomes Canotilho* de *direitos subjetivos constitucionais*, é interessante frisar os traços juridicamente constitutivos das normas constitucionais garantidoras dos direitos sociais, econômicos e culturais. Neste sentido, explica o doutrinador português que:

"(i) os direitos fundamentais sociais consagrados em normas da Constituição dispõem de vinculatividade normativo-constitucional (não são meros 'programas' ou 'linhas de direcção política'); (ii) as normas garantidoras de direitos sociais devem servir de parâmetro de controlo judicial quando esteja em causa a apreciação da constitucionalidade de medidas legais ou regulamentares restritivas destes direitos; (iii) as normas de legislar acopladas à consagração de direitos sociais são autênticas imposições legiferantes, cujo não cumprimento poderá justificar, como já se referiu, a inconstitucionalidade por omissão; (iv) as tarefas constitucionalmente impostas ao Estado para a concretização destes direitos devem traduzir-se na edição de medidas concretas e determinadas e não em promessas vagas e abstractas; (v) a produção de medidas concretizadoras dos direitos sociais não é deixada à livre disponibilidade do legislador, embora este beneficie de uma ampla liberdade de conformação quer quanto às soluções normativas concretas quer quanto ao modo organizatório e ritmo de concretização."[34]

Concluímos, diante do exposto, que as férias anuais remuneradas são a paralisação dos serviços pelo empregado, durante um determinado período contínuo, sem prejuízo de sua remuneração, desde que cumpridas as condições mínimas de trabalho exigidas em período anterior por motivos higiênicos, sociais e econômicos.

Existem na prática, porém, muitos obstáculos ao exercício do direito de o empregado descansar. Isso porque, na maioria das vezes, o trabalhador não tem onde gozar suas férias, nem como usufruí-las. A limitação financeira dos empregados impede que este saia de seu ambiente habitual para viajar ou, simplesmente, descansar, sem preocupações, aproveitando o convívio familiar, desligando-se da roti-

---

(34) *Direito constitucional e teoria da Constituição*, p. 478.

na. Assim, muitos acabam por aproveitar esse período para complementar a renda, burlando a lei para trabalhar.[35]

A legislação nacional, com o objetivo de permitir a real utilização das férias pelo empregado, além de proibir a prestação de serviços pelo empregado durante as férias, ainda determina o pagamento antecipado da remuneração, da metade do décimo terceiro salário, além do acréscimo de 1/3 à remuneração, para proporcionar ao empregado, condições econômicas para o lazer.

---

(35) Vale a pena ressaltar a sugestão de *Cesarino Junior*, no I Congresso Brasileiro de Direito Social, no início da década de 40, relativa à necessidade da criação de um *Instituto Nacional de Aproveitamento de Férias (INAF),* com o objetivo de proporcionar aos trabalhadores o gozo integral de suas férias, mediante o desenvolvimento de colônias de férias, aparelhadas para as finalidades higiênicas, morais, sociais, cívicas e culturais, localizadas à beira-mar, nas montanhas, estações climáticas e hidroterápicas. *Direito Social Brasileiro,* v. 2, p. 392.

3. DIREITO INTERNACIONAL

O direito internacional é o sistema de princípios e normas imposto pela consciência geral, ou por força de convenções e tratados. É sancionado pelas organizações constituídas entre os povos livres e regula as relações entre duas ou mais nações, entre uma nação e pessoas de nacionalidade diversa, ou apenas, entre diversas pessoas de nacionalidades distintas, de forma a atribuir-lhes uma proporção recíproca de poderes e deveres. Estabelece, ainda, as condições existenciais e evolucionais da comunhão universal, baseada no reconhecimento dos direitos fundamentais do homem e na segurança da paz.[1]

O direito internacional público, por sua vez, regula as relações de coordenação entre os Estados soberanos e tem por objetivo a organização jurídica da solidariedade entre nações, atendendo ao interesse público, visando à manutenção da ordem social que deve haver na comunidade internacional.[2]

O Direito Internacional do Trabalho é a expressão utilizada para indicar o Direito Internacional Público que cuida da proteção do trabalhador, com objetivo de universalizar os princípios de justiça social e estimular a cooperação internacional para a melhoria das condições de vida do trabalhador e a harmonia entre o capital e o trabalho.

O instrumento básico e preponderante utilizado pelo Direito Internacional do Trabalho para a consecução de seus objetivos é o tratado, ou seja, é o acordo internacional celebrado por escrito entre Estados e regido pelo direito internacional, constante de um instrumento único, ou de dois ou mais instrumentos conexos com qualquer denominação (art. 2º, § 1º, alínea "a" da Convenção de Viena — 1969). Nas palavras de *De Plácido e Silva*, tratado é "o convênio, o acordo, a declaração ou o ajuste firmado entre duas ou mais nações, em virtude do que as signatárias se obrigam a cumprir e respeitar as cláusulas e condições que nele se inscrevem, como se fossem verdadeiros preceitos de Direito Positivo."[3]

Explica *João Grandino Rodas* que os acordos internacionais têm recebido denominação variada, como tratados, convenções, capitulações, artigos, protocolos, pactos, compromissos, convênios, entre outros. No entanto, sob o prisma do Direito Internacional, a denominação escolhida não tem influência sobre o caráter do instrumento[4] Complementa *Hildebrando Accioly* que, na atualidade, o tipo de tratado hierarquicamente mais importante é a *Carta*, expressão utilizada no tocante às Nações Unidas e à Organização dos Estados Americanos, enquanto *estatuto* é a expressão utilizada pela Corte Internacional de Justiça e *convenção* tem sido utilizada nos principais tratados multilaterais, como os de codificação assinados em Viena.[5]

---
(1) RÁO, Vicente. *O direito e a vida dos direitos*, v. 1, tomo II, p. 199.
(2) DINIZ, Maria Helena. *Compêndio de introdução à ciência do direito*, p. 239.
(3) *Vocabulário jurídico*, v. IV, p. 1591.
(4) *Tratados internacionais*, p. 11.
(5) *Manual de direito internacional público*, p. 24.

A Constituição brasileira ao mencionar "tratados, acordos ou atos internacionais" no art. 49, inc. I e "tratados, convenções e atos internacionais" no art. 84, inc. VIII, demonstrou a intenção de alcançar todas as modalidades de tratados. Mas, adverte *José Francisco Resek* que "o uso constante a que se entregou o legislador brasileiro — a começar pelo constituinte — da fórmula *tratados* e *convenções,* induz o leitor desavisado à idéia de que os dois termos se prestem a designar coisas diversas."[6]

Podemos concluir que tratados e convenções são expressões sinônimas, mas a tendência do direito comparado, como salienta *Arnaldo Süssekind*, é a de reservar a última para os tratados multilaterais abertos, adotados em conferências realizadas no âmbito de organismos internacionais ou regionais de direito público.[7] *Antônio Álvares da Silva* assinala que, no plano internacional, o que há é simplesmente tratado, que se identifica pelo aspecto formal e solene de sua gênese e não pelo conteúdo ou matéria nele regulamentada, nem muito menos pelas palavras com que é designado.[8]

Para um tratado ser considerado válido algumas restrições se impõem. Primeiro, é necessário que as partes contratantes (Estados ou organizações internacionais) tenham capacidade; segundo que os agentes signatários estejam habilitados, terceiro que haja consentimento mútuo, e, por fim, que o objeto do tratado seja lícito e possível.[9]

A doutrina apresenta inúmeras classificações para os tratados, apesar de a Convenção de Viena sobre Direito dos Tratados (1969) não fazer referência a qualquer distinção. Por esse motivo, adotaremos a classificação consagrada por *Arnaldo Süssekind*, para quem os tratados podem ser *fechados*, quando não permitem a adesão de outros sujeitos, ou *abertos* à adesão de outros Estados, que não os contratantes originais.[10]

Os contratos fechados podem ser bilaterais ou plurilaterais, enquanto os abertos sempre comportam mais de duas partes, sendo, portanto, plurilaterais ou multilaterais.

Quanto à natureza jurídica do ato, *Hildebrando Accioly* explica que os tratados podem ser tratados-lei (ou normativos) e tratados-contrato.[11] Os tratados-lei são geralmente celebrados entre muitos Estados e têm por objetivo fixar normas de Direito Internacional Público. Comparam-se às leis e produzem efeitos jurídicos. As convenções multilaterais, como as de Viena, são exemplo deste tipo de tratado. Os tratados-contrato são geralmente de natureza bilateral e têm como objetivo regular interesses recíprocos. Nada impede, entretanto, que os tratados-contrato sejam multilaterais. Como exemplo, podemos citar o Tratado de Itaipu (firmado entre Brasil e Paraguai) e o Tratado para a constituição do Mercosul (firmado entre Brasil, Argentina, Paraguai e Uruguai).[12]

---

(6) *Direito internacional público: curso elementar,* p. 15.
(7) *Direito constitucional do trabalho,* p. 65.
(8) *Questões polêmicas de direito do trabalho,* p. 25.
(9) Sobre o tema ver: ACCIOLY, Hildebrando. *Manual de direito internacional público,* p. 25 e MELLO, Celso D. de Albuquerque. *Curso de direito internacional público,* p. 104.
(10) *Direito internacional do trabalho,* p. 36.
(11) *Manual de direito internacional público,* p. 24.
(12) *Arnaldo Süssekind* ressalta que essa distinção (tratado-norma e tratado-contrato) é criticada por *Kelsen* e *Rousseau*. Entretanto, a classificação indicada é amplamente aceita entre os estudiosos do Direito Internacional Público. *Direito internacional do trabalho,* p. 38. Para *Celso de Albuquerque Mello,*

Finalmente, vale destacar, dentre os tratados de categorias especiais, os institucionais (ou tratados-constituição) e as convenções internacionais do trabalho.[13]

Os tratados institucionais são aqueles que criam organizações internacionais e regem a vida das mesmas. Nesse caso, os Estados se reúnem e constituem outro ente na vida internacional, que deles se diferencia, como a Organização das Nações Unidas (ONU) e a Organização Internacional do Trabalho (OIT).

As convenções internacionais do trabalho são os tratados normativos celebrados no âmbito da OIT sobre proteção do trabalho humano, com a participação de representantes dos governos e das classes sociais, trabalhadores e empregadores.

3.1. Organização Internacional do Trabalho — OIT

A Organização Internacional do Trabalho (OIT) foi criada pelo Tratado de Versailles, em 1919, como parte da Sociedade das Nações. Posteriormente, com a Carta das Nações Unidas, assinada em São Francisco — EUA, em 1945, transformou-se em entidade especializada vinculada às Nações Unidas, mas sem integrá-la, e totalmente independente. A OIT é uma pessoa jurídica de direito público internacional, de caráter permanente e autônomo, constituída de Estados que assumem, soberanamente, a obrigação de observar as normas constitucionais da entidade e das convenções que ratificam. Sua finalidade é empenhar-se para a melhoria das condições de trabalho e também das condições humanas, dando ênfase ao progresso material e espiritual do ser humano, à segurança econômica e à defesa dos valores da liberdade, dignidade e igualdade.

A OIT é a associação de Estados que tem sede em Genebra. Dela participam todos os Estados signatários do Tratado de Versailles (membros natos), ou qualquer Estado, membro das Nações Unidas que aceite formalmente seus princípios, além de outros Estados, que embora não sejam membros das Nações Unidas, aceitem os princípios defendidos pela OIT e sejam aprovados por *quorum* especial.[14]

A estrutura básica da OIT é composta pelos seguintes órgãos:

a) Conferência Internacional do Trabalho, ou seja, a assembléia geral de todos os Estados-membro da OIT, que traça as diretrizes gerais da política social a ser observada, elabora a regulamentação internacional do trabalho por meio de convenções e recomendações, adota resoluções relativas às suas finalidades e competências, atuando como órgão supremo da organização. A Conferência celebra suas reuniões sempre que necessárias, mas deve realizá-las, no mínimo, uma vez por ano. Os delegados e conselheiros técnicos que compõem a Conferência são representantes do governo, dos trabalhadores e dos empregadores, sendo a composição da Conferência tripartite.

---

essa classificação também deveria ser abandonada pois os doutrinadores não chegaram a uma conclusão sobre as características do tratado-lei e do tratado-contrato e no Direito Internacional não existe qualquer hierarquia entre ambos. Reconhece, contudo, que na prática "realmente existem certos tratados (os denominados tratados-leis) que possuem certas características próprias: normas objetivas, aberto, impessoal e unidade de instrumento." *Curso de direito internacional público*, p. 109.
(13) HUSEK, Carlos Roberto. *Curso de direito internacional público*, p. 62.
(14) Ver art. 1º, §§ 1º a 3º da Constituição da Organização Internacional do Trabalho (OIT) — Declaração de Filadélfia, ratificada pelo Brasil e promulgada pelo Decreto n. 25.696, de 20 de outubro de 1948.

b) Conselho de Administração é o órgão executivo colegiado, de composição tripartite (formado por membros do governo, dos trabalhadores e dos empregadores), que administra a OIT, em nível superior. Sua função principal é decidir sobre a política da Organização, além de supervisionar as atividades da Repartição, devendo se reunir três vezes por ano.

c) Repartição (*Bureau*) Internacional do Trabalho constitui o secretariado técnico-administrativo da OIT. É dirigida por um Diretor Geral, nomeado pelo Conselho de Administração, de quem recebe instruções. Tem por atribuição a centralização e a distribuição das informações concernentes à regulamentação internacional das condições de vida e trabalho, além do estudo das questões a serem submetidas à discussão da Conferência. Na sede da Repartição funcionam os Departamentos de Normas Internacionais do Trabalho, de Promoção de Igualdade, de Emprego e Desenvolvimento de Treinamento, de Relações Industriais, de Meio Ambiente e Condições de Trabalho, de Atividades Setoriais e de Seguridade Social, além do setor de relações (para África, América Latina e Caribe, Ásia e Pacífico, Europa e Estados Árabes) e o setor administrativo.

A criação da OIT, conforme os ensinamentos de *Bartolomei de La Cruz*, representou uma inovação no direito internacional e uma forma original de cooperação internacional, quer por seus procedimentos e regras de adoção, ratificação e controle da aplicação de seus instrumentos, quer pela composição tripartite de seus principais órgãos.[15]

Além da organização internacional como tal, a OIT tem desempenhado papel relevante na consolidação de normas e parâmetros internacionais. A influência de suas normas, em matéria trabalhista e previdenciária, pode se efetivar de diversas formas:

— primeira e principalmente, por meio da ratificação de convenções que podem ser auto-executivas ou de espontânea ação de harmonização;

— pela indução indireta, independentemente de ratificação, quando um país se inspira em disposições constantes de outras legislações e normas internacionais, ou por indução direta, quando o legislador é norteado diretamente por elas;

— pelo controle internacional, já que a Comissão de Expertos publica relatório com a relação dos países que modificaram sua legislação ou as práticas nacionais em razão das convenções internacionais ratificadas.[16]

Otavio Pinto e Silva ressalta, ainda, que a OIT vem pautando sua atuação na valorização dos direitos humanos ligados ao trabalho desde 1998, quando aprovou a "Declaração relativa aos Princípios e Direitos Fundamentais no Trabalho", segundo a qual os Estados-membro assumem o compromisso de respeitar, promover e tornar realidade as seguintes normas: a) eliminação de todas as formas de trabalho forçado e obrigatório; b) abolição efetiva do trabalho infantil; c) eliminação da discriminação em matéria de emprego e ocupação; e, d) liberdade de associação e liberdade sindical e reconhecimento efetivo do direito de negociação coletiva.[17]

---

(15) "Prólogo" à coletânia de SÜSSEKIND, Arnaldo. *Convenções da OIT*, p. 11.
(16) *Ibid.*, p. 13.
(17) *Subordinação, autonomia e parassubordinação nas relações de trabalho*, p. 149.

3.2. Convenções, recomendações e resoluções da OIT

A Conferência Internacional do Trabalho tem a competência de elaborar e aprovar as normas que constituem a regulamentação internacional do trabalho por meio de convenções e recomendações. Resoluções também podem ser adotadas pela Conferência, no entanto, ao contrário das convenções e recomendações, as resoluções não criam obrigações para os Estados-membro, além de serem aprovadas por maioria simples e em discussão única.

Nas palavras de *Arnaldo Süssekind*, a convenção da OIT "é um tratado multilateral de caráter normativo, aberto à ratificação dos Estados-membro da Organização, que visa a produzir efeitos jurídicos uniformes em relação aos que vivem nos países que, por ato soberano, a ratificam."[18]

A recomendação é hierarquicamente inferior à convenção, devendo ser adotada quando o tema ou um de seus aspectos não for considerado conveniente ou apropriado para ser objeto de convenção, naquele momento, como prevê o art. 19, § 1º, da Constituição da OIT.

Assim, as convenções diferenciam-se das recomendações, porque as primeiras são tratados plurilaterais abertos que, após ratificação, integram a respectiva ordem nacional e constituem fonte formal de direito, enquanto as recomendações são simples sugestões normativas que podem ou não ser adotadas. No entanto, os dois instrumentos devem ser submetidos à autoridade nacional competente para a ratificação da convenção ou para adotar as normas constantes da recomendação.

Já as resoluções não implicam qualquer obrigação aos Estados-membro, servindo apenas como um convite aos organismos internacionais ou governos nacionais a adotarem as medidas nelas indicadas.

Ainda de acordo com *Arnaldo Süssekind*, as convenções podem ser classificadas, quanto à natureza de suas normas, em: a) convenções auto-aplicáveis; b) de princípios; c) promocionais.[19] As convenções auto-aplicáveis são aquelas cujas disposições não requerem regulamentação complementar para serem aplicadas pelos Estados que as ratificam. As convenções de princípios são as que dependem da adoção de leis ou outros regulamentos posteriores, a serem promovidos pelos países que as ratificarem, salvo se preexistir norma nacional compatível. As convenções promocionais são as que fixam determinados objetivos e estabelecem programas para sua aplicação, a médio e longo prazo, pelos Estados-membro que as ratificarem.

3.2.1. Ratificação das convenções

A expressão *ratificar* vem do latim medieval *ratificare*, caracterizando, na terminologia do Direito Público, a confirmação que o chefe de Estado, ou o poder competente, dá ao ato praticado por seus delegados, conforme autorização anterior, aprovando-o, assim, afinal.[20]

---

(18) "Parecer", *Suplemento Trabalhista* n. 061/97, p. 296.
(19) *Direito internacional do trabalho*, p. 190.
(20) Historicamente, como nos informa *Celso D. de Albuquerque Mello*, o instituto da ratificação foi encontrado em um dos mais antigos tratados de que se tem notícia, o do Ramsés II, do Egito, e Hattisuli,

De fato, o processo de conclusão do tratado internacional passa por diversas fases: negociação, assinatura, aprovação, ratificação, promulgação e publicação, sendo que cada uma dessas fases possui regras e características próprias.

A fase de negociação inicia o processo de conclusão do tratado internacional. Trata-se da reunião dos representantes do chefe de Estado (negociadores) com o objetivo de elaborar um texto escrito que é o tratado. A adoção do texto de um tratado, no caso de uma conferência internacional, efetua-se pela maioria de 2/3 (dois terços) dos Estados presentes e votantes, salvo determinação em contrário (art. 9º, § 2º da Convenção sobre os Direitos dos Tratados[21]).

Na etapa seguinte à negociação, o texto é autenticado pelo processo previsto no próprio tratado, ou, na sua ausência, pela assinatura dos representantes desses Estados. O artigo 11 da Convenção sobre os Direitos dos Tratados prevê que "o consentimento de um Estado em obrigar-se por um tratado pode manifestar-se pela assinatura, troca dos instrumentos constitutivos do tratado, ratificação, aceitação, aprovação ou adesão, ou por quaisquer outros meios, se assim for acordado."

A referida Convenção inovou nesse particular, pois, além de permitir a assinatura como forma de um Estado se obrigar por um tratado, também previu outras formas, conforme as peculiaridades de cada país. No entanto, a prática internacional se modificou, pois, antes, admitia que certos tratados de menor importância não exigissem a ratificação, bastando a sua assinatura pelos Estados-membro. Mas, hoje, a nova orientação é que todos os tipos de tratados devem ser ratificados.[22]

Não é mais imprescindível a assinatura pelos Estados-membro de todos os tratados, e é certo que as convenções internacionais do trabalho não precisam ser assinadas. Aliás, a Constituição da Organização Internacional do Trabalho — Declaração de Filadélfia, prevê quanto à convenção, no art. 19 e seus parágrafos 4º e 5º, que a mesma será assinada pelo Presidente da Conferência Internacional do Trabalho e pelo Diretor geral e, depois disso, um exemplar da convenção é depositado nos arquivos da Repartição Internacional do Trabalho e o outro entregue ao Secretário-Geral das Nações Unidas, que o remeterá aos Estados-membro para conhecimento e ratificação.

Tecidos esses comentários podemos passar à próxima etapa, a da aprovação interna do tratado. Essa é a autorização, conferida pelo poder competente do Estado-membro, que geralmente é o Parlamento ou Congresso Nacional, necessária para a ratificação do tratado.

---

rei dos Hititas. Na Grécia e em Roma antigas, os tratados precisavam da ratificação de um Parlamento — Assembléia do Povo na Grécia e do Senado em Roma. Nas Idades Média e Moderna, desenvolve-se a teoria dos plenos poderes. A partir do Renascimento, a ratificação passa a ser um meio de fiscalizar o negociador e o signatário. Finalmente, a importância da ratificação para a validade dos tratados internacionais foi influenciada principalmente pelo art. IV da Constituição Francesa de 1794 e pela adoção dos Estados de um sistema constitucional que restringia os poderes do Executivo na conclusão dos tratados. Na prática convencional, a ratificação foi definitivamente consagrada no Protocolo n. 19 do Congresso de Berlim de 1878. *Curso de direito internacional público*, p. 115-116.
(21) A Convenção de Viena de 1969 é a convenção que cuida do Direito dos Tratados, com vigência internacional desde 27 de janeiro de 1980. O Brasil não ratificou a referida convenção apesar de aplicar quase todos os seus princípios.
(22) ACCIOLY, Hildebrando. *Manual de direito internacional público*, p. 28.

Aprovado o tratado pelo órgão nacional competente, a fase seguinte é a da ratificação, ou seja, "o ato pelo qual a autoridade nacional competente informa às autoridades correspondentes dos Estados, cujos plenipotenciários concluíram, com os seus, um projeto de tratado, a aprovação que dá a este projeto e que o faz doravante um tratado obrigatório para o Estado que esta autoridade encarna nas relações internacionais", como explica *Celso D. de Albuquerque Mello*.[23]

A ratificação, no dizer de *José Francisco Rezek*, é:

"o ato unilateral com que o sujeito de direito internacional, signatário de um tratado, exprime definitivamente, no plano internacional, sua vontade de obrigar-se."[24]

Para *Hildebrando Accioly*, a ratificação é:

"o ato administrativo mediante o qual o chefe de Estado confirma um tratado firmado em seu nome ou em nome do Estado, declarando aceito o que foi convencionado pelo agente signatário. Geralmente, só ocorre a ratificação depois que o tratado foi devidamente aprovado pelo Parlamento, a exemplo do que ocorre no Brasil, onde esta faculdade é do Congresso Nacional."[25]

Para *João Grandino Rodas*, o termo ratificação comporta duplo sentido, porque no campo internacional caracteriza-se como o ato pelo qual a parte contratante exprime sua aceitação final do tratado e notifica a outra parte ou outras partes pelo depósito ou troca de instrumentos. No âmbito nacional, consiste no ato interno pelo qual um órgão governamental aprova e autoriza o tratado sob o prisma constitucional. Mas, ao final, conclui que a ratificação propriamente dita é a expressa no sentido internacional, que não se confunde com a autorização interna concedida pelo poder competente.[26]

Arnaldo Süssekind, por sua vez, explica que o procedimento de ratificação da convenção internacional do trabalho é complexo e corresponde a fases distintas,

"em face do preceituado na Constituição da OIT, o governo de cada Estado-membro assume a obrigação formal de enviar todas as convenções, no prazo máximo de dezoito meses, à autoridade competente para sua aprovação (art. 19, § 5º, a). No Brasil, esse órgão é o Congresso nacional (art. 49, I, da nossa Constituição), competente para aprovar ou rejeitar definitivamente o tratado, não podendo, porém, aprová-lo com reservas, salvo se facultadas no respectivo texto. (...) Uma vez aprovada pelo órgão competente, o Chefe de Estado (no Brasil, o Presidente da República) deverá ratificá-la, promovendo o depósito do respectivo instrumento perante o Diretor Geral da Repartição Internacional do Trabalho (art. 19, § 5º, d da Constituição da OIT), que comunicará o ato formal ao Secretário Geral da ONU, para ser registrado nos termos do art. 102 da Carta das Nações Unidas. Somente então flui o prazo de doze meses para a vigência nacional da convenção."[27]

---

(23) "Curso de direito internacional público", p. 115, citando a definição de José Sette Câmara, *The ratification of International Treatis*, 1949.
(24) *Direito internacional público: curso elementar*, p. 54.
(25) *Manual de direito internacional público*, p. 28.
(26) *Tratados internacionais*, p. 16.
(27) "Parecer", *Suplemento Trabalhista* n. 061/97, p. 296.

Podemos concluir, desse modo, que a ratificação é um ato internacional *de Governo*, que, no Brasil, compete ao Presidente da República nos termos do art. 84, VIII da Constituição Federal. No entanto, este só poderá promover a ratificação do tratado após a aprovação (*referendum*) do texto pela autoridade competente, segundo o direito público interno, ou seja, o Congresso Nacional (art. 49, I, CF). Portanto, a competência para autorizar a ratificação, no Brasil, é do Congresso Nacional, mediante Decreto legislativo.

Após a ratificação do tratado, passamos a outra fase, a da promulgação, que, no Brasil, é ato interno do Poder Executivo (Presidente da República), que transforma o ato internacional em lei nacional, por meio de Decreto.

Desse modo, enquanto o Poder Legislativo cumpre sua missão, ao autorizar a ratificação, é tarefa do Executivo e da sociedade cumprir as regras emanadas do tratado.[28]

Conclui *Carlos Henrique Bezerra Leite* que "dois são os órgãos do Poder que representam a República Federativa do Brasil em suas relações internacionais: o Congresso Nacional, representado pelo Poder Legislativo, e o Presidente da República, que acumula, em nosso País, as funções de Chefe de Governo e Chefe de Estado."[29] Mas, devemos frisar que a ratificação é ato exclusivo do Presidente da República e que depende de autorização do Congresso Nacional.

Finalmente, com a promulgação, por Decreto, do Presidente da República, o tratado está apto a produzir, internamente, efeitos, no Estado-membro que o ratificou. Todavia, as normas do tratado só poderão ser aplicadas no Estado após sua publicação oficial que certifica a existência daquela norma internacional, conforme o que determina nosso art. 1º da Lei de Introdução ao Código Civil.

Assim, é uníssona a doutrina, no sentido de que a eficácia jurídica dos tratados no Brasil depende da promulgação de seu texto, em português, com a publicação do Decreto no Diário Oficial da União.[30]

Em se tratando de convenção internacional do trabalho, o procedimento de aprovação é o mesmo, com algumas particularidades, pois, ao ingressar na OIT e aderir à sua Constituição, o Estado assume a obrigação de submeter a convenção à apreciação da autoridade interna competente, dentro do prazo de um ano, a partir do encerramento da sessão da Conferência Internacional do Trabalho. Caso isso não seja possível, no prazo máximo de dezoito meses, deve submeter a convenção à autoridade competente, conforme o direito público interno. No Brasil, como já restou esclarecido, esta autoridade é o Congresso Nacional (art. 49, I, CF), que irá resolver em caráter definitivo se a convenção deve ou não ser ratificada. Esta aprovação se

---

(28) FRANCO FILHO, Georgenor de Sousa. "Os tratados internacionais e a Constituição de 1988". *In* PELLEGRINA, Maria Aparecida (Diretora); SILVA, Jane Granzoto Torres da (Coord.). *Constitucionalismo social*: estudos em homenagem ao Ministro Marco Aurélio Mendes de Farias Mello, p. 171.
(29) "A eficácia, vigência e denúncia dos tratados internacionais e os direitos sociais". *In* SILVA NETO, Manoel Jorge e (Coord.). *Constituição e Trabalho*, p. 60.
(30) *Celso D. de Albuquerque Mello* informa que a publicação é adotada por todos os países, e complementa: "na França, Países Baixos e Luxemburgo a eficácia do tratado no plano interno é subordinada à sua publicação. Na Alemanha Ocidental e Itália as constituições não obrigam que o texto do tratado seja publicado e obrigam a publicação da autorização legislativa para ratificação, mas na prática o tratado também é publicado." *Curso de direito internacional público*, p. 125.

dá por Decreto-legislativo, que autoriza o Presidente da República (art. 84, VIII, CF) a ratificá-la, ou, em outras palavras, a comprometer-se, internacionalmente, a tomar as medidas necessárias para efetivar as disposições da convenção.

Como bem ressalta *João Grandino Rodas*, o Brasil, desde a Independência, segue a tradição lusitana de promulgar os tratados ratificados por meio de decreto do Executivo, apesar de as Constituições brasileiras, incluindo a vigente, não o exigirem.[31] Segundo a prática atual, a Divisão de Atos Internacionais do Ministério das Relações Exteriores redige o instrumento do decreto, que será acompanhado do texto do tratado e publicado no Diário Oficial da União, após assinatura do Presidente da República, referendada pelo Ministro das Relações Exteriores.

3.2.2. Vigência e eficácia das convenções

A vigência de um tratado não se confunde com a sua eficácia[32], pois a primeira vem do latim *vigens*, de *vigere* ou seja, estar em execução, vigorar, e é empregada no mesmo sentido de vigor e força.[33] Além disso, pode-se dar de três formas, a vigência *internacional*, a vigência *para* o Estado e a vigência *no* Estado.

A vigência *internacional*, também chamada de vigência subjetiva, ocorre quando todos os requisitos do tratado estão previstos. Normalmente, a vigência do tratado é regulada por uma cláusula do próprio tratado, segundo a qual este entrará em vigor no plano internacional com a ratificação por um número determinado de Estados.

As convenções internacionais do trabalho normalmente adquirem vigência internacional após a ratificação por dois Estados-membro, como foi o caso da Convenção n. 132 da OIT, que previu em seu § 2º do art. 18, que ela entraria "em vigor 12 (doze) meses após o registro pelo Diretor-Geral, das ratificações de dois Membros."

A vigência *para o Estado* ocorre desde que o tratado tenha vigência internacional, após a ratificação pelo Estado-membro. Neste caso, o Estado assume a responsabilidade de adotar, mediante leis próprias, as correspondentes normas internacionais.

Esta vigência nacional para o Estado também é geralmente prevista em cláusula do próprio tratado, que, no caso da Convenção n. 132 da OIT, estabeleceu no § 3º do art. 18 que "subseqüentemente a presente Convenção entrará em vigor para cada Membro 12 (doze) meses após a data do registro de sua ratificação." Assim, depois de um ano do registro, a convenção tem vigência para o Estado, mas não vigência no Estado, que só ocorrerá com a publicação do Decreto.

A vigência interna (*no Estado*), também chamada de objetiva, ocorre desde que exista a vigência para o Estado e, no Brasil, depende da promulgação do tratado, por Decreto, do Presidente da República, e sua publicação no Diário Oficial da União.

---

(31) *A publicidade dos tratados internacionais*, p. 200.
(32) *Maria Helena Diniz* explica que "vigência não se confunde com eficácia, logo, nada obsta que uma norma seja vigente sem ser eficaz, ou que seja eficaz sem estar vigorando." *Compêndio de introdução à ciência do direito*, p. 361.
(33) SILVA, De Plácido e. *Vocabulário jurídico*, v. IV, p. 1654.

Decorre, portanto, de ato governamental que anuncia oficialmente a ratificação do tratado e divulga seu texto no idioma do respectivo país.

A eficácia provém do latim *efficacia*, de *efficax*, significando o que tem virtude, que tem propriedade, que chega ao fim, compreende-se como a força ou o poder que possa ter um ato ou fato para produzir os efeitos desejados.[34]

Sobre o tema, é esclarecedora a explicação de *José Afonso da Silva*

"A promulgação não passa de mera comunicação, aos destinatários da lei, de que esta foi criada com determinado conteúdo. Nesse sentido, pode-se dizer que é o meio de constatar a existência da lei; esta é perfeita antes de ser promulgada; a promulgação não faz a lei, mas os efeitos dela somente se produzem depois daquela. O ato de promulgação tem, assim, como conteúdo a presunção de que a lei promulgada é válida, executória e potencialmente obrigatória. Mas, no nosso entender, para que a lei se considere efetivamente promulgada, é necessária a publicação do ato, para ciência aos seus destinatários; não do ato de promulgação a seca, e sim com o texto promulgado."[35]

Portanto, a eficácia de uma norma é o poder que ela possui para produzir efeitos jurídicos próprios e específicos.

Miguel Reale sustenta que, para uma regra jurídica ser obrigatória, é necessário que ela satisfaça requisitos de validade. Segundo o autor, a validade de uma norma de direito pode ser analisada sob três aspectos: o da validade formal ou técnico-jurídica (vigência), o da validade social (eficácia) e o da validade ética (fundamento). A vigência ou validade formal "é a executoriedade compulsória de uma regra de direito, por haver preenchido os requisitos essenciais à sua feitura ou elaboração."[36] E complementa

"Validade formal ou vigência é, em suma, uma propriedade que diz respeito à competência dos órgãos e aos processos de produção e reconhecimento do Direito no plano normativo. A eficácia, ao contrário, tem um caráter experimental, porquanto se refere ao cumprimento efetivo do Direito por parte de uma sociedade, ao 'reconhecimento' (Anerkennung) do Direito pela comunidade, no plano social, ou, mais particularizadamente, aos efeitos sociais que uma regra suscita através de seu cumprimento."[37]

Finalmente, para determinar o alcance da eficácia do tratado internacional que já está em vigor no ordenamento interno de um Estado-membro, é fundamental verificar, em primeiro lugar, se suas normas são cogentes ou dispositivas. Depois, se suas cláusulas têm natureza jurídica de normas auto-aplicáveis ou programáticas, e finalmente, se a norma internacional é compatível, ou não, com a ordem jurídica doméstica.[38]

---

(34) SILVA, De Plácido e. *Vocabulário jurídico*, v. II, p. 578.
(35) *Curso de direito constitucional positivo*, p. 455.
(36) *Lições preliminares de direito*, p. 108.
(37) *Ibid.*, p. 114. É com base nestes três aspectos essenciais da validade do Direito, o fundamento, a vigência e a eficácia que, *Miguel Reale* comprova sua teoria tridimensional do Direito, "pois a vigência se refere à norma; a eficácia se reporta ao fato, e o fundamento expressa sempre a exigência de um valor", p. 116.
(38) LEITE BEZERRA, Carlos Henrique. "A eficácia, vigência e denúncia dos tratados internacionais e os direitos sociais". *In* SILVA NETO, Manoel Jorge e (Coord.), *Constituição e Trabalho*, p. 63.

Como já restou esclarecido anteriormente, as normas cogentes, também chamadas de normas de ordem pública, normas de imperatividade absoluta ou, ainda, normas impositivas, são as que ordenam ou proíbem alguma coisa de modo absoluto. Impõem obrigações de fazer ou não fazer, sem admitir nenhuma alternativa de forma a vincular o destinatário a um único esquema de conduta.[39]

As normas dispositivas ou de imperatividade relativa, formam a grande massa das regras jurídicas e são normas de conduta que deixam aos destinatários o direito de dispor de maneira diversa. Portanto, são normas que não ordenam ou proíbem de modo absoluto, mas permitem uma ação ou abstenção, ou suprem uma declaração de vontade não existente.[40]

Verificado se o tratado é formado por normas cogentes ou dispositivas, é necessário então saber se tais normas são auto-aplicáveis ou programáticas.

As normas auto-aplicáveis são as eficazes e suficientes para produzir efeitos imediatamente. Já as normas programáticas são as que têm eficácia relativa, pois dependem de norma posterior para produzir efeitos.

Enfim, para descobrirmos os efeitos internos do tratado, é necessário analisar qual o tipo de relação que o Direito Internacional mantém com o Direito Interno. A questão que se faz é: havendo um conflito entre a norma internacional e a norma interna, qual delas deve prevalecer? Para responder à pergunta, existem duas doutrinas clássicas, o *monismo* e o *dualismo*.

O *dualismo* é a teoria que foi desenvolvida por *Heinrich Triepel*, em 1899, na obra "Volkerrecht und Landesrecht". Segundo essa concepção, Direito Internacional e o Direito Interno são duas ordens jurídicas distintas, que podem ser tangentes, mas não secantes, ou seja, são independentes e não possuem nenhuma área em comum.

Segundo *Triepel*, esta teoria está fundamentada na existência de três diferenças básicas entre o Direito Internacional e o Direito Interno. A primeira é que, na ordem internacional, o Estado é o único sujeito de direito, enquanto na ordem interna aparece o homem também como sujeito de direito. A segunda é que o Direito Interno é resultado da vontade de um Estado, enquanto o Direito Internacional tem como fonte a vontade coletiva dos Estados. A terceira diferença é que a ordem jurídica interna está baseada em um sistema de subordinação enquanto a internacional, na coordenação, pois a comunidade internacional é uma sociedade paritária.[41]

Em 1905, a teoria *dualista* proposta por *Triepel* foi levada para a Itália por *Dionisio Anzolotti*, que a adotou em um trabalho intitulado "Il Diritto Internazionale nel giudizio interno."

Foi *Alfred Verdross* que, em 1914, chamou essa teoria *dualista*, denominação que foi aceita por *Triepel*, em 1923. Entretanto, o próprio *Verdross* reconheceu a falha desse termo, já que não existe apenas um direito interno, e, por isso, o correto seria denominá-la *pluralista*.

Esclarece *Vicente Marotta Rangel* que o ponto básico da doutrina *dualista* é a eliminação teórica da possibilidade de conflito entre lei e tratado internacional, por-

---
(39) DINIZ, Maria Helena. *Compêndio de introdução à ciência do direito*, p. 345.
(40) *Ibid.*, p. 346.
(41) MELLO ALBUQUERQUE, Celso D. de. *Curso de direito internacional público*, p. 49.

que ambos pertencem a ordens rigidamente separadas. Assim, só será possível o conflito se a norma internacional se converter em norma interna. Nesse caso, a colisão seria entre duas leis, uma de origem estatal, outra nascida da transformação de uma convenção internacional, que se resolveria pela aplicação do aforismo *lex posterior derogat legi priori*.[42]

Em oposição ao *dualismo*, encontramos a concepção denominada *monismo*, ou seja, a teoria que não aceita a existência de duas ordens jurídicas autônomas, independentes e não derivadas.

A teoria *monista* é defendida por *Hans Kelsen*, para quem a evolução técnico-jurídica tem a tendência de fazer desaparecer a linha divisória entre o Direito internacional e a ordem jurídica do Estado, e, é dirigida a uma centralização cada vez maior para formar um Estado mundial. O jurista adverte, entretanto, que ainda não se pode falar nessa comunidade.

Para a teoria *monista*, o Direito internacional e o Direito estadual formam um sistema unitário. Nesse sistema não há conflito entre as normas de Direito internacional e de Direito estadual porque as contradições eventualmente existentes são resolvidas pelo primado da ordem jurídica estadual, ou pelo primado da ordem jurídica internacional, ou seja,

"*Se o Direito internacional e o Direito estadual formam um sistema unitário, então a relação entre eles tem de ajustar-se a uma das duas formas expostas. O Direito internacional tem de ser concebido, ou como uma ordem jurídica delegada pela ordem jurídica estadual e, por conseguinte, como incorporada nesta, ou como uma ordem jurídica total que delega nas ordens jurídicas estaduais, supra-ordenada a estas e abrangendo-as a todas como ordens jurídicas parciais. Ambas estas interpretações da relação que intercede entre o Direito internacional e o Direito estadual representam uma construção monista. A primeira significa o primado da ordem jurídica de cada Estado, a segunda traduz o primado da ordem jurídica internacional.*"[43]

Sobre o tema, explica *José Francisco Rezek* que o primado do direito das gentes sobre o direito nacional do Estado soberano é uma proposição doutrinária, pois não há norma asseguratória de tal teoria. E conclui que, para o Estado soberano, a constituição nacional é a sede de determinação da estatura da norma jurídica convencional, porque dificilmente uma dessas leis fundamentais desprezaria o ideal de segurança e estabilidade da ordem jurídica a ponto de subpor-se, a si mesma, às normas decorrentes de compromissos exteriores do Estado.[44]

O *monismo*, com primazia do Direito Internacional, foi desenvolvido, principalmente por *Kelsen*, que, ao formular a teoria pura do direito, enunciou a pirâmide de normas. Segundo essa teoria, uma norma tem sua origem e tira a sua obrigatoriedade da norma que lhe é imediatamente superior. No vértice da pirâmide está a norma fundamental, a norma base ("Grundnorm"), que, para *Kelsen*, é uma norma de Direito Internacional, a norma costumeira *pacta sunt servanda*.

---
(42) "Os conflitos entre o direito interno e os tratados internacionais", *Boletim da Sociedade Brasileira de Direito Internacional*, n. 45 e 46, p. 49.
(43) KELSEN, Hans. *Teoria pura do direito*, p. 443.
(44) *Direito internacional público: curso elementar*, p. 103.

Explica *Paulo Barbosa Casella* que o *monismo* comporta a afirmação da unicidade da norma jurídica, expresso em três escolas *monistas*, quais sejam: a primazia do direito interno sobre o direito internacional; a primazia do direito internacional sobre o direito interno; e, a equiparação do direito interno e direito internacional, determinando-se a precedência conforme a ordem cronológica da criação, o que dá origem ao chamado *monismo* moderado. O autor explica que essa seria a

"terceira via que exprimiria o anseio aristotélico de se encontrar a virtude em posição intermediária, mas onde ocorrem interferências na interpretação e dificuldades de implementação."[45]

Diante da ausência de dispositivos constitucionais que definam a opção brasileira pelo *dualismo*, ou pelo *monismo* com o primado da ordem jurídica internacional ou nacional, a doutrina não é pacífica.

Mariângela Ariosi cita os doutrinadores *Jacob Dolinger* e *Amílcar de Castro* como defensores do *dualismo*, colocando-os em posição de destaque, mas, isolada, ao afirmar que a maioria dos autores brasileiros segue os preceitos *monistas*.[46]

Arnaldo Süssekind defende que a Constituição brasileira adotou a teoria *monista*, em virtude da qual o tratado ratificado complementa, altera ou revoga o direito interno, desde que se trate de norma auto-aplicável e já esteja em vigor na órbita internacional, ainda que a primazia da norma internacional prevaleça tanto na doutrina brasileira como na estrangeira.[47]

Hildebrando Accioly sustenta um *monismo* radical, argumentando que todo tratado é direito especial, enquanto a lei pode ser considerada direito comum. O autor apropria-se do princípio segundo o qual *in toto jure genus per speciem derogatur*[48] para justificar sua tese segundo a qual a lei, considerada como norma geral, não pode revogar tratado que seria a norma especial.[49]

Vicente Marotta Rangel também defende a teoria *monista*, explicando que "a superioridade do tratado em relação às normas de Direito interno é consagrada pela jurisprudência internacional."[50]

Georgenor de Sousa Franco Filho argumenta que o Brasil adota a teoria do *monismo* com o primado da norma estatal. Indica que dois são os critérios de validade do tratado internacional em conflito com a norma interna: o cronológico, segundo o qual o tratado é aplicável por força do princípio da *lex posterior derogat legi priori*, ou seja, a norma internacional incorporada ao ordenamento interno, porque posterior, afasta a aplicação da norma interna anterior e contrária a ela; e o critério da especialidade, pelo qual um tratado específico prefere uma norma interna de caráter geral e vice-versa.[51]

---

(45) "A Convenção n. 158 da OIT as relações entre direito interno e direito internacional", *Revista LTr.* 60-07/900.
(46) *Conflitos entre tratados internacionais e leis internas: o judiciário brasileiro e a nova ordem internacional*, p. 160.
(47) *Convenções da OIT*, p. 37.
(48) "em todo o direito, o geral é revogado pelo especial"
(49) *Manual de direito internacional público*, p. 33.
(50) "Os conflitos entre o direito interno e os tratados internacionais", *Boletim da Sociedade Brasileira de Direito Internacional*, ns. 45 e 46, p. 54.
(51) "Os tratados internacionais e a Constituição de 1988". *In* PELLEGRINA, Maria Aparecida (Diretora), SILVA, Jane Granzoto Torres da (Coord.). *Constitucionalismo social:* estudos em homenagem ao Ministro Marco Aurélio Mendes de Farias Mello, p. 178.

José Francisco Resek afirma que embora a Constituição brasileira não use a linguagem direta, ela deixa claro que os tratados internacionais estão sujeitos ao controle de constitucionalidade, a exemplo dos demais componentes infraconstitucionais do ordenamento jurídico. Para o jurista, esta convicção é tão firme

> "*que a lei fundamental não pode sucumbir, em qualquer espécie de confronto, que nos sistemas mais obsequiosos para com o direito das gentes tornou-se encontrável o preceito segundo o qual todo tratado conflitante com a Constituição só pode ser concluído depois de se promover a necessária reforma constitucional.*"[52]

No mesmo sentido é o posicionamento de *Cássio Mesquita Barros*, para quem a Constituição Federal de 1988 adotou a teoria *monista*, segundo a qual o tratado ratificado, desde que em vigor no plano internacional e que constitua norma auto-aplicável, "revoga, modifica ou complementa o direito interno."[53]

João Grandino Rodas avisa que na doutrina brasileira encontram-se predominantemente opiniões de conteúdo *monista* com relevância do direito internacional e que a jurisprudência do Supremo Tribunal Federal desde seus primórdios e por longo tempo também afirmou a primazia do direito internacional sobre o direito interno.[54]

Entretanto, a partir do julgamento do recurso extraordinário n. 80.004[55] que se desenrolou entre os anos de 1975 e 1977, o Plenário do Supremo Tribunal Federal teve a oportunidade de discutir amplamente a matéria e concluiu, por maioria de votos, que no conflito entre tratado e lei posterior, vigeria esta última por representar a última vontade do legislador, embora o descumprimento no plano internacional pudesse acarretar conseqüências.[56]

Desde então, o Supremo Tribunal Federal tem decidido a favor da possibilidade de controle abstrato de constitucionalidade de tratados ou convenções internacionais em face da Constituição da República, adotando a tese da teoria *monista* com o primado da ordem jurídica interna.

Em decisão recente, publicada no Diário da Justiça de 18 de maio de 2001, relativa ao julgamento da Ação Direta de Inconstitucionalidade n. 1.480-3, do Distrito Federal, em que foi relator o Ministro *Celso de Mello*, restou consubstanciado que

> "*É na Constituição da República — e não na controvérsia doutrinária que antagoniza monistas e dualistas — que se deve buscar a solução normativa para a questão da incorporação dos atos internacionais ao sistema de direito positivo interno brasileiro.*

---

(52) *Direito público internacional: curso elementar*, p. 104.
53 "A Convenção 132 da OIT e seu impacto sobre o regime de férias", *Revista de direito do Trabalho*, v. 28, n. 108, p. 42.
(54) O autor sustenta sua opinião com fundamento na decisão de *Philadelpho Azevedo*, então Ministro do STF, que chegou a publicar comentário patenteando a prevalência dos tratados sobre o direito interno infraconstitucional, consoante pensamento unânime do Pretório Excelso. *Tratados internacionais*, p. 52.
(55) STF, RE 80.004-SE — TP — Relator p/ Acórdão Min. Cunha Peixoto — RTJ 83/809-848.
(56) *Celso D. de Albuquerque Mello* é categórico em sua condenação da evolução do tratamento jurisprudencial da matéria no Brasil, observando que houve um verdadeiro retrocesso no julgamento do Recurso Extraordinário n. 80.004, já que esta decisão viola a Convenção de Viena sobre direito dos tratados que não admite o término de tratado por mudança de direito superveniente. *Curso de direito internacional público*, p. 124.

O exame da vigente Constituição Federal permite constatar que a execução dos tratados internacionais e a sua incorporação à ordem jurídica interna decorrem, no sistema adotado pelo Brasil, de um ato subjetivamente complexo, resultante da conjugação de duas vontades homogêneas: a do Congresso Nacional, que resolve, definitivamente, mediante decreto legislativo, sobre tratados, acordos ou atos internacionais (CF, art. 49, I) e a do Presidente da República, que além de poder celebrar esses atos de direito internacional (CF, art. 84, VIII), também dispõe — enquanto Chefe de Estado que é — da competência para promulgá-los mediante decreto.

(...)

No sistema jurídico brasileiro, os tratados ou convenções internacionais estão hierarquicamente subordinados à autoridade normativa da Constituição da República. Em conseqüência, nenhum valor jurídico terão os tratados internacionais, que, incorporados ao sistema de direito positivo interno, transgredirem, formal ou materialmente, o texto da Carta Política.

*O exercício do **treaty-making power**, pelo Estado brasileiro — não obstante o polêmico art. 46 da Convenção de Viena sobre o Direito dos Tratados (ainda em curso de tramitação perante o Congresso Nacional) — está sujeito à necessária observância das limitações jurídicas impostas pelo texto constitucional."*

É importante ressaltar que a Convenção sobre o Direito dos Tratados (Viena, 1969), com o objetivo de harmonizar o direito internacional com a ordem jurídica interna, estabeleceu em seus arts. 27 e 46, que as disposições de direito interno de um Estado não podem ser usadas por ele como justificativa para o inadimplemento do tratado[57] e, também, que um Estado não poderá argüir a nulidade de seu consentimento a um tratado pelo fato de que a concordância violou disposições de seu direito interno sobre competência, salvo se tal violação for manifesta e sobre regra de importância fundamental.[58]

Todavia, essas regras não estão sendo observadas pelas decisões reiteradas do STF. Aliás, o Excelso Pretório vem igualmente decidindo que, após a incorporação dos tratados ao ordenamento interno, estes têm força de lei ordinária. Assim, os tratados ou convenções internacionais, uma vez regularmente incorporados ao direito interno, situam-se, no sistema jurídico brasileiro, no mesmo plano de validade, de eficácia e de autoridade em que se posicionam as leis ordinárias, havendo, em conseqüência, entre estas e os atos de direito internacional público, mera relação de paridade normativa.

Sobre o tema, advertem *Luiz Alberto David Araujo* e *Vidal Serrano Nunes Júnior* que não há *quorum* específico para a aprovação do decreto legislativo, o que faz aplicar a regra do art. 47 da Convenção de Viena, ingressando a norma internacional no plano ordinário e não na qualidade de norma constitucional, concluindo ao final que

"se pudéssemos entender que o decreto legislativo pode alterar a Constituição Federal, incluindo direitos, estaríamos afirmando que se trata de um texto flexí-

---

(57) O art. 27 da Convenção de Viena prevê expressamente que: *"uma parte não pode invocar as disposições de seu direito interno como justificativa para o inadimplemento de um tratado. Esta regra não prejudica o art. 42."*
(58) O § 1º do art. 46 da Convenção de Viena estabelece que: *"um Estado não poderá invocar o fato de que seu consentimento em obrigar-se por um tratado foi expresso em violação de uma disposição de seu direito interno sobre competência para concluir tratados, a não ser que essa violação seja manifesta e diga respeito a uma regra de seu direito interno de importância fundamental."*

vel, não rígido, abandonando uma tradição constitucional e não aplicando os princípios do art. 60 e seus parágrafos, regra de imutabilidade implícita."[59]

Verificamos, portanto, que o primado da Constituição, no direito brasileiro, é oponível ao princípio *pacta sunt servanda*, não havendo concorrência entre os tratados internacionais e a Lei Fundamental. Assim, com o ingresso do tratado na ordem jurídica nacional, devem ser adotadas as regras segundo as quais, a lei posterior afasta a anterior e a lei geral não afasta a especial.[60]

Exceção à regra foi instituída pela Emenda Constitucional n. 45/2004, que acrescentou o § 3º ao art. 5º da Constituição Federal, estabelecendo que se o tratado ou a convenção internacional tiver por conteúdo uma regra de direitos humanos e for aprovado, em cada Casa do Congresso Nacional, em dois turnos, por três quintos dos votos dos respectivos membros, suas normas serão equivalentes a emendas constitucionais.

Como já comentamos no capítulo 2.3., referente ao conceito e natureza jurídica das férias, a doutrina constitucional, muitas vezes, emprega as expressões *direitos humanos, direitos fundamentais, garantias, liberdades,* e *direitos de personalidade,* como sinônimos.

Entretanto, segundo *Gomes Canotilho*, essas expressões não têm o mesmo significado. Os *direitos do homem* (direitos humanos) são direitos válidos para todos os povos em todos os tempos, daí o seu caráter inviolável, intemporal e universal. Já os *direitos fundamentais* são os direitos do homem, jurídico-institucionalmente garantidos e limitados espacio-temporalmente.[61] As *liberdades* têm como objetivo defender a esfera dos cidadãos perante a intervenção do Estado.[62] As *garantias* são também direitos, mas nelas deve ser salientado o caráter instrumental de proteção dos direitos, ou seja, caracterizam-se pelo direito dos cidadãos a exigir dos poderes públicos a proteção de seus direitos, e pelo reconhecimento de meios processuais a essa finalidade. Os *direitos de personalidade* são muitas vezes *direitos fundamentais* que abarcam direitos de estado (como o direito de cidadania), os direitos sobre a própria pessoa (como o direito à vida, à integridade moral e física, ou à privacidade), os direitos distintivos da personalidade (como o direito à identidade pessoal) e muitos dos direitos de liberdade (como a liberdade de expressão).[63]

Portanto, os tratados internacionais que versem sobre direitos humanos, desde que obedeçam às regras de votação previstas no § 3º, art. 5º da CF, acrescentado pela Emenda Constitucional n. 45/2004, serão equivalentes às emendas constitucionais e não às leis ordinárias.

Finalmente, é importante ressaltar que, no campo do Direito Internacional do Trabalho, vigora o princípio da disposição mais benéfica em favor do trabalhador.

---

(59) *Curso de direito constitucional*, p. 131.
(60) Ainda sobre o tema, explica *Cássio Mesquita Barros* que as Convenções da OIT não correspondem a leis supranacionais, eis que a CF brasileira impõe a aceitação do Poder Legislativo e do Poder Executivo, em seu artigo "A Convenção n. 158 — proteção contra a despedida injustificada", *Revista LTr 60-07/887.*
(61) *Direito constitucional e teoria da Constituição*, p. 391.
(62) *Ibid.,* p. 393.
(63) *Ibid.,* p. 394.

Dessa forma, a ratificação de uma convenção internacional do trabalho não pode acarretar a revogação ou a alteração de

"*qualquer lei, costume ou acordo que garanta aos trabalhadores condições mais favoráveis*" (art. 19, § 8º, Constituição da OIT).

A regra internacional citada decorre do princípio maior do direito do trabalho, o *princípio protetor*, pelo qual o direito do trabalho tem como função a tutela do trabalhador como forma de compensar a sua inferioridade no contrato firmado com o empregador. O princípio de proteção não tem por objetivo a igualdade jurídica que se pretende no direito civil, mas sim a proteção de uma das partes para alcançar uma igualdade substancial e verdadeira entre as partes.

Este princípio tem como objetivo o nivelamento das desigualdades existentes, isto é, "compensar o desequilíbrio entre o economicamente mais fraco, sujeito ao trabalho subordinado, e o empregador, titular do domínio econômico e do poder de comando de seu empreendimento", como bem explica *Ari Possidônio Beltran*[64].

Mauricio Godinho Delgado sustenta que o princípio da proteção abrange quase todos (senão todos) os princípios especiais do Direito do Trabalho, já que não seria possível excluir da noção de proteção, princípios como o da indisponibilidade dos direitos trabalhistas, o da inalterabilidade contratual lesiva, ou o da continuidade da relação de emprego, etc.[65]

Segundo *Américo Plá Rodriguez*[66], o princípio protetor se expressa de três formas distintas:

— Regra *in dubio pro operario*

É o critério pelo qual o intérprete deve escolher, entre os vários sentidos possíveis da norma, aquele que seja o mais favorável ao trabalhador.

— Regra da Norma mais Favorável

Quando houver mais de uma norma aplicável, deve-se optar por aquela que seja melhor ao empregado, ainda que hierarquicamente inferior.

— Regra da Condição Mais Benéfica

Critério segundo o qual a aplicação de uma norma trabalhista nunca deve servir para diminuir as condições mais favoráveis do trabalhador.

Conclui *Amauri Mascaro Nascimento* que

"*seria descaracterizante do direito do trabalho, embora a sua derrogação excepcional não o desfigure com as adaptações às situações contingentes de ordem econômica e social, o não reconhecimento da função específica de direito protecionista e tutelar, apesar das variantes flexibilizadoras da época contemporânea, com as quais terá de conviver mas que não o afastam da sua missão principal, a proteção dos trabalhadores.*"[67]

---
(64) *Dilemas do trabalho e do emprego na atualidade*, p. 58.
(65) *Curso de direito do trabalho*, p. 198.
(66) *Os princípios do direito do trabalho*, p. 42
(67) "Princípios do direito do trabalho e direitos fundamentais do trabalhador", *Revista LTr*, ano 67, agosto de 2003, p. 905.

Ademais, o princípio protetor tem como função, no que se refere à elaboração das leis, direcionar o legislador para o sentido do favorecimento do trabalhador e só por exceção, afastar-se desse objetivo. Quanto à interpretação e aplicação das normas, da mesma forma o intérprete deve utilizar o sentido mais favorável ao trabalhador e diante a variedade de normas concorrentes que existem no ordenamento jurídico, deve o aplicador utilizar-se da norma mais benéfica.[68]

Conclui-se que o princípio de proteção tem sua aplicação sujeita a limites, porque só deverá ser aplicado quando houver existência real de dúvida (e não aparente), além de ser necessário que a interpretação favorável ao empregado não contrarie a vontade do legislador.[69] Esse princípio não pode ser aplicado pelo simples afã de criar novos direitos em favor do trabalhador, nem se pode romper o equilíbrio em favor de uma das partes, nesse caso, os trabalhadores.

Desse modo, havendo mais de uma norma que regulamente a mesma circunstância, uma de origem internacional e a outra do ordenamento interno, é preciso optar pela norma que mais beneficie o trabalhador.

Neste caso, argumenta *Alfredo J. Ruprecht* que, para determinar se as disposições de direito do trabalho são ou não mais favoráveis aos trabalhadores, podem ser usados os seguintes princípios diretores: 1) a comparação deve ser feita pela aproximação das duas normas e, não, pela consideração de conseqüências econômicas remotas; 2) a observação da situação da coletividade operária interessada e, não, a de um trabalhador isoladamente; 3) a apreciação objetiva dos interessados; 4) a confrontação concreta das normas; 5) a possibilidade de melhorar a posição dos trabalhadores, que é uma exceção do princípio da intangibilidade da regra imperativa, hierarquicamente mais favorável aos interesses dos trabalhadores.[70]

3.3. Convenções e recomendações sobre o direito de férias

Desde a primeira Conferência, realizada em Washington, no ano de 1919, o direito de férias foi proposto por vários delegados governamentais para ser debatido nas reuniões subseqüentes.

De tal modo, a matéria foi discutida nas Conferências realizadas nos anos de 1927, 1931, 1933 e 1934, mas somente em 1935 foi realizada a primeira discussão visando à adoção de instrumentos internacionais sobre o tema. Finalmente, na reunião seguinte, realizada em 1936, em Genebra, foi aprovada a Convenção n. 52, dirigida aos empregados da indústria, comércio e escritórios, a qual foi complementada pela Recomendação n. 47, sendo ambas adotadas em 24 de junho de 1936.

---

(68) *Ari Possidônio Beltran* explica que inúmeras são as limitações impostas ao princípio protetor pois, muito embora o mesmo tenha por escopo atingir a defesa do empregado, esse princípio não pode ser tomado em sentido absoluto ou irrestrito, "na medida em que certas limitações decorrem do princípio da razoabilidade e outras apontam mesmo para valores de nível superior à propria hiperproteção do economicamente mais fraco." *Dilemas do trabalho e do emprego na atualidade*, p. 59. Sobre o tema, vale também consultar a obra de ROMITA, Arion Sayão. *O princípio da proteção em xeque e outros ensaios.*
(69) SILVA, Luiz de Pinho Pedreira da. *Principiologia do direito do trabalho*, p. 49.
(70) *Os princípios do direito do trabalho*, p. 22.

A Convenção n. 52, sobre as férias remuneradas, entrou em vigência internacional em 22 de setembro de 1939[71], garantindo de forma ampla aos trabalhadores de diversas áreas (enumeradas na Convenção) o direito a seis dias úteis de férias anuais (descontados os feriados e as interrupções por doença) e doze dias para os menores de dezesseis anos, com a percepção da remuneração habitual. Essa convenção proibiu a renúncia do direito de férias e também o trabalho remunerado do empregado durante o gozo deste período.

No mesmo ano de 1936, a OIT também aprovou a Convenção n. 54 que estendeu o direito de férias aos marítimos. Entretanto, esta Convenção não entrou em vigência no plano internacional pois não chegou a ser ratificada pelo número mínimo de países exigidos. Assim, em 1946, sofreu a primeira revisão pela Convenção n. 72, e na 32ª Conferência Internacional do Trabalho, realizada no ano de 1949, foi aprovada a Convenção n. 91, que acarretou outra revisão sobre as férias remuneradas dos marítimos, entrando em vigor internacional em 14 de setembro de 1967.[72]

Em 1952, foi então aprovada a Convenção n. 101 sobre as férias remuneradas para os trabalhadores rurais, que entrou em vigência internacional em 24 de julho de 1954.[73] Porém, a referida Convenção não estabelecia o número mínimo de dias de férias, deixando a regulamentação a critério da legislação nacional, convenções coletivas, sentenças arbitrais (normativas) ou de organismos especiais. Na mesma Conferência, foi também aprovada a Recomendação n. 93 que complementou a Convenção n. 101.

Durante a 37ª Conferência Internacional do Trabalho, realizada no ano de 1954, foi então aprovada a Recomendação n. 98 sobre férias remuneradas, destinada a todos os trabalhadores, com exceção dos marítimos, dos rurais e dos que trabalhavam em estabelecimentos ocupados apenas por pessoas da família do empregador, sugerindo a concessão de duas semanas de férias, ou de período maior, para os trabalhadores menores de dezoito anos.

Finalmente, as Convenções n. 52 e 101 foram revisadas em 1970, na 54ª Conferência Internacional do Trabalho, pela Convenção n. 132, que entrou em vigência internacional, em 30 de junho de 1973. Pouco tempo depois, em 1976, a Convenção n. 91 sobre as férias dos marítimos também foi revisada pela Convenção n. 146[74], que entrou em vigência internacional em 13 de junho de 1979.

---

(71) A Convenção n. 52 foi ratificada pelo Brasil, antes mesmo de sua vigência internacional, em 22 de setembro de 1938 e foi denunciada em 23 de setembro de 1998, em virtude da ratificação da Convenção n. 132.
(72) A Convenção n. 91 foi ratificada pelo Brasil, em 18 de junho de 1965 e foi denunciada em 24 de setembro de 1998, em virtude da ratificação da Convenção n. 146.
(73) A Convenção n. 101 foi ratificada pelo Brasil, em 25 de abril de 1957 e foi denunciada em 23 de setembro de 1998, em virtude da ratificação da Convenção n. 132.
(74) A Convenção n. 146 foi aprovada pelo Decreto Legislativo n. 48, de 27 de novembro de 1990, depositada na Repartição Internacional do Trabalho, em 24 de setembro de 1998, passando a vigorar, para o Brasil, em 24 de setembro de 1999. Foi então promulgada pelo Decreto n. 3.168 de 14 de setembro de 1999, publicado no Diário Oficial da União em 15 de setembro de 1999.

4. CONVENÇÃO N. 132 DA OIT

A Convenção n. 132 da OIT foi aprovada na 54ª reunião da Conferência Internacional do Trabalho, realizada em 3 de junho de 1970, em Genebra. Nesta reunião, a Administração da Repartição Internacional do Trabalho decidiu adotar diversas propostas relativas a férias remuneradas, assunto previsto no quarto item da agenda da sessão e determinou que tais propostas tomariam a forma de uma Convenção Internacional. Assim, a referida Convenção foi adotada em 24 de junho de 1970 e recebeu o nome de "Convenção sobre Férias Remuneradas (Revista), 1970".

Essa Convenção entrou em vigência internacional, em 30 de junho de 1973, após a ratificação por dois Estados Membros. Os dois primeiros países que ratificaram a Convenção n. 132, foram Luxemburgo, em 8 de fevereiro de 1972, e a Espanha, em 30 de junho do mesmo ano. Estes Estados foram seguidos pela Noruega, em 22 de junho de 1973, Iraque, em 19 de fevereiro de 1974 e Irlanda, em 20 de junho de 1974.

Até o presente momento, conforme pesquisa realizada em 20 de abril de 2005[1], apenas 33 países ratificaram a referida Convenção, quais sejam: Alemanha, Bélgica, Bósnia, Brasil, Burkina Fasso[2], Camarões, Chade[3], República Tcheca, Croácia, Eslovênia, Espanha, Ex República Iugoslávia da Macedônia, Finlândia, Guiné, Hungria, Iraque, Irlanda, Itália, Quênia, Letônia, Luxemburgo, Madagascar, Malta, Moldova[4], Noruega, Portugal, Ruanda, Sérvia e Montenegro, Suécia, Suíça, Ucrânia, Uruguai e Iêmen.

4.1. Origem e o contexto atual

A Convenção n. 132 sobre férias remuneradas foi adotada em 1970, como resultado da revisão da Convenção n. 52 de 1936, a qual previa direito de férias anuais de apenas seis dias úteis.

A proposta de revisão da Convenção n. 52 surgiu em 1961, com a resolução adotada na 45ª reunião da Conferência Internacional do Trabalho, em que foi pedida

---

(1) Pesquisa realizada no dia 20 de abril de 2005, no site da Organização Internacional do Trabalho, http://webfusion.ilo.org/publico/db/standards/normes/appl/appl/-byConv.cfm?conv=C13...
(2) Burkina Fasso é um país pobre, situado à beira do Saara e sem saída para o mar, em que se assentam planícies de savana. As secas freqüentes, sobretudo na região norte, prejudicam as exportações de gado e algodão. A economia baseia-se na agricultura de subsistência, conforme informações obtidas no Atlas geográfico mundial, p. 119.
(3) O Chade é um dos países mais pobres do mundo, situado na África central, entrando pelo deserto do Saara. Sua economia baseia-se na agricultura e a maior parte da população vive ao redor do lago Chade, onde ocorrem as minas de sal. Atlas geográfico mundial, p. 121.
(4) A Moldova está localizada no continente europeu e tem clima quente e seco com invernos relativamente suaves. Os produtos agrícolas dominam a produção rural devido ao solo muito fértil. Apesar de ter fortes laços étnicos, lingüísticos e históricos com a Romênia, as tentativas de reunificação têm enfrentado grande oposição da minoria russa do leste do país. Atlas geográfico mundial, p. 140.

a ampliação da duração das férias anuais com a finalidade de proteger a saúde dos trabalhadores e como resultado dos avanços tecnológicos e do aumento de produtividade.

A resolução aprovada tinha como fundamento a tensão nervosa provocada pelo aumento do ritmo de trabalho, pela mecanização e automação das fábricas. Desta forma, os trabalhadores deveriam ser beneficiados por um período de férias maior que lhes permitisse recuperar suas forças de trabalho. Ademais, *"el aumento de la productividad y de los beneficios que se obtienen hacen posible la prolongación de la vacación anual."*[5]

Finalmente, em estudo elaborado, no ano de 1964, sobre a Convenção n. 52[6], inúmeros governos apontaram os obstáculos para a sua aplicação. Observaram, inicialmente, que a Convenção era demasiadamente genérica pois incluía os trabalhadores a tempo parcial. Outros declararam que o tema deveria ser objeto de negociação coletiva voluntária e não decorrente de intervenção governamental. Alguns governos ainda assinalaram que suas disposições eram muito detalhadas o que dificultava a sua aplicação.

Assim, o estudo de 1964 e a resolução de 1961 provocaram a revisão da Convenção n. 52 pela Convenção n. 132.

No entanto, as discussões preparatórias da Conferência que precederam a adoção da Convenção n. 132 revelaram que as opiniões estavam divididas quanto aos propósitos que a Convenção deveria e poderia atingir.

Alguns defendiam que as normas internacionais de trabalho deveriam ser instrumentos pró-ativos para promover o progresso social, que não deveriam se limitar a definir um mínimo denominador comum, mas, sim, formular uma proposta para que os países melhorassem as condições de trabalho, e finalmente que o objetivo da Convenção n. 132 deveria consistir em proteger a segurança e a saúde dos trabalhadores, e proporcionar um meio adequado para distribuir os benefícios decorrentes do aumento da produtividade.

Outros sustentavam que a Convenção estabelecia propostas muito ambiciosas e que seu âmbito de aplicação era amplo demais, já que suas normas não levavam em conta as condições dos países em desenvolvimento. Ademais, a OIT deveria formular convenções que pudessem ser ratificadas por um grande número de países.

Em 1984, foi realizado outro estudo para determinar as dificuldades expostas pelos governos para a ratificação da Convenção n. 132, quando se constatou que, em mais da metade dos Estados Membros da OIT, a duração das férias era menor que as três semanas previstas na Convenção internacional adotada. Como obstáculos à implantação das normas internacionais foram ainda apresentados: o período mínimo de serviço exigido para o direito de férias; a exclusão dos feriados do período de descanso; e a inclusão das interrupções por doença, acidente ou licença maternidade no cálculo do período de serviço.

Nesse estudo, a Comissão de Especialistas expressou a opinião de que era possível superar alguns dos obstáculos assinalados e que também era provável a existência de novas ratificações.

---

(5) GB279-LILS-WP-PRS-1-2-2000-10-0195-1-ES.Doc, p. 9.
(6) *Vacaciones anuales pagadas,* Tercera parte del informe de la Comisión de Expertos en Aplicación de Convenios y Recomendaciones, Conferencia Internacional del Trabajo, 48ª reunión, 1964.

O primeiro exame da Convenção n. 132 sobre férias remuneradas foi realizado em março de 1997, quando restou constatado que, apesar de a Convenção ter sido adotada, havia mais de 25 anos, só tinha recebido 26 ratificações, sendo que desde 1987 foram apenas 9 ratificações novas a um ritmo de uma ou duas ratificações anuais. Assim, o Grupo de Trabalho recomendou ao Conselho de Administração que convidasse os Estados-membro para examinar a possibilidade de ratificar a referida Convenção e para comunicar quais seriam os obstáculos e as dificuldades que impediam ou atrasavam a sua ratificação ou, ainda, para manifestar-se sobre a necessidade de revisão do documento.

Deste modo, na 271ª reunião do Conselho de Administração, realizada em março de 1998, o Grupo de Trabalho examinou novamente a Convenção, com base no resultado das consultas celebradas durante os anos de 1997 e 1998, em que 53 Estados-membro[7] responderam ao pedido de informações formulado anteriormente[8].

No momento em que foi realizada a consulta, dois países responderam que já haviam ratificado a Convenção n. 132, o Brasil e a Hungria, que a aprovaram em 1998.

Com relação à existência de empecilhos para a confirmação da Convenção n. 132, cinco países consideraram que sua legislação nacional cumpria as disposições fundamentais da Convenção, mas não poderiam ratificá-la porque sua legislação não estava de acordo com as disposições técnicas exigidas[9]; 14 países declararam que não tinham a intenção de ratificá-la[10]; um deles considerou que a ratificação da Convenção exigiria uma reestruturação completa da legislação nacional, sem oferecer com isso uma proteção adicional[11], enquanto que outros 4 assinalaram que a proteção que garantia a Convenção era muito favorável, ou de nível muito alto[12] ou que introduziria rigidez em sua economia[13].

O referido estudo não chegou a um consenso sobre a ação futura que seria recomendada e, por esse motivo, o Grupo de Trabalho decidiu que seria realizado um "breve estudo" sobre os entraves e dificuldades para a ratificação da Convenção.

Esse breve estudo foi atribuído inicialmente a um especialista externo e foi apresentado ao Grupo de Trabalho na 277ª reunião do Conselho de Administração, realizada em março de 2000. Mais uma vez, o Conselho decidiu completar o trabalho

---

(7) Angola, Argentina, Austrália, Áustria, Belarus (país independente desde 1991, com a dissolução da antiga URSS), Bélgica, Brasil, Canadá, República Tcheca, Chile, China, Colômbia, Ilhas Comores (compreendem Mohéli, Grande Comore e Aujouan e estão situadas entre Madagascar e a costa leste africana), República da Coréia, Costa Rica, Costa do Marfim, Cuba, Dinamarca, República Dominicana, Egito, El Salvador, Estados Unidos, Estônia, Filipinas, Finlândia, França, Gana, Grécia, Guiné-Bissau, Hungria, Índia, Japão, Jordânia, Líbano, Marrocos, Maurício (ilha montanhosa no oceano Índico), México, Nova Zelândia, Países Baixos, Panamá, Polônia, Qatar, Reino Unido, Romênia, Ilhas Seychelles (arquipélago no oceano Índico que abrange mais de cem ilhas de granito ou coral), Singapura, República Árabe da Síria, Sri Lanka, África do Sul, Suriname, Tailândia, Turquia e Ucrânia.
(8) GB279-LILS-WP-PRS-1-2-2000-10-0195-1-ES.Doc, p. 11.
(9) Áustria, Cuba, Nova Zelândia, Países Baixos e Reino Unido.
(10) Angola, Costa do Marfim, França, Grécia, Jordânia, Nova Zelândia, Países Baixos, Panamá, Qatar, Singapura, República Árabe da Síria, Sri Lanka, África do Sul e Ucrânia.
(11) Países Baixos.
(12) Grécia, África do Sul e República Árabe da Síria.
(13) Singapura.

iniciado com a análise da legislação de férias de 41 Estados-membro[14] que não haviam ratificado a Convenção n. 132, sendo 13 países da África, 8 da América, 9 da Ásia e 11 da Europa.

Após a realização do estudo de tais países, o Grupo de Trabalho concluiu que a legislação dos países europeus examinados tende a cumprir, plenamente, as normas internacionais ou a proporcionar direitos mais favoráveis que a Convenção. Nos países africanos, o maior obstáculo está relacionado com a questão da duração mínima do período de serviço. Nos países latino-americanos examinados, as principais barreiras para a ratificação estão relacionadas com a duração mínima das férias anuais e com a duração do período mínimo de serviço. Nos países asiáticos, a legislação analisada não revelou nenhum padrão geral e, em certos casos, seria importante a revisão da legislação nacional para que estivesse de acordo com a Convenção n. 132.[15]

A conclusão dos trabalhos realizados foi a de que a Convenção n. 132 é um instrumento de importância fundamental para a garantia de um trabalho seguro e produtivo e que a manutenção das regras no mundo de trabalho atual é imprescindível.[16]

4.2. Objetivos sociais e econômicos

Segundo a OIT, os objetivos principais da Convenção n. 132 são dois. A finalidade primordial do direito às férias remuneradas é proteger a saúde dos trabalhadores e permitir-lhes que recuperem a energia física e mental que investiram no trabalho durante o ano. As férias anuais compensam os riscos fisiológicos, neurológicos e psicológicos que os trabalhadores enfrentam no seu dia-a-dia, ao estabelecer limites para os longos períodos de trabalho, ao encurtar os períodos em que os empregados estão expostos às fontes de riscos e, ainda, ao garantir aos trabalhadores a oportunidade de descansar e eliminar todas as substâncias prejudiciais ao seu organismo.[17]

Poucos discordam que o trabalho prolongado tem efeitos fisiológicos e sociológicos sobre o rendimento do empregado e que existe um limite de energia que uma pessoa pode dedicar às tarefas de produção, a partir do qual começa a sentir os efeitos contraproducentes do cansaço. Um estudo encomendado pelo *Families and Work Institute*, nos Estados Unidos, aponta que o excesso de trabalho e tarefas a cumprir tornam os profissionais mais suscetíveis a erros e sujeitos a doenças.[18] De fato, existem provas claras de que o cansaço é um fator importante na ocorrência de acidentes de trabalho e doenças profissionais.

---

(14) Albânia, Argélia, Áustria, Azerbaijão, Benin, Bulgária, Burundi (localizado na África central, próximo à linha do Equador), Chade, Chile, China, República da Coréia, Costa Rica, Costa do Marfim, Dinamarca, República Dominicana, El Salvador, Eslováquia, Estônia, Etiópia, Gabão, Irã, Japão, Jordânia, Cazaquistão, Laos (país pobre na Indochina, sem saída para o mar), Lesoto, Lituânia, Mali, México, Namíbia, Nepal, Nicarágua, Panamá, Paraguai, Polônia, Reino Unido, Federação da Rússia, Senegal, Ilhas Seychelles, Sudão, Venezuela e Vietnã.
(15) GB279-LILS-WP-PRS-1-2-2000-10-0195-1-ES.Doc, p. 19.
(16) GB.279-LILS-WP-PRS-1-2-2000-10-0195-1-ES.Doc, p. 27.
(17) GB.279-LILS-WP-PRS-1-2-2000-10-0195-1-ES.Doc, p. 20
(18) Dados extraídos da pesquisa realizada no *site* http://noticias.uol.com.br/empregos/ultnot/ult880V2903.jhtm, em 08 de abril de 2005.

Essa pesquisa (*Overwork in America)* apresentou dados sobre a relação entre empresa, empregado, resultados do trabalho e qualidade de vida, sendo que dos mais de mil entrevistados, metade relatou que tem que dar conta de tantas tarefas e, ao mesmo tempo, atender a tantas solicitações que não conseguem terminar suas obrigações e, por isso, são obrigados a levar o trabalho para casa, ocupando suas horas vagas e finais de semana, além de, muitas vezes, abrir mão das férias. Dentre outros levantamentos, a pesquisa demonstrou que 36% dos entrevistados estão com alto nível de estresse, 21% apresentam sintomas de depressão e 40% não têm boa saúde.[19]

A segunda finalidade da Convenção, segundo os estudos da OIT, tem caráter mais genérico, porque o direito de férias constitui um método eficaz para distribuir os benefícios derivados do aumento da produtividade e garantir mais tempo ocioso aos trabalhadores. De fato, a evolução industrial e tecnológica vem transformando as relações de trabalho ao permitir a redução das jornadas, a prestação de serviços em semanas de trabalho mais curtas e o aumento do período de férias.

É importante observar, no entanto, que o modelo de redução do tempo de trabalho originário do processo de desenvolvimento do mundo industrializado, nem sempre corresponde às tendências observadas, atualmente, nos países em desenvolvimento. Nesses países, o número anual médio de horas de trabalho está muito acima das 2.000 horas do setor formal, sendo que as horas extras podem aumentar essa quantidade para 3.000 horas. Tais cifras são quase o dobro das horas trabalhadas nos países industrializados e comparáveis ao número anual de horas que se trabalhava na Europa no princípio do século XX. Da mesma forma, a redução das horas de trabalho também não é a tendência dos países industrializados em que houve a desregulamentação do mercado de trabalho, como é o caso dos Estados Unidos, Reino Unido e Nova Zelândia. Enquanto a jornada de trabalho continua a diminuir nos países desenvolvidos, nos em desenvolvimento o tempo de trabalho está aumentando.[20]

Segundo estudos da OIT, um dos principais fatores que contribui para a disparidade crescente entre o número de horas nos países citados é a diferença que existe entre os regimes de férias que se aplicam nas várias regiões do mundo. Essa diferença pode ser atribuída às disparidades das estruturas básicas de seguridade social e à incerteza decorrente da precariedade de emprego.

Não é raro encontrarmos opiniões de que as férias não deveriam ser remuneradas, que custam muito caras para o empregador, ou, ainda, que o empregado que sai de férias pode ser substituído por outro a qualquer momento, seja porque existe outro empregado treinado para executar seu trabalho na sua ausência, seja porque o empregador constata que a presença do empregado é dispensável.[21]

---

(19) Dados extraídos da pesquisa realizada no *site* http://noticias.uol.com.br/empregos/ultnot/ult880V2903.jhtm, em 8 de abril de 2005.
(20) GB.279-LILS-WP-PRS-1-2-2000-10-0195-1-ES.Doc, p. 23.
(21) Segundo o administrador *Stephen Kanitz*, em seu artigo "Férias? Nem pensar", publicado na *Revista Veja*, de 30 de janeiro de 2002, as "Férias são uma conquista sociologicamente estranha, porque criam e perpetuam a idéia de que no Brasil se ganha sem ter de trabalhar", e ainda "Quem quiser tirar um mês de férias que o faça, sem ganhar nada em troca. Férias continuariam sendo um direito, o direito de você decidir ficar em casa fazendo nada, ou não", p. 17.

4.3. Vigência no ordenamento jurídico nacional

No Brasil, a ratificação da Convenção n. 132 foi aprovada pelo Decreto Legislativo n. 47, de 23 de setembro de 1981, mas apenas em 23 de setembro de 1998 portanto, dezessete anos depois, o instrumento de ratificação da Convenção foi depositado, pelo Brasil, perante o Diretor Geral da Repartição Internacional do Trabalho, e desse modo, passou a vigorar, para o nosso país (vigência para o Estado), doze meses após, ou seja, em 23 de setembro de 1999.

A Convenção foi então promulgada pelo Decreto n. 3.197, de 5 de outubro de 1999, e publicada no Diário Oficial da União em 06 de outubro do mesmo ano. Somente a partir dessa data, ou seja, 06 de outubro de 1999, a Convenção n. 132 passou a ter vigência no Estado e a produzir efeitos jurídicos (eficácia).

A data do início da vigência interna da Convenção n. 132 da OIT não é questão pacífica na doutrina brasileira. De fato, alguns doutrinadores entendem que o referido tratado entrou em vigor no país a partir de 23 de setembro de 1999, com fundamento no § 3º do artigo 18 da própria Convenção, que diz expressamente:

> "Subseqüentemente a presente Convenção entrará em vigor **para cada Membro** 12 (doze) meses após a data do registro de sua ratificação." (grifo nosso)

Este é o posicionamento de *Mauricio Godinho Delgado* para quem "a partir de 23.9.99, a Convenção n. 132 da OIT, regulatória das férias, entrou em vigor no país".[22] Também *Evaristo de Moraes Filho* e *Antonio Carlos Flores de Moraes*[23] comungam com essa idéia.

No mesmo sentido, encontramos ainda o posicionamento de *Glauce de Oliveira Barros*, para quem a Convenção de férias remuneradas entrou em vigência no Brasil, doze meses após o seu depósito na Repartição Internacional do Trabalho, ou seja, em 23 de setembro de 1999, conforme o art. 19, § 5º, "b" da Constituição da OIT combinado com o art. 18, § 3º da Convenção n. 132. Para a referida autora, esse tratado internacional não necessitaria da publicação do decreto presidencial que o promulgou, incorporando-se automaticamente ao direito interno, assim que ratificado, porque o direito de férias é garantia constitucional, devendo ser considerado direito fundamental, com aplicação imediata.[24]

Sua tese é fundamentada nos §§ 1º e 2º do art. 5º da Constituição Federal de 1988, reproduzidos a seguir:

> "§ 1º *As normas definidoras dos direitos e garantias fundamentais têm aplicação imediata.*"

> "§ 2º *Os direitos e garantias expressos nesta Constituição não excluem outros decorrentes do regime e dos princípios por ela adotados, ou dos tratados internacionais em que a República Federativa do Brasil seja parte.*"

Com a devida vênia, não partilhamos do mesmo entendimento porque, quando a Constituição Federal estabelece que tais direitos "têm aplicação imediata", isso

---
(22) *Jornada de trabalho e descansos trabalhistas*, p. 158.
(23) *Introdução ao direito do trabalho*, p. 500.
(24) "Alterações no capítulo IV da CLT — Convenção n. 132 — OIT", *LTr Suplemento Trabalhista*, 177/00, p. 953.

significa que não há necessidade de lei para regulamentá-los. Quanto a tratados internacionais, entretanto, os mesmos passam a integrar a ordem jurídica nacional, apenas com sua publicidade[25], como explica *João Grandino Rodas*, pois, caso contrário, não produziriam nenhum efeito, como se pode ler abaixo:

> "*A publicação na íntegra dos textos dos tratados e convenções internacionais no jornal ou coletânea oficiais é formalidade unanimemente aceita, como condição para a sua aplicabilidade interna.*"[26]

Além disso, existe diferença entre a vigência para o Estado e vigência no Estado, como dissemos em capítulo anterior[27]. A vigência *para o Estado* ocorre, desde que o tratado tenha validade internacional, após a ratificação pelo Estado-membro, enquanto a vigência interna (*no Estado*), ocorre desde que exista a vigência para o Estado, e no caso do Brasil, depende da promulgação do tratado por Decreto do Presidente da República e sua publicação no Diário Oficial da União.

Ressalta ainda *Pedro Dallari*, conforme entendimento do Supremo Tribunal Federal, que o tratado internacional ratificado pelo Brasil, ou ao qual o País tenha aderido, e que esteja em vigor "insere-se na ordem jurídica interna, sem necessidade de lei que lhe reproduza o conteúdo". Isso porque já houve a manifestação prévia do Poder Legislativo.[28]

Depois de analisarmos todos esses fatos, concluímos que a vigência nacional da Convenção n. 132 da OIT, no Brasil, ocorreu em 06 de outubro de 1999, data da publicação do decreto presidencial que a promulgou, pois, como afirma *André Franco Montoro*, "as leis nascem pela promulgação, mas só entram em vigor após sua publicação oficial."[29] Desse modo, para todo e qualquer caso, independentemente da natureza temática do tratado, entendemos ser necessários o decreto legislativo e o decreto presidencial de promulgação.

4.4. Eficácia no ordenamento jurídico nacional

Como bem explica *Tercio Sampaio Ferraz Junior*, a validade de uma norma depende de ela estar integrada no ordenamento jurídico. Para isso, deve ser cumprido o processo de formação (produção normativa), de acordo com os requisitos do próprio ordenamento. Cumprido esse processo, que termina com a sanção, temos uma norma válida. Sancionada a norma, será publicada e, a partir de então, estará em vigor, já que "a vigência é um termo com o qual se demarca o tempo de validade de uma norma."[30]

Podemos dizer, então, que validade e vigência são qualidades distintas, já que uma norma pode ser válida sem ser vigente, embora a norma vigente seja sempre válida. A vigência também não se confunde com a eficácia, pois a norma válida pode

---

(25) Sobre o tema, verificar o capítulo 3.2.2. sobre vigência e eficácia das convenções.
(26) *Publicidade dos tratados no Brasil*, p. 205.
(27) Capítulo 3.2.2. Vigência e eficácia das convenções.
(28) *Constituição e tratados internacionais*, p. 104.
(29) *Introdução à ciência do direito*, v. II, p. 147.
(30) *Introdução ao estudo do direito: técnica, decisão, dominação*, p. 198.

ser vigente e, no entanto, não ter eficácia. A vigência refere-se ao tempo de validade, e a eficácia à produção de efeitos. Portanto, é eficaz a norma capaz de produzir efeitos.

Para determinar o alcance da eficácia da Convenção n. 132, é fundamental verificarmos se suas normas são cogentes ou dispositivas, se suas cláusulas têm natureza jurídica de normas auto-aplicáveis ou programáticas e, finalmente, se a norma internacional é compatível, ou não, com a ordem jurídica doméstica.

As normas cogentes, como já foi explicado em capítulo anterior[31], são as de ordem pública ou de imperatividade absoluta que ordenam ou proíbem alguma coisa de modo absoluto, enquanto as normas dispositivas ou de imperatividade relativa são as de conduta que deixam aos destinatários o direito de dispor de maneira diversa.

As normas previstas na Convenção n. 132 são, em geral, normas de ordem pública, como é o caso do § 1º do art. 3º, que garante a toda pessoa, a quem se aplique a Convenção, o direito a férias anuais remuneradas; ou o § 3º do mesmo artigo, que estabelece a duração das férias.

Entretanto, a Convenção também possui normas dispositivas, como é o caso, por exemplo, do § 2º do art. 8º, segundo o qual, havendo o fracionamento das férias, uma das frações deverá corresponder pelo menos a duas semanas de trabalho, salvo estipulação em contrário, contida em acordo que vincule empregado e empregador. Nesse caso, a lei dá liberdade para que as partes estipulem outra forma.

Após a verificação do conteúdo e do alcance dessas regras, que serão individualmente estudadas adiante, é necessário determinar se as normas internacionais são auto-aplicáveis, ou seja, se são eficazes para produzir efeitos imediatos; ou programáticas, quando dependem de norma posterior. Desse modo, se a concretização eficacial da norma é imediata, sem necessidade de outra norma, dizemos que sua eficácia é plena. Porém, quando para a realização da função eficacial, há necessidade de outras normas, a eficácia será limitada.

No caso das regras previstas na Convenção n. 132 da OIT, podemos concluir que são normas auto-aplicáveis porque apresentam todos os requisitos necessários para produzir os efeitos previstos de forma imediata.

Por fim, é necessário analisar a compatibilidade das regras previstas no acordo internacional com o ordenamento jurídico interno.

Já discorremos sobre as duas teorias relativas à aplicação das normas internacionais no direito interno, a teoria *monista* e a teoria *dualista*. Nesse sentido, concluímos que a Constituição brasileira adotou a teoria *monista*, em virtude da qual o tratado, ratificado e submetido ao processo de produção normativa nacional (decreto presidencial de promulgação e sua publicação), revoga o direito interno, desde que se trate de norma auto-aplicável e já esteja em vigor na órbita internacional.

Desse modo, a Convenção n. 132, devidamente ratificada pelo Decreto n. 3.197, de 5 de outubro de 1999, publicado no Diário Oficial da União, em 6 de outubro do mesmo ano, tem vigência e eficácia no ordenamento jurídico nacional.

---

(31) Capítulo 3.2.2. Vigência e eficácia das convenções.

Também entendemos que essas regras de origem internacional estão sujeitas ao controle de constitucionalidade, isto é, estão hierarquicamente subordinadas à autoridade normativa da Constituição Federal, cujo controle compete ao Poder Judiciário.[32]

Ademais, tais dispositivos ingressam no ordenamento jurídico nacional na qualidade de normas ordinárias (e não de normas constitucionais[33]) e, como tais, revogam a legislação nacional anterior, seguindo-se a regra *lex posterior derogat legi priori*. É importante acrescentar que consideramos as férias um direito fundamental de segunda geração e especialmente, um direito social individual dos trabalhadores, previsto no inc. XVII do art. 7º do capítulo II do título II da Constituição Federal, conforme a exposição apresentada no capítulo 2.3., referente ao conceito e a natureza jurídica das férias. No entanto, a aprovação dessa Convenção internacional não obedeceu às regras previstas no § 3º do art. 5º da Constituição Federal, pois não foi votada em cada Casa do Congresso Nacional, em dois turnos, por três quintos dos votos dos respectivos membros, não possuindo, desse modo, *status* de emenda constitucional, mas, sim, de lei ordinária.

É conveniente repetir que, nos termos do § 8º do art. 19 da Constituição da OIT, a adoção da convenção não importa a revogação ou alteração de qualquer lei, sentença, costume ou acordo que garanta aos trabalhadores condições mais favoráveis. Assim, a Convenção n. 132 será aplicada à legislação brasileira somente naquilo em que for mais benéfica.

Todavia, o entendimento, segundo o qual os tratados internacionais são incorporados ao direito interno em nível de igualdade com a legislação ordinária e que se sujeitam à regra geral, segundo a qual a norma posterior prevalece sobre a anterior, não é pacífico. Aliás, reside aqui a principal controvérsia no âmbito do tema da recepção e integração do tratado internacional no direito interno.

Portanto, a dúvida que se apresenta é acerca da legislação aplicável ao regime de férias. Será a legislação trabalhista nacional prevista na CLT, ou as regras da Convenção n. 132? Serão os dois sistemas, ou será um terceiro sistema criado a partir das normas nacionais e de origem internacional?

4.4.1. Legislação aplicável ao regime de férias

O direito de férias está previsto na CLT, no capítulo IV, nos artigos 129 a 153, que estabelecem as características relativas ao direito a férias e sua duração (Seção

---

(32) O controle de constitucionalidade de tratado está expressamente consagrado na Carta constitucional por determinação do art. 102, III, *b*, em que se assinala caber ao Supremo Tribunal Federal "julgar, mediante recurso extraordinário, as causas decididas em única ou última instância, quando a decisão recorrida ... declarar a inconstitucionalidade de tratado ou lei federal". Mas, pode-se ainda conceber a hipótese de tal controle pela apreciação, também por parte da suprema Corte, de "ação direta de inconstitucionalidade de lei ou ato normativo federal ou estadual" ou de "ação declaratória de constitucionalidade de lei ou ato normativo federal" (art. 102, I, *a*), reconhecendo-se no decreto presidencial de promulgação de tratado a condição de *ato normativo federal* de que fala a Constituição.

(33) Exceção à regra é a hipótese da convenção ou tratado internacional dispor sobre direitos humanos, aprovados nos moldes estabelecidos pela Emenda Constitucional n. 45/2004 que acrescentou o § 3º ao art. 5º da CF/88.

I), a concessão e a época das férias (Seção II), as férias coletivas (Seção III), a remuneração e o abono de férias (Seção IV), os efeitos decorrentes da cessação do contrato de trabalho (Seção V), a prescrição (Seção VI), disposições especiais (Seção VII) e as penalidades (Seção VIII).

Defendemos que, com a ratificação da Convenção n. 132 pelo Estado brasileiro, um novo regime sobre o direito de férias passou a integrar o sistema jurídico nacional. A maior parte das regras, previstas na referida Convenção, já compunha o sistema celetista das férias brasileiras, porque o Decreto-lei n. 1.535, de 13 de abril de 1977, que deu nova redação ao capítulo IV do título II da CLT, foi inspirado nesse tratado, que tem vigência internacional desde 1970.

Entretanto, existem normas da legislação nacional que são incompatíveis com as regras da Convenção internacional ratificada. Nesses casos, a doutrina e a jurisprudência não chegaram ainda a um consenso sobre qual norma deve ser aplicada. Trata-se de questão tormentosa que normalmente não é levada aos tribunais, já que muitos profissionais do direito ainda desconhecem o conteúdo da Convenção[34]. Da mesma forma, existem poucos estudos sobre a matéria relativa à incorporação da Convenção n. 132 ao sistema jurídico nacional.

Alguns doutrinadores dizem que a Convenção não se incorporou ao sistema nacional porque não é mais benéfica.[35] Outros utilizam as teorias do conglobamento ou da acumulação para sustentar a integração total ou parcial das normas de origem internacional.

Segundo *Estêvão Mallet*, por exemplo,

"não se pode extrair de cada um dos diferentes textos normativos uma parte da regulamentação para, com isso, criar-se, na verdade, uma terceira norma, que não está prevista em nenhum dos textos em conflito".[36]

Complementa, ainda, o autor, que a melhor solução não está em buscar isoladamente cada preceito mais favorável da Convenção e da Consolidação, mas, sim, os preceitos relativos a cada aspecto do direito às férias. Portanto, conclui que as regras deveriam ser aplicadas em conjunto conforme os assuntos relacionados ao tema.[37] A base do seu entendimento é a teoria do conglobamento moderado, também chamada por *Alfredo J. Ruprecht* teoria orgânica porque, por meio dela, toma-se o conjunto de cláusulas referentes a cada instituto previsto pela norma mais favorável.[38]

Na mesma ocasião, respondendo à pergunta formulada por *José Afonso Dallegrave Neto* sobre se a discussão central do tema não seria a aplicação da teoria do conglobamento, mas, sobretudo, de recepção do tratado no direito interno, *Estêvão Mallet* afirmou que não, nos seguintes termos:

"se chegássemos a essa conclusão teríamos que admitir que todo o capítulo da Consolidação estaria superado pela Convenção n. 132, pois esta última regula,

---
(34) Neste sentido, *Sérgio Pinto Martins* em sua obra *Direito do trabalho*, p. 582.
(35) Exemplo disso é o caso de DELGADO, Mauricio Godinho. *Jornada de trabalho e descansos trabalhistas*, p. 164.
(36) "Alterações no capítulo das férias, da CLT pela Convenção n. 132 da OIT", *Anais do Congresso Nacional de Direito do Trabalho e Processual do Trabalho*, p. 26.
(37) *Ibid.*, p. 28.
(38) *Os princípios do direito do trabalho*, p. 24.

de modo abrangente, o tema relativo às férias. E qual seria o resultado disso? Seria um enorme paradoxo porque, aí sim, estaríamos aplicando uma norma de direito internacional para, em algumas circunstâncias, trazer uma solução menos favorável ao empregado e piorando sua condição. Como exemplo disso, cito o capítulo relativo à duração das férias, já que a Convenção n. 132 fixa em três semanas, no mínimo, essa duração.

Sendo assim, se fôssemos resolver essa questão simplesmente no âmbito da revogação da Consolidação pelo texto da Convenção n. 132, chegaríamos à antítese da idéia da Organização Internacional do Trabalho, com a piora das condições de trabalho nesse quesito. Por isso, entendo que o problema se centra, sim, na questão do conflito entre as normas e de como resolver esse conflito. A questão é mesmo qual o critério para solucionar as divergências entre a Convenção n. 132 e a Consolidação, critério este que, a meu ver, não pode ser o da consideração isolada de cada dispositivo, mas, sim, o dos institutos no âmbito do capitulo relativo às férias."[39]

Ousamos discordar da aplicação da referida teoria na hipótese relativa à Convenção n. 132. Primeiro, porque o doutrinador aplicaria ora a CLT, ora a Convenção, de acordo com o que fosse, por assunto, mais benéfico ao trabalhador. Desta forma, também estaria criando um novo regime para cada "tema" de férias remuneradas. Como se não bastasse, o intérprete encontraria outra dificuldade, dessa vez sobre o limite de cada assunto, e, ainda, se seria possível aceitar vários temas dentro de um mesmo assunto.

Mauricio Godinho Delgado ressalta, por sua vez, que, apesar de inexistirem disparidades significativas entre a Convenção e a legislação nacional, no cômputo entre tais diferenças, a Convenção n. 132 da OIT é menos favorável ao trabalhador que o regime de férias previsto na Consolidação das Leis do Trabalho. Diante de tais diferenças, e conforme o princípio de proteção do empregado, o autor entende que o intérprete só poderia aplicar a Convenção n. 132, relativamente às normas mais favoráveis ao empregado, se utilizasse a teoria da acumulação, e não o critério do conglobamento. Nesse sentido, conclui o autor

"apenas se adotado o critério da acumulação, cientificamente menos consistente, conforme se sabe, é que se poderia coletar, de maneira tópica e localizada, os poucos dispositivos mais favoráveis, fazendo-os prevalecer sobre a ordem jurídica pátria. Não é o que sugere, porém, a teoria de hierarquia de normas jurídicas que vigora no Direito do Trabalho."[40]

Das palavras acima, verificamos que o autor entende inaplicável a Convenção n. 132 da OIT à legislação nacional.

Nesse sentido, é interessante apresentar ainda, a decisão proferida pelo Juiz Relator *Pedro Luis Vicentin Foltran*, da 1ª Turma do Tribunal Regional do Trabalho

---

(39) "Alterações no capítulo das férias, da CLT pela Convenção n. 132 da OIT", *Anais do Congresso Nacional de Direito do Trabalho e Processual do Trabalho*, p. 41.
(40) *Jornada de trabalho e descansos trabalhistas*, p. 164.

da 10ª Região, no recurso ordinário n. 01230/2002, originário da 20ª Vara de Brasília/DF, em 11 de abril de 2003, com a seguinte ementa:

"*Incidência da norma mais benéfica. Teoria do conglobamento. Convenção n. 132 da OIT. Inaplicabilidade. Para determinação de qual regra de Direito do Trabalho deve ser aplicada, faz-se necessário analisar qual fonte normativa é, em seu conjunto, mais favorável ao trabalhador, não sendo permitido pinçar os dispositivos mais benéficos em regramentos diversos. Sendo a legislação pátria, analisada em sua íntegra, mais vantajosa que os termos da Convenção n. 132 da OIT, prevalece a norma brasileira, mesmo no tópico em que a regra internacional seja preferível ao trabalhador, em homenagem à teoria do conglobamento.*"

Cláudia Salles Vilela Vianna, entretanto, defende a teoria atomista dos institutos jurídicos (também conhecida por teoria da acumulação), pela qual é permitido extrair as normas mais benéficas de diversos institutos jurídicos. Para a autora, a CLT em seu art. 620, demonstra a adoção dessa teoria pelo legislador brasileiro, já que determina que deve prevalecer a condição mais favorável ao trabalhador, quando do confronto entre a convenção coletiva de trabalho e o acordo coletivo de trabalho, da seguinte forma:

"*o tratado internacional, desde que norma auto-executável, torna-se um direito e uma garantia constitucional, complementando, alterando e, até mesmo, revogando a legislação preexistente.*"[41]

Ao contrário do que apresentam os doutrinadores acima citados, entendemos que as teorias do conglobamento e da acumulação são inaplicáveis à Convenção n. 132 porque a referida lei de origem internacional, quando entrou em vigência no Brasil, alterou a legislação nacional a respeito das férias, conforme a regra *lex posterior derogat legi priori.*

4.4.2. Teorias do conglobamento e acumulação

Por mais clara que seja uma norma, ela requer sempre interpretação[42]. Neste sentido, *Miguel Reale* explica que toda norma, por ser sempre a representação de um valor e objeto de vontade, jamais pode deixar de ser interpretada, pois o ato interpretativo é essencial.[43]

Para orientar a tarefa do intérprete, existem várias técnicas interpretativas, como a gramatical (ou literal, em que o hermeneuta busca o sentido literal do texto normativo), a lógica (no qual o intérprete utiliza raciocínios lógicos, analisando os períodos da lei e combinando-os entre si), sistemática (é a técnica que considera o sistema em que se insere a norma), histórica (que se baseia no estudo de seus antecedentes, o processo legislativo, o projeto de lei, as exposições de motivos, etc.) e a sociológica (ou teleológica, que objetiva adaptar a finalidade da norma às novas exigências sociais).

---
(41) *Manual prático das relações trabalhistas*, p. 455.
(42) Explica *Maria Helena Diniz* que a clareza de um texto legal é relativa, havendo necessidade de interpretar todas as normas, por conterem conceitos que têm contornos imprecisos. *Compêndio de introdução à ciência do direito*, p. 381.
(43) *O direito como experiência*, p. 250.

O processo sociológico está previsto no art. 5º da Lei de Introdução ao Código Civil, pois "na aplicação da lei, o juiz atenderá aos fins sociais a que ela se dirige e às exigências do bem comum."

Toda a interpretação trabalhista deve ser teleológica, como adverte Mozart Victor Russomano, pois se norteia pelo critério da utilidade social, que está vinculada aos privilégios do trabalhador. Para o autor, "a aplicação inteligente do método sociológico, no Direito do Trabalho, utiliza dois princípios, muito próximos um do outro: a) o princípio do mais favorável ao trabalhador; b) o princípio *in dubio pro operario*".[44]

De fato, o direito do trabalho está fundamentado no princípio de proteção, eis que ao invés de inspirar-se num propósito de igualdade, procura compensar as desigualdades econômicas e a inferioridade do empregado diante do empregador.

Explica *Américo Plá Rodriguez* que esse princípio se expressa sob três formas distintas: a regra *in dubio pro operario*, a regra da norma mais favorável, e a regra da condição mais benéfica.[45]

Interessa-nos, no momento, a regra da aplicação da norma mais favorável ao empregado, segundo a qual esta norma deverá prevalecer no confronto com outras normas igualmente válidas.

As leis se classificam hierarquicamente, segundo a maior ou menor extensão de sua eficácia e sua maior ou menor intensidade criadora do direito, como ensina *Vicente Ráo*[46]. Sob o primeiro aspecto, as leis se distinguem em federais, estaduais e municipais. Sob o segundo aspecto, a classificação hierárquica se baseia na conformidade das normas inferiores às de categoria superior e esta conformidade se traduz em dois princípios fundamentais: o da constitucionalidade e o da legalidade.

O princípio da constitucionalidade exige a conformidade de todas as normas e atos inferiores, leis, decretos, regulamentos, atos administrativos e atos judiciais às disposições substanciais da Constituição, enquanto o princípio da legalidade determina a subordinação dos atos executivos e judiciais às leis e, também, a subordinação das leis estaduais às federais e as municipais às duas anteriores.

Esse é o conceito de *Hans Kelsen,* pois, dado o caráter dinâmico do Direito, uma norma somente é válida porque e na medida em que for produzida de uma determinada maneira, isto é, pela forma determinada em outra norma que representa o fundamento imediato de validade daquela. Nesse sentido, complementa:

"A relação entre a norma que regula a produção de uma outra e a norma assim regularmente produzida pode ser figurada pela imagem espacial da supra-infraordenação. A norma que regula a produção é a norma superior, a norma produzida segundo as determinações daquela é a norma inferior. A ordem jurídica não é um sistema de normas jurídicas ordenadas no mesmo plano, situadas umas ao lado das outras, mas é uma construção escalonada de diferentes camadas ou níveis de normas jurídicas. A sua unidade é produto da conexão de dependência que resulta do facto de a validade de uma norma, que foi produzi-

---
(44) *Direito do trabalho — perspectivas*, p. 18.
(45) *Princípios de direito do trabalho*, p. 42.
(46) *O direito e a vida dos direitos*, v. I, tomo II, p. 262.

da de acordo com outra norma, se apoiar sobre essa outra norma, cuja produção, por seu turno, é determinada por outra; e assim por diante, até abicar finalmente na norma fundamental — pressuposta."[47]

Invocamos as palavras de *Kelsen*, acima transcritas, para destacar que o sistema hierárquico do Direito do Trabalho não é rígido e inflexível, como a modalidade de positivismo jurídica apresentada.

A atuação do princípio da proteção exige a flexibilidade do ordenamento jurídico trabalhista, pois a regra da hierarquia das normas não prevalece sobre a norma mais favorável.

Ressalta *Amauri Mascaro Nascimento* que não podemos, em Direito do Trabalho, falar apenas em hierarquia de leis, pois esse ordenamento é pluralista, constituído de um direito estatal e o direito dos grupos ou profissional, devendo tal hierarquia sofrer adaptações. A primeira adaptação sugerida é denominar o tema *hierarquia de normas jurídicas* e não *hierarquia de leis*, por ser expressão mais abrangente e que compreende as normas estatais e as não estatais. A segunda é atentar para o fato de que o Direito do Trabalho se destina a resolver as relações entre trabalhadores e empregadores com um sentido social de melhoria das condições do trabalhador.[48]

Dessa forma, a hierarquia das normas jurídicas trabalhistas deve obedecer à regra da norma mais favorável, que está no topo da pirâmide, pois havendo duas ou mais normas válidas, de níveis distintos (heterônomas ou autônomas), sobre a mesma matéria, prevalece a que oferecer mais vantagens ao trabalhador, salvo no caso de leis proibitivas do Estado.

Assim, se uma lei federal dispuser de maneira menos favorável ao empregado que uma norma convencional, apesar de, hierarquicamente, a lei federal ser superior, no Direito do Trabalho deverá prevalecer a norma convencional.

A aferição da norma mais benéfica é feita com base em duas teorias: a teoria da acumulação, também chamada de atomista, ou a teoria do conglobamento ou incindibilidade.

A teoria da acumulação implica extrair de cada norma aquilo que é mais favorável ao empregado, fracionando as leis, pois são somadas as vantagens retiradas de diferentes normas, ainda que estas sejam de origem diversa e criam ordens jurídicas próprias em face de cada caso concreto. Essa teoria é muito criticada pela doutrina, como adverte *Alice Monteiro de Barros*, "pois a norma que se aplica não existe, foi criada destruindo a harmonia interna das normas comparadas".[49]

A teoria do conglobamento determina a comparação das normas consideradas em seu conjunto. Não permite o seu fracionamento, pois será prevalente a norma que, em face do empregado, é mais favorável, excluindo-se totalmente a aplicação da outra. Para *Luiz de Pinho Pedreira da Silva*, este critério apresenta vantagens porque respeita a harmonia interna e a organicidade da fonte jurídica, assim como a vontade de seus autores.[50]

---

(47) *Teoria pura do direito*, p. 309.
(48) *Curso de direito do trabalho*, p. 252.
(49) *Curso de direito do trabalho*, p. 122.
(50) *Principiologia do direito do trabalho*, p. 82.

Alfredo J. Ruprecht observa que existe um terceiro sistema de comparação de normas, a teoria orgânica, ou do conglobamento por instituto ou mitigado. Essa teoria é decorrente do conglobamento, porém é mais moderada porque a comparação é feita pelo conjunto de cláusulas referentes a cada instituto previsto pela norma. Dessa maneira, se um instituto é mais favorável, é tomado em seu conjunto, mas, se outro instituto também previsto na mesma lei é menos benéfico do que o que determina outra norma jurídica, toma-se esse último.

É importante asseverar que a aplicação da lei mais favorável não retira a vigência da outra norma, não havendo motivo para se falar em derrogação. As duas normas continuam vigentes, somente uma é preterida por ser menos benéfica. Trata-se de normas concorrentes e igualmente válidas. Também não significa a eliminação da hierarquia das leis, pois não modifica a ordem que as normas se colocam e que têm, no ápice, a Constituição Federal. Apenas, em caso de coexistência de normas, determina qual será aplicável à hipótese, com respeito à hierarquia e sem alterá-la.

Manuel Alonso Olea explica o tema com muita propriedade:

"Pero, no obstante esto, cada norma sigue conservando su propio rango: que la inferior prime sobre la superior en virtud del principio expuesto no autoriza a decir, como no sea retóricamente, por ejemplo, que los convenios son leyes o tienen rango de ley ni, mucho menos, que puedan derogar lo dispuesto por una ley. Al contrario, la ley ocupa una 'superior posición... en la jerarquía normativa', por lo que el convenio 'debe respetar y someterse a lo dispuesto con carácter necesario para aquélla' — y, genéricamente, por 'las normas de mayor rango jerárquico' -, cuyo 'mandato representa y tiene directa concesión con la voluntad popular'. No se trata de esto, sino de que en virtud de un principio general del ordenamiento laboral, se insiste, la norma a aplicar es la más favorable para el trabajador, con independencia de su rango, sin perjuicio de que la 'norma preterida o postergada... [siga] ... formando parte del ordenamiento como un precepto válido', pese a su exclusión, que por lo demás se restringe al tiempo y ámbito de aplicación de la preferente (Martín Valverde)."[51]

4.4.3. Sistema jurídico dinâmico — antinomias

As teorias do conglobamento e da acumulação são utilizadas por boa parte da doutrina nacional para determinar os efeitos da Convenção n. 132 no ordenamento jurídico nacional. Entretanto, essas teorias não servem para este fim porque determinam a norma mais favorável, apenas quando existir conflito quanto ao conteúdo de duas normas de hierarquias distintas.

Desse modo, entendemos que a regra da aplicação da norma mais favorável só poderá ser invocada quando existirem duas normas igualmente válidas, isto é, quando o aplicador ou o intérprete tiver a possibilidade de "escolher" entre duas normas válidas, qual será aplicável. Além de válidas, para a aplicação dessa regra, as normas devem ser concorrentes, ou seja, de hierarquias distintas, pois entre normas de mesma hierarquia não existe a possibilidade de incompatibilidade. Trata-se, nes-

---

(51) *Derecho del trabajo*, p. 938.

se caso, de incompatibilidade aparente, já que, se a norma posterior dispuser de forma contrária à anterior, haverá revogação e, não, a possibilidade da aplicação da norma mais benéfica.

Isso ocorre porque o sistema jurídico é dinâmico, e a lei, em sua essência, admite limites de tempo e de espaço, pois é essencialmente particular a cada povo e essencialmente mutável.

Sobre o tema, questiona *Vicente Ráo* "por que são necessárias as mutações da lei positiva? A essa pergunta responde *Santo Tomás*: a lei humana é modificável por duas razões. Primeiro, por serem móveis os interesses que deve regular. Segundo, porque é da natureza das instituições humanas progredirem, aproveitando o tempo e a experiência. A inteligência parte do imperfeito e se aproxima do perfeito, de grau em grau."[52]

Assim, o ordenamento jurídico constitui um sistema porque não podem coexistir nele normas incompatíveis. Explica *Norberto Bobbio*, que "sistema" equivale à validade do princípio que exclui a incompatibilidade das normas, pois, se num ordenamento vêm a existir normas incompatíveis, uma das duas ou ambas devem ser eliminadas.[53]

Entretanto, diante da multiplicação de leis, é comum a existência de normas incompatíveis entre si. Essa é uma dificuldade tradicional, a qual se encontram os juristas de todos os tempos e que teve uma denominação própria característica: antinomia.

A antinomia jurídica é a presença de duas normas conflitantes, sem que se possa saber qual delas deverá ser aplicada ao caso concreto.[54]

As condições para que exista a antinomia jurídica são expostas por *Tercio Sampaio Ferraz Jr.* A primeira condição é que as normas que expressam ordens ao mesmo sujeito emanem de autoridades competentes num mesmo âmbito normativo; a segunda condição exige que as instruções dadas ao comportamento do receptor se contradigam, pois, para obedecê-las, ele deve também desobedecê-las.[55]

Na lição de *Maria Helena Diniz*, para que haja incompatibilidade entre duas normas, ou seja, antinomia jurídica, é necessário que:

a) as normas sejam jurídicas;

b) ambas sejam vigentes e pertencentes ao mesmo ordenamento jurídico;

c) ambas devam emanar de autoridades competentes num mesmo âmbito normativo, prescrevendo ordens ao mesmo sujeito;

d) ambas devam ter operadores opostos (uma permite, outra obriga) e os seus conteúdos (atos e omissões) devem ser a negação interna um do outro (uma prescreve o ato e a outra a omissão);

e) o sujeito, a quem se dirigem as normas conflitantes, deve ficar numa posição insustentável.[56]

---

(52) *O direito e a vida dos direitos*, v. I, tomo II, p. 292.
(53) *Teoria do ordenamento jurídico*, p. 80.
(54) DINIZ, Maria Helena. *Conflito de normas*, p. 19.
(55) *Introdução ao estudo do direito: técnica, decisão, dominação*, p. 210.
(56) *Conflito de normas*, p. 21.

Quanto ao critério de solução, as antinomias podem ser classificadas em antinomia real ou aparente. A antinomia real ocorre se não houver, na ordem jurídica, nenhum critério normativo para sua solução, sendo, então, imprescindível para a sua eliminação, a edição de outra norma. A antinomia aparente ocorre quando existem critérios previstos no ordenamento jurídico, para solucioná-la. *Norberto Bobbio* chama essas antinomias de solúveis (aparentes) ou insolúveis (reais).[57]

Os critérios apresentados para a solução das antinomias aparentes são os critérios hierárquico, cronológico e da especialidade.

O critério hierárquico (*lex superior derogat legi inferiori*) baseia-se na superioridade de uma fonte de produção jurídica sobre outra e significa que, entre duas normas incompatíveis, prevalece a hierarquicamente superior. A conseqüência é que as normas superiores podem revogar as inferiores, mas as inferiores não podem revogar as superiores. A inferioridade de uma norma em relação a outra consiste na menor força de seu poder normativo, já que é incapaz de estabelecer uma regulamentação contrária à hierarquicamente superior.

O critério cronológico (*lex posterior derogat legi priori*) significa que entre duas normas de mesmo nível hierárquico, ou seja, de igual escalão, a última prevalece sobre a anterior. Esse é um princípio fundamental porque se baseia na regra geral do Direito em que a vontade posterior revoga a precedente.

O critério da especialidade (*lex specialis derogat legi generali*) significa que de duas normas incompatíveis, uma geral e uma especial, prevalece a segunda. O tipo geral está contido no tipo especial, pois a lei especial anula a lei mais geral, ou subtrai desta norma uma parte da sua matéria para submetê-la a uma regulamentação diferente. Assim, a passagem de uma regra mais extensa para uma regra derrogatória menos extensa, corresponde a uma exigência fundamental de justiça, compreendida como tratamento igual das pessoas que pertencem à mesma categoria.[58]

Portanto, na hipótese de existirem antinomias jurídicas aparentes, a forma de solução é a revogação pela norma superior, pela norma posterior, ou pela norma especial.

A revogação será manifesta quando a norma revogadora for expressa, e tácita quando a norma revogadora for implícita. A revogação também pode ser total quando disciplinar integralmente a matéria (ab-rogação), ou parcial quando tornar sem efeito apenas uma parte da norma (derrogação).

Das lições apresentadas, podemos concluir que, se uma norma, de mesma hierarquia, regulamentar, de forma diferente, o conteúdo da norma anterior, haverá revogação da norma precedente pela norma posterior. Nesse caso, se uma convenção internacional obedecer ao processo legislativo previsto e integrar a ordem jurídica nacional de forma válida, revogará as normas internas de mesma hierarquia que dispuserem em sentido contrário.

No Brasil, a ratificação da Convenção n. 132 obedeceu corretamente ao processo legislativo nacional porque foi aprovada pelo Decreto Legislativo n. 47, de 23 de setembro de 1981; foi depositada perante o Diretor Geral da Repartição Internacional

---

(57) *Teoria do ordenamento jurídico*, p. 92.4.
(58) BOBBIO, Norberto. *Teoria do ordenamento jurídico*, p. 96.

do Trabalho em 23 de setembro de 1998; foi promulgada pelo Decreto n. 3.197, de 5 de outubro de 1999; e, finalmente, foi publicada no Diário Oficial da União em 6 de outubro do mesmo ano.

Em conseqüência, uma vez regularmente incorporada ao direito interno, situa-se, no sistema jurídico brasileiro, no mesmo plano de validade, de eficácia e de autoridade em que se posicionam as leis ordinárias, havendo entre essas e o ato de direito internacional público, uma relação de paridade normativa. O resultado dessa integração é a revogação das normas anteriores, pertencentes ao mesmo escalão, ou seja, das normas ordinárias antecedentes, quando houver incompatibilidade.

Assim, defendemos que a única solução possível para resolver a incompatibilidade entre as normas de origem internacional e as normas internas é a da *lex posterior derogat legi priori*. O regime de férias previsto nos artigos 129 a 153 da CLT, portanto, será revogado pelos dispositivos constantes do Decreto n. 3.197/99, naquilo em que forem incompatíveis, desde que a norma revogadora seja mais benéfica.

A derrogação deve obedecer, então, ao princípio da norma mais favorável, pois a regra de a lei posterior revogar a anterior, no Direito do Trabalho e, em se tratando de normas de origem internacional, só é aplicável quando a posterior for mais benéfica que a anterior, conforme previsão expressa do art. 19, § 8º da Constituição da OIT.

Em suma, no Direito do Trabalho, a lei posterior de origem internacional, quando integra o ordenamento jurídico, revoga a legislação nacional anterior de mesmo grau ou hierarquia, naquilo em que as normas forem incompatíveis, desde que esta lei posterior seja mais benéfica.

Analisando o princípio da norma mais favorável e, também, sua aplicação ao caso concreto, *Alfredo Montoya Melgar* aponta para a hipótese que chama *falso problema*:

"*En efecto, hablar de colisión de normas laborales estatales entre sí tiene poco sentido, dado el principio de jerarquía que preside la producción de fuentes estatales (art. 9.3 Const.: art. 3.2 ET), a cuyo tenor la norma legal posterior deroga a la anterior, y la reglamentaria ha de sujetarse al desarrollo de la legal, de tal manera que la oposición del reglamento a la ley no se plantea en términos de concurrencia, sino de pura y simple ilegalidad (y, por tanto, nulidad).*"[59]

No mesmo sentido, dispõe o ordenamento jurídico português, no art. 13º/1 do Regime jurídico do contrato individual de trabalho (Decreto-lei n. 49.408, de 24.11.69 — LCT):

"*As fontes de direito superiores prevalecem sempre sobre as fontes inferiores, salvo na parte em que estas, sem oposição daquelas, estabelecem tratamento mais favorável para o trabalhador.*"[60]

A análise realizada sobre as antinomias e sua forma de solução, nos leva a concluir que são inaplicáveis à hipótese da Convenção n. 132, as regras do conglobamento ou da acumulação, primeiro, porque as normas são de mesma hierarquia, o que

---

(59) *Derecho del trabajo*, p. 222.
(60) *Direito do trabalho*, p. 112.

provoca a revogação pela norma posterior; segundo, porque com a revogação, a norma anterior menos benéfica não é simplesmente preterida, mas, sim, perde a sua vigência.

Com base nas idéias apresentadas, a tese que defendemos é a da integração das normas de origem internacional ao sistema brasileiro, conforme a regra *lex posterior derogat legi priori*[61], com o surgimento de um novo regime de férias, diante da revogação das normas brasileiras menos favoráveis ao empregado[62].

Nos próximos capítulos, faremos a análise de cada uma das regras previstas na Convenção n. 132 e da CLT a respeito das férias, para identificar quais normas são aplicáveis ao direito brasileiro e quais normas não revogaram as anteriores, para apresentar o novo regime de férias.

4.5. Aplicação (abrangência)

O decreto presidencial, que promulgou a Convenção n. 132 (Decreto n. 3.197/99), estabeleceu em seu art. 1º que esta "deverá ser executada e cumprida tão inteiramente como nela se contém".

Assim, o Brasil deixou de proceder à exclusão de determinadas categorias, conforme autorizado pelo art. 2º, § 2º, da Convenção, que estabelece *in verbis*:

> "*Quando necessário, a autoridade competente ou qualquer órgão apropriado de cada país poderá, após consulta às organizações de empregadores e de trabalhadores interessadas, onde existirem, proceder à exclusão do âmbito da Convenção de categorias determinadas de pessoas empregadas, desde que sua aplicação cause problemas particulares de execução ou de natureza constitucional ou legislativa de certa importância.*"

A Convenção ainda complementa, no § 3º do mesmo artigo que:

> "*Todo membro que ratifique a Convenção deverá, no primeiro relatório sobre sua aplicação, o qual ele é obrigado a apresentar em virtude do art. 22 da Constituição da Organização Internacional do Trabalho, indicar, com base em motivos expostos, as categorias que tenham sido objeto de exclusão em decorrência do § 2º deste artigo, e expor nos relatórios ulteriores o estado de sua legislação e de sua prática quanto às mencionadas categorias, precisando em que medida a Convenção foi executada ou ele se propõe a executar em relação às categorias em questão.*"

Por fim, ainda estabelece o art. 15, § 2º que:

> "*Todo membro precisará, em sua ratificação, se aceita as obrigações da Convenção em relação às pessoas indicadas na alínea a do § 1º acima (pessoas empregadas em setores econômicos diversos da agricultura) ou em relação às pessoas mencionadas na alínea b do referido parágrafo (pessoas empregadas na agricultura), ou em relação a ambas.*"

Conseqüentemente, além de o decreto presidencial, que promulgou a Convenção n. 132, não excluir nenhum grupo de trabalhadores, o relatório apresentado à Repartição Internacional do Trabalho, também não fez restrições à aplicação do referido instrumento a quaisquer categorias de empregados. Ao contrário, a declaração obrigatória deposi-

---

(61) Conforme o § 1º do art. 2º da Lei de Introdução ao Código Civil.
(62) Conforme o § 8º do art. 19 da Constituição da OIT.

tada pelo Brasil na OIT afirma que *"Duración especificada de las vacaciones 30 dias civiles. Ha aceptado las disposiciones del Artículo 15, párrafo 1, a) y b)".*

Desse modo, podemos concluir que a Convenção n. 132 foi adotada no Brasil sem nenhuma restrição, devendo ser aplicada a todas as pessoas empregadas, com exceção dos marítimos. A exclusão dos marítimos se deve ao fato de a categoria indicada ser regulamentada pela Convenção n. 146 da OIT, igualmente ratificada pelo Estado brasileiro (Decreto n. 3.168 de 14.09.99). Esses empregados têm condições de trabalho peculiares e, por esse motivo, possuem direitos distintos, conforme previsto pelo próprio Decreto-lei n. 1.535 de 1977 (art. 150 a 152, CLT). Justifica-se a exclusão por tratar-se de categoria profissional tradicionalmente adstrita a variações imprevisíveis de excesso ou escassez de trabalho, além de os trabalhadores dessa categoria permanecerem por longos períodos distante de terra firme, de seu domicílio e de seus familiares.

A Convenção n. 146 da OIT é aplicável a todas as pessoas empregadas como "gente do mar", expressão que designa os empregados em qualquer função a bordo de um navio marítimo matriculado no território do Estado que tiver ratificado a referida convenção, salvo quando se tratar de navio de guerra, navio de pesca ou operações ligadas diretamente à pesca, à caça de baleias ou similares.

Também estão excluídos da Convenção n. 132 os servidores públicos civis e militares, não sujeitos ao regime celetista.

Dentre os servidores públicos, distinguem-se os funcionários públicos e os empregados públicos[63]. Os funcionários públicos são os servidores estatutários, ocupantes de cargos públicos, sujeitos ao regime estatutário previamente implantado pela Administração para a qual presta serviços. Para a legislação federal, servidor é a pessoa legalmente investida em cargo público (art. 2º, Lei n. 8.112/90), criado por lei, com denominação própria e vencimento pago pelos cofres públicos, para provimento em caráter efetivo ou em comissão (parágrafo único do art. 3º da Lei n. 8.112/90).

Por sua vez, empregado público, também chamado de servidor público celetista, é aquele que presta serviços para a Administração pública e é regido pela legislação trabalhista prevista na Consolidação das Leis do Trabalho. É o servidor da União, Estados, municípios, suas autarquias e fundações, sujeito às regras da CLT, com todos os direitos de um empregado comum.

O empregado público federal tem seu regime de emprego expressamente disciplinado pela Lei n. 9.962, de 22 de fevereiro de 2000, segundo a qual o empregado público da Administração federal direta, autárquica e fundacional terá sua relação de trabalho regida pela Consolidação das Leis do Trabalho, mas deverá ser contratado mediante concurso público, de provas ou de provas e títulos, conforme a natureza e a complexidade do emprego. Ademais, o contrato de trabalho por prazo indeterminado somente poderá ser rescindido por ato unilateral da Administração pública em

---

(63) Em sentido contrário, *José Cretella Jr.* entende que "Outrora muito se discutiu se as expressões funcionário público e empregado público designariam entidades diversas, mas em nossos dias tais divergências não mais existem, estando de acordo os autores a respeito da equivalência das duas designações, (...). A expressão funcionário público é assim equivalente a empregado público, pois que ambas designam, sem possibilidade de engano, o mesmo agente público", *Comentários à Constituição Brasileira de 1988,* p. 2.155.

caso de prática de falta grave; acumulação ilegal de cargos, empregos ou funções públicas; necessidade de redução de quadro de pessoal por excesso de despesa; ou, por insuficiência de desempenho, apurada em procedimento administrativo.

Desse modo, perante o empregado público, a Administração pública é considerada empregadora, nos exatos termos do *caput* do art. 2º, da CLT; enquanto a relação entre o servidor estatutário e a Administração pública é de natureza institucional, pois a manifestação de vontade se limita ao nascimento do vínculo, sendo que a sua continuidade não decorre da vontade das partes, mas sim de lei.[64]

Portanto, o Estado, quando organiza os serviços da administração, conforme o direito público, não é empregador, mas exercita suas funções em razão de seu império, segundo as regras de direito administrativo.

Assim, a Convenção n. 132 não pode ser aplicada aos funcionários públicos, já que é expressa no sentido de determinar sua aplicabilidade a todas as pessoas *empregadas*. Ao contrário, a Convenção é aplicável aos empregados públicos, porque as relações jurídicas entre os empregados públicos e a Administração Pública são de natureza contratual, existindo vínculo empregatício entre as partes.

Contudo, repita-se, mesmo nas contratações sujeitas ao regime trabalhista, impõe-se à relação jurídica de trabalho os preceitos de direito público, como a exigência de aprovação prévia em concurso público de provas ou de provas e títulos (art. 37, inc. II da CF), a vedação de acumulação de cargos e empregos (art. 37, inc. XVI da CF), etc.

Convém observar, entretanto, que não existe unanimidade em relação a esse tema. Segundo *Glauce de Oliveira Barros*, por exemplo, a Convenção n. 132 é aplicável a todos os empregados regidos pela CLT, "inclusive os trabalhadores rurais, os avulsos, os domésticos e os servidores públicos civis e militares, por força do artigo 7º, XXXIV e parágrafo único da Constituição Federal e artigos 39, § 3º e 142, § 3º, VIII, do mesmo Diploma Constitucional."[65]

Nós, contudo, não concordamos com tal posicionamento, porque, como já restou explicitado, entre o funcionário público e a Administração pública não há contrato de trabalho, mas, sim, uma relação de natureza administrativa regida por lei.

No Brasil, não se conhece relação de emprego desprovida do direito ao descanso anual remunerado. Desse modo, podemos concluir que a referida norma internacional é aplicável aos empregados urbanos, rurais, domésticos e trabalhadores avulsos, que têm os mesmos direitos dos trabalhadores com vínculo de emprego permanente (art. 7º, XXXIV, da Constituição), com exceção dos marítimos e funcionários públicos.

Por ser aplicável a todos os empregados, a norma internacional também abrange o trabalho manual, técnico ou intelectual[66], pouco importando se se tratar de contrato por tempo determinado ou indeterminado, contrato de aprendizagem, trabalho temporário ou trabalho em domicílio.

---

(64) CAVALCANTE, Jouberto de Quadros Pessoa e JORGE NETO, Francisco Ferreira. *O empregado público*, p. 54.
(65) "Alterações no capítulo IV da CLT — Convenção n. 132 — OIT", *LTr Suplemento Trabalhista*, 177/00, p. 953.
(66) Ademais, a Constituição Federal de 1988 proíbe qualquer distinção entre o trabalho manual, técnico e intelectual ou entre os profissionais respectivos, em seu inciso XXXI do art. 7º.

5. O Novo Regime Jurídico das Férias

Conforme já defendemos, a Convenção n. 132 foi incorporada ao sistema jurídico nacional. Assim, diante das antinomias jurídicas existentes entre a legislação nacional e a Convenção n. 132, a única maneira de se desfazer a antinomia que se instalou é a revogação pela norma posterior. Não há que se falar, portanto, na aplicação das regras da acumulação ou do conglobamento, como já foi ressaltado em capítulo anterior.

O resultado dessa integração foi a revogação das normas já existentes, ou seja, do regime jurídico das férias, anteriormente previsto, naquilo em que era incompatível com a lei nova, mas desde que obedecesse ao princípio da norma mais favorável (art. 19, § 8º da Constituição da OIT), nos limites da *lex posterior derogat legi priori*. Assim, o regime de férias previsto nos artigos 129 a 153 da CLT foi revogado pelos dispositivos constantes do Decreto n. 3.197/99, quando mais benéfico, nos pontos em que havia incompatibilidade[1].

Diante disso, conclui-se que os pontos de conflito entre a CLT e o Decreto n. 3.197/99, por serem da mesma hierarquia, e disporem sobre a mesma matéria, devem ser solucionados pelo critério cronológico, beneficiando a disposição do último em detrimento da primeira, em razão da derrogação tácita, norteada pelo princípio da norma mais favorável.

Essas modificações criaram o novo regime de férias que passaremos a estudar.

5.1. Férias anuais

A garantia ao direito de férias anuais e remuneradas prevista no art. 3º da Convenção n. 132 da OIT está de acordo com a Constituição Federal (art. 7º, inc. XVII) e o *caput* do art. 129 da CLT ("todo empregado terá direito anualmente ao gozo de um período de férias, sem prejuízo da remuneração").

Não há nenhuma incompatibilidade entre a norma celetista e a regra de origem internacional, pois a Convenção n. 132, em seu art. 3º, §§ 1º e 2º, estabelece que toda pessoa, a quem se aplique a Convenção, terá direito a férias anuais remuneradas de duração especificada em declaração apensa à sua ratificação.

As férias têm caráter imperativo e não podem ser objeto de renúncia ou transação pelas partes; o empregado, durante o gozo de férias, tem direito à remuneração integral, como se estivesse trabalhando; o fracionamento do período de férias tem limites estipulados por lei; as férias são anuais, isto é, o empregado faz jus a sua

---

(1) Em sentido contrário, verificar os comentários de *Mauricio Godinho Delgado*, "Registre-se que apenas se adotado o critério da acumulação, cientificamente menos consistente, conforme se sabe, é que se poderia coletar, de maneira tópica e localizada, os poucos dispositivos mais favoráveis, fazendo-os prevalecer na ordem jurídica pátria. Não é o que sugere, porém, a teoria da hierarquia de normas jurídicas que vigora no Direito do Trabalho". *Jornada de trabalho e descansos trabalhistas*, p. 164.

concessão a cada ano de trabalho; além de comportar uma obrigação do empregador e outra do empregado.

Ademais, segundo os ensinamentos de *Amauri Mascaro Nascimento*, o direito do empregado às férias está sujeito a cinco princípios básicos: a anualidade para adquirir o direito, a remunerabilidade, a continuidade, a irrenunciabilidade e a proporcionalidade[2].

Não houve, portanto, nesse particular, nenhuma inovação legislativa que pudesse modificar o direito expresso no art. 129 da CLT, que continua em vigor.

5.2. Período aquisitivo

O direito ao descanso é adquirido, em princípio, após um ano de vigência do contrato de trabalho, seja por prazo determinado ou indeterminado (art. 130, *caput*, da CLT). Portanto, após um ano de serviço prestado ao mesmo empregador, todo empregado adquire o direito de gozar férias, sem prejuízo de sua remuneração (art. 142, CLT)[3]. Esse é o conceito de período aquisitivo, ou seja, o período necessário para a aquisição do direito de férias.

Durante o gozo de férias pelo empregado, ocorre a interrupção do contrato de trabalho, com a paralisação da prestação de serviço e a obrigatoriedade do pagamento de salário, sendo o correspondente período computado, para todos os efeitos, como tempo de serviço (§ 2º do art. 130 da CLT). Assim, o período em que o empregado está no gozo de suas férias também será computado como tempo de trabalho para a contagem do período aquisitivo das próximas férias.

A periodicidade adotada pela legislação brasileira é de um ano, conforme também determina a Convenção n. 132 em seu art. 4º, em que o termo "ano" significa ano civil ou qualquer outro período de igual duração fixado pela autoridade ou órgão apropriado do país interessado (§ 2º do art. 4º).

No caso do Brasil, como se constata do art. 130 da CLT, o período de 12 (doze) meses não é referente ao ano civil, mas, sim, ao da vigência do contrato de trabalho, isto é, o período aquisitivo de um ano é computado a partir da contratação do empregado[4]. Conseqüentemente, cada empregado de determinada empresa tem seu próprio ano de aquisição ao direito de férias, com os respectivos termos *a quo* e *ad quem* individualmente considerados.

---

(2) *Iniciação ao direito do trabalho*, p. 397.
(3) Esclarece *Manuel Alonso Olea* que "las vacaciones son anuales, esto es, se tiene derecho a ellas tras cada año de trabajo (realmente cada once meses, puesto que un mes del año es el de la propia vacación)", *Derecho del trabajo*, p. 290.
(4) Quanto ao início do período aquisitivo, a legislação comparada não adota um critério único, ora utiliza o critério do ano calendário, como é o caso da legislação portuguesa que estabelece o direito a um período de férias "em cada ano civil" (art. 2º, 1, da Lei de Férias, Feriados e Faltas — Decreto-lei n. 874/76 alterado pelo Decreto-lei n. 397/91) relativo "ao trabalho prestado no ano civil anterior" (art. 2º, 2) e que o direito às férias vence no dia 1º de janeiro de cada ano (art. 3º, 1); ora adota o critério do ano de emprego, pelo qual o período aquisitivo deve ser contado a partir do dia em que o empregado ingressou na empresa, como é o caso da legislação brasileira.

Ademais, a lei trabalhista nacional refere-se à vigência do contrato de trabalho e não à efetiva prestação de serviços, por isso, como regra geral, são computados os períodos de suspensão ou interrupção, que serão analisados posteriormente[5].

A contagem do período de um ano não é interrompida se houver mudanças na propriedade, ou na estrutura jurídica da empresa (art. 448 da CLT), nem mesmo se houver transformação do contrato quanto à natureza de sua duração, pois se a um contrato por prazo certo, seguir-se outro por tempo indeterminado, é computável o período do primeiro para efeito de férias.

Também, deve ser computado como tempo de serviço, para o cálculo das férias, o período de aviso prévio. Isso se explica porque o lapso de tempo relativo ao aviso prévio, de no mínimo de 30 dias (art. 7º, inc. XXI da CF), integra o contrato de trabalho do empregado para todos os efeitos legais, ainda que não tenha sido concedido pelo empregador ou tenha este pago os salários do período de forma antecipada (§ 1º do art. 487 da CLT). Portanto, não restam dúvidas, de que o aviso prévio deverá compor sempre o período aquisitivo do direito a férias, uma vez que a rescisão do contrato torna-se efetiva apenas depois de expirado este prazo (art. 489, CLT).

No cômputo do período aquisitivo do empregado, cada fração superior a 14 (quatorze) dias será contada como um mês, conforme determinado pelo parágrafo único do art. 146 da CLT. Ademais, o prazo de início do período aquisitivo é o termo inicial da vigência do contrato. Não se aplica o critério civilista clássico de contagem de prazos (excluindo-se o dia do começo e contando-se o dia final), devendo ser computado o contrato na sua integralidade.

Dúvidas podem surgir, no entanto, quanto à interpretação dos §§ 1º e 2º do art. 5º da Convenção n. 132, os quais prevêem expressamente que:

"Um período mínimo de serviço poderá ser exigido para a obtenção de direito a um período de férias remuneradas anuais."

"Cabe à autoridade competente e ao órgão apropriado do país interessado fixar a duração mínima de tal período de serviço, que não deverá em caso algum ultrapassar 6 (seis) meses."

Entende *Cláudia Salles Vilela Vianna* que diante da permissão expressa constante do art. 5º da Convenção n. 132, o período aquisitivo das férias não poderá ser superior a 6 (seis) meses, estabelecendo que neste caso o empregado fará jus ao gozo proporcional das férias conforme a seguinte tabela:

• 6 (seis) meses trabalhados — 30 (trinta) dias de férias;
• 5 (cinco) meses trabalhados — 25 (vinte e cinco) dias de férias;
• 4 (quatro) meses trabalhados — 20 (vinte) dias de férias;
• 3 (três) meses trabalhados — 15 (quinze) dias de férias;

---

(5) *Hirosê Pimpão* observa que o direito de férias sofreu um grande avanço ao determinar que as férias serão adquiridas após o período de doze meses da vigência do contrato de trabalho e não "depois de um ano de serviço ininterrupto em uma empresa de trabalho contínuo" como previa a letra "e" do art. 137 da Constituição de 1937. Segundo o autor, "essa condição foi relegada ao oblívio pelo atual estágio de nosso direito do trabalho", *Problemas práticos de direito do trabalho*, p. 140.

- 2 (dois) meses trabalhados — 10 (dez) dias de férias;
- 1 (um) mês trabalhado — 05 (cinco) dias de férias[6].

Ao contrário do que foi exposto, entendemos que esta não deve ser a interpretação adotada, pois o art. 130 da CLT não foi derrogado quando estabelece que o período aquisitivo das férias é de 12 (doze) meses, a contar da vigência do contrato de trabalho.

A interpretação desse artigo deve ser feita de forma sistemática[7], pois não basta, nesse caso, a mera interpretação literal ou gramatical[8]. A norma internacional deve ser interpretada em conjunto com a norma constitucional, que estabelece em seu art. 7º, inc. XVII, o gozo de férias *anuais* remuneradas e não fixa o período aquisitivo, o que é feito pela norma infraconstitucional.

Ademais, a Convenção n. 132 utiliza, em inúmeras passagens, a expressão "férias anuais", como se pode verificar dos §§ 1º e 3º do art. 3º, que garantem o direito a férias anuais remuneradas, cuja duração não pode ser inferior a 3 (três) semanas de trabalho, por 1 (um) ano de serviço. Em seguida, no § 1º do art. 4º, a Convenção estabelece que toda pessoa que tenha completado, no curso de 1 (um) ano determinado, um período de serviço de duração inferior ao período necessário à obtenção de direito à totalidade das férias, terá direito, nesse ano, a férias de duração proporcionalmente reduzidas.

Observa-se que a redação do § 1º do art. 4º da Convenção faz menção ao termo "nesse ano", donde se conclui que o período mínimo para o legislador internacional, nada mais é do que o período necessário para que o direito às férias seja reconhecido, integral ou proporcionalmente, dentro de um determinado ano. É uma espécie de "carência" para a garantia do direito de férias.

Mais adiante, a expressão "férias anuais" também é utilizada nos §§ 1º e 2º do art. 6º, § 1º do art. 8º, §§ 1º e 2º do art. 9º, e ainda, no § 1º do art. 12 da Convenção n. 132.

Portanto, a intenção da Convenção é determinar que as férias devem ser concedidas anualmente e que o período mínimo de aquisição, e não o máximo, para a garantia das férias pode ser de 6 (seis) meses. O objetivo não é que o empregado tenha direito às férias a cada 6 (seis) meses, mas, sim, que a legislação dos Estados, que ratifiquem a Convenção, não exijam o trabalho durante mais de 6 (seis) meses para garantir o direito às férias, que, nesse caso, deve ser proporcional, como admite o § 1º do art. 4º da referida norma de origem internacional.

No Brasil, a legislação nacional garante ao empregado que trabalhou apenas 1 (um) mês, ou melhor, uma fração superior a 14 dias, o direito às férias proporcionais.[9]

---

(6) *Manual prático das relações trabalhistas*, p. 458.
(7) O processo de interpretação sistemática, conforme explicação de *Maria Helena Diniz*, é o que considera o sistema em que se insere a norma, relacionando-a com outras normas concernentes ao mesmo objeto. Deve-se, portanto, comparar o texto normativo, em exame, com outros do mesmo diploma legal ou de leis diversas, mas referentes ao mesmo objeto, pois por umas normas pode-se desvendar o sentido de outras. *Compêndio de introdução à ciência do direito*, p. 390.
(8) Neste sentido se posiciona MARTINS, Sergio Pinto. *Direito do trabalho*, p. 583.
(9) Exceção é feita ao empregado dispensado por justa causa, nos termos do parágrafo único do art. 146 da CLT, alterado pela Convenção n. 132 da OIT. Atualmente, segundo o novo regime de férias que defendemos, o empregado dispensado por justa causa, deve contar com pelo menos 6 (seis) meses de trabalho, para garantir seu direito às férias proporcionais (art. 11 da Convenção n. 132 da OIT).

Assim, não é necessário que o empregado trabalhe no mínimo 6 (seis) meses como prevê a Convenção, pois um mínimo de 15 (quinze) dias de trabalho já lhe garante o direito ao descanso anual remunerado de forma proporcional. Aliás, chega a ser absurda a interpretação de que as férias *anuais* tenham um período aquisitivo de 6 (seis) meses, ou que sejam concedidas a cada 6 (seis) meses, se as mesmas, repita-se, são anuais.[10] Portanto, entendemos que não foi revogado o art. 130 da CLT quando estabelece que o período aquisitivo para o direito às férias é de 1 (um) ano, ou seja, de 12 (doze) meses de vigência do contrato de trabalho.

5.3. Período mínimo de férias

Em face do sistema legal brasileiro, a duração das férias independe da antiguidade do empregado na empresa, de idade, de sexo ou de profissão[11] porque, nos termos do art. 130 da CLT, ela é determinada pelo número de faltas injustificadas ao serviço, ocorridas no curso do período aquisitivo.[12]

---

(10) Nesse sentido, o posicionamento de *Sergio Pinto Martins*, *Direito do trabalho*, p. 584; *Homero Batista Mateus da Silva*, A discreta vigência da Convenção n. 132 da OIT sobre férias anuais remuneradas *in Suplemento Trabalhista*, n. 111/01, p. 525; *Alexandre Alliprandino Medeiros* e *Flávio Antônio Camargo de Laet*, As novidades no sistema jurídico das férias individuais. "Convenção n. 132 da Organização Internacional do Trabalho". *In Revista Trabalho e Doutrina*, n. 26, p. 19; *Luiz Arthur de Moura*, "A convenção n. 132 da OIT e a revogação dos artigos da CLT referentes às férias". *In LTr Suplemento Trabalhista*, ano 39, 129/03, p. 889.

(11) A mesma situação não ocorre na Argentina, onde a legislação estabelece como direito do trabalhador "el [direito] de gozar de un período mínimo y continuado de descanso anual remunerado, por plazos que varían según la antigüedad del trabajador en la empresa (de catorce a treinta y cinco días corridos)", conforme explica *Carlos Alberto Etala in Contrato de trabajo*, p. 388. Na Suíça, o período de férias do empregado adulto é de no mínimo 4 (quatro) semanas por ano e 5 (cinco) semanas para os empregados jovens e aprendizes até 20 (vinte) anos de idade (art. 329, "a" e 345, "a" do Code of Obligations de 30 de março de 1911). No entanto, acordos coletivos e contratos de trabalho podem também garantir férias maiores, conforme explica o Professor *Alexandre Berenstein*, "Generally, in collective agreements, the length of the vacation is graduated according to the age of the employee. In the machine industry, the duration of leave is fixed between 21 working days for employees under 30 years of age, to 30 working days for employees over the age of 60 years; for young workers, the duration is fixed between 7 weeks for those under the age of 17 to 5 weeks for those over 18 years, and for apprentices from 7 weeks during the first year of apprenticeship to 5 weeks during the third and fourth year. In the watch-making industry, the employees have the right to a vacation of 4 1/2 weeks, but over the age of 50 years the duration is increased to 5 1/2 weeks; the vacations of young workers and apprentices are fixed from 5 to 7 weeks. In the building industry, the employees over 20 years and under 50 years of age have a vacation of 4 weeks; for those under 20 years or over 50 years, the duration of the leave is fixed at 5 weeks", *in Labor law in Switzerland*, p. 104. No Panamá, o art. 54, § 1º, do Código de Trabalho estabelece a duração das férias em 30 (trinta) dias corridos, para cada 11 (onze) meses contínuos de trabalho, a razão de um dia para cada 11 (onze) dias de serviço, independentemente de o trabalho ser exercido por menores de idade, ou em razão de características insalubres, pesadas ou perigosas do trabalho, conforme explica *Rolando Murgaz Torraza*, *in* "Jornada de trabalho e descansos no Direito Panamenho", na obra coordenada por *Néstor De Buen*, intitulada *Jornada de trabalho e descansos remunerados: perspectiva Iberoamericana*, p. 232.

(12) Diferentemente, no direito português, as faltas, justificadas ou injustificadas, não têm qualquer efeito sobre o direito a férias do trabalhador, salvo no caso em que as faltas determinem a perda da retribuição. Neste caso, a retribuição poderá ser substituída, se o trabalhador expressamente assim o preferir, por perda de dias de férias na proporção de um dia de férias por cada dia de falta, desde que seja salvaguardado o gozo efetivo de 15 dias úteis de férias ou de 5 dias úteis, se se tratar de férias no ano de admissão (art. 28º, 1 e 2 do DL n. 874/76, de 28 de dezembro *in Compêndio de leis do trabalho*, p. 416, de autoria de *António José Moreira*).

Até 1º de maio de 1977, data da vigência do novo capítulo da CLT sobre férias (Decreto-lei n. 1.535 de 1977), a duração da licença anual remunerada era estabelecida em dias úteis[13]. Atualmente, a legislação nacional prevê a duração das férias em 30 dias para os contratos de trabalho (art. 130, inc. I, CLT).

A regra geral do período de descanso anual remunerado é, portanto, de 30 dias, para todos os empregados, ressalvada a fixação de prazos menores, em razão das faltas injustificadas do trabalhador durante o período aquisitivo. A duração das férias depende, então, da assiduidade e será calculada da seguinte forma: as férias serão de 30 (trinta) dias, quando o empregado não tiver mais de 5 (cinco) faltas injustificadas durante o período aquisitivo; de 24 (vinte e quatro) dias, para o empregado que faltar injustificadamente de 6 (seis) a 14 (quatorze) dias; de 18 (dezoito) dias, para quem faltar de 15 (quinze) a 23 (vinte e três) dias; e, de 12 (doze) dias, no caso do empregado faltar de 24 (vinte e quatro) a 32 (trinta e dois) dias. Mas, se o trabalhador faltar injustificadamente mais de 32 (trinta e dois) dias, durante o período aquisitivo, perderá o direito às férias.

É desnecessário ressaltar que as faltas justificadas não podem interferir na tabela de cálculo da duração das férias, não prejudicando sua duração (art. 131, CLT). Além disso, as faltas não são descontadas diretamente do período de gozo das férias, conforme a determinação prevista no § 1º do art. 130 da CLT.

Pondera *Mozart Victor Russomano* que "as férias de trinta dias adquirem caráter relativamente raro, porque são devidas, apenas, aos trabalhadores de alta assiduidade ao emprego." [14] Ainda, para *José Augusto Rodrigues Pinto*, "a aquisição é progressiva porque depende da verificação da freqüência ao serviço, dia a dia, ao longo de todo o ano de contrato, a cujo final se torna possível apurar o número de dias correspondentes ao repouso."[15]

A comparação do descanso anual remunerado com o descanso semanal remunerado é relevante porque, enquanto o pagamento deste último depende da freqüência integral na semana anterior, as férias são devidas de forma progressiva e proporcional ao trabalho do empregado. O gozo do repouso semanal, por sua vez, é sempre assegurado, independentemente da freqüência do empregado ao trabalho, durante a semana. As férias, no entanto, exigem uma freqüência mínima do empregado, tanto para a aquisição ao direito de descanso quanto para sua remuneração.[16]

Entendemos que, relativamente ao período integral de férias, a legislação trabalhista nacional é mais benéfica que a Convenção n. 132, ao empregado, porque garante ao trabalhador o descanso anual remunerado de no mínimo 30 (trinta) dias. Por isso, não foi revogada pela legislação posterior de origem internacional, que fixa 3 (três) semanas, nos exatos termos do § 8º do art. 19 da Constituição da OIT.

---

(13) Antes da alteração do capítulo de férias promovido pelo Decreto-lei n. 1.535 de 1977, o art. 132 da CLT dispunha que o empregado tinha direito a 20 dias úteis de férias, desde que estivesse à disposição do empregador durante 12 meses e que não somasse mais de 6 faltas ao serviço, justificadas ou não; 15 dias úteis quando estivesse à disposição do empregador por mais de 250 dias; 11 dias úteis quando estivesse à disposição por mais de 200 dias; e, finalmente, 7 dias úteis quando estivesse à disposição do empregador por menos de 200 e mais de 150 dias.
(14) *Comentários à Consolidação das Leis do Trabalho*, v. 1, p. 210.
(15) *Curso de direito individual do trabalho*, p. 416.
(16) RODRIGUES PINTO, José Augusto. *Curso de direito individual do trabalho*, p. 417.

Quanto à proporcionalidade determinada pela CLT, em razão da assiduidade do empregado, também não há incompatibilidade com a Convenção n. 132. Em verdade, existe total harmonia entre as duas normas, eis que o disposto no § 1º do art. 4º da Convenção garante o direito a um período de férias de duração proporcionalmente reduzida a toda pessoa que tenha completado, no curso de 1 (um) ano determinado, um período de serviço de duração inferior ao período necessário à obtenção de direito à totalidade das férias prescritas no § 3º do art. 3º (3 semanas).

Como se não bastasse, ainda prevê o § 3º do art. 5º da mesma Convenção que "o modo de calcular o período de serviço para determinar o direito a férias será fixado pela autoridade competente ou pelo órgão apropriado de cada país."

Assim, a legislação brasileira tem autorização da Convenção Internacional para estabelecer o gozo de um período de férias proporcionalmente reduzido conforme a assiduidade do empregado. A dúvida que resta é saber se o período de férias, mesmo proporcionalmente reduzido, pode ser, ou não, inferior aos 21 (vinte e um) dias garantidos pela legislação internacional.

Como se sabe, com a promulgação da Convenção n. 132, o Brasil declarou, perante a Organização Internacional do Trabalho, que as férias remuneradas concedidas no país, aos seus trabalhadores, serão de 30 (trinta) dias. Por outro lado, a Convenção estabelece que as férias devem ser de no mínimo 21 (vinte e um) dias, ou de 3 (três) semanas. Dessa forma, estariam revogados os incisos III e IV do art. 130 da CLT, os quais determinam o direito de 18 (dezoito) e 12 (doze) dias respectivamente?

Segundo *Cláudia Salles Vilela Vianna*, os incisos III e IV do art. 130 da CLT estão revogados porque obrigam o empregado a prestar serviços durante mais de dez meses para fazer jus a férias de 21 dias, contrariando as disposições da Convenção n. 132 da OIT.[17]

Nós, ao contrário, entendemos que tais dispositivos estão em total consonância com a Convenção internacional, uma vez que a referida norma garantiu o direito a 21 (vinte e um) dias para o trabalhador que cumpriu suas obrigações regulares ao longo de um ano. Assim, segundo o § 1º do art. 4º da Convenção, se a pessoa tiver completado, no curso de um ano determinado, tempo de serviço inferior ao período necessário à obtenção da totalidade das férias, terá direito, nesse ano, a férias de duração proporcionalmente reduzidas, como ocorre nas situações previstas nos incisos do art. 130 da CLT.

Ademais, Alexandre Alliprandino Medeiros e *Flávio Antônio Camargo de Laet* acrescentam que há tão somente aparência de conflito, e não conflito em essência entre as faltas não justificadas, superiores a 5 (cinco) dias e o direito de férias com duração igual ou superior a 21 dias, pois:

"*o art. 3.3 da Convenção n. 132 traça diretivas de cunho geral, sendo que os incisos do art. 130 da Consolidação das Leis do Trabalho trazem à tona situações específicas. Neste ponto há de ser aplicado o princípio da igualdade, em conjunto com o da razoabilidade: não se afiguraria razoável contemplar com iguais trinta dias um trabalhador que se ausenta do trabalho, de forma injustifi-*

---

(17) *Manual prático das relações trabalhistas*, p. 457.

cada (por mais de cinco dias), e um trabalhador zeloso, que não tivera falta alguma ao longo do período de aquisição."[18]

A mesma regra de proporcionalidade é utilizada para fixar a duração mínima das férias devidas aos empregados contratados em regime de tempo parcial.

O contrato de trabalho a tempo parcial, como esclarece *Nelson Mannrich*, é a modalidade contratual que constitui "um dos instrumentos para as empresas adequarem o quadro de pessoal às suas necessidades e à situação econômica, mediante a contratação de trabalhadores, inclusive desempregados, para um determinado número de horas por dia, por semana, por mês ou por ano, em quantidade inferior àquela tida como habitual para a realização de idêntica atividade."[19]

O art. 130-A da CLT, acrescentado pela Medida Provisória n. 2.164-41, de 24.8.01 (DOU 27.8.01), estabeleceu que na modalidade do regime de tempo parcial, após cada período de 12 (doze) meses de vigência do contrato de trabalho, o empregado terá direito a férias de 18 (dezoito) dias, quando a duração do trabalho semanal for superior a vinte e duas horas até vinte e cinco horas; 16 (dezesseis) dias para a duração de trabalho superior a vinte horas até vinte e duas horas; 14 (quatorze) dias para a duração de trabalho superior a quinze horas até vinte horas; 12 (doze) dias para a duração de trabalho superior a dez horas até quinze horas; 10 (dez) dias para a duração do trabalho superior a cinco horas até dez horas e 8 (oito) dias para a duração do trabalho igual ou inferior a cinco horas semanais.

Além disso, se o empregado contratado em regime de tempo parcial tiver mais de 7 (sete) faltas injustificadas, durante o período aquisitivo, terá o seu descanso de férias reduzido pela metade, conforme o parágrafo único do art. 130-A da CLT.

Muitas críticas são feitas à inclusão do artigo citado, porque o legislador determinou o período de férias de acordo com a duração da jornada de trabalho. Ademais, estabeleceu como limite mínimo de férias o período de 8 (oito) dias, tempo irrisório para o descanso do empregado, que ainda pode ser reduzido pela metade na hipótese de faltar mais de 7 (sete) vezes injustificadamente durante o período aquisitivo.[20]

---

(18) "As novidades no sistema jurídico das férias individuais, Convenção n. 132 da Organização Internacional do Trabalho", *in Revista Trabalho e Doutrina*, n. 26, p. 19.
(19) *A modernização do contrato de trabalho*, p. 47.
(20) Segundo *Mozart Victor Russomano*, "não há razão lógica para se fazer variar a duração das férias proporcionalmente à duração da jornada de trabalho", *Curso de direito do trabalho*, p. 324. Para *Mauricio Godinho Delgado*, "a mudança feita pelo legislador presidencial foi desmesurada, radical, suprimindo, na média, mais da metade dos dias de férias no regime de trabalho ora regulado (...) a par disso tudo, há uma grosseira discriminação no novo texto legal.", *Curso de direito do trabalho*, p. 960. *Eduardo Gabriel Saad* adverte que o art. 130-A da CLT viola o princípio da isonomia inscrito no art. 5º da Constituição Federal pois "a duração das férias do empregado deve obedecer ao mesmo critério adotado para os demais empregados de que trata o art. 130 desta Consolidação. Há certas profissões com jornada de duração inferior a 8 horas (bancários, médicos etc.) mas cujas férias são de 30 dias. Se a Constituição não discriminou, para o efeito do repouso anual, nenhuma atividade profissional, descabe à lei hierarquicamente inferior fazê-lo", *CLT Comentada*, p. 133. Em sentido contrário, *Sergio Pinto Martins* sustenta que "nada impede que a lei estabeleça férias diferenciadas para trabalhadores contratados a tempo parcial, de forma diversa da prevista para o empregado comum contratado para trabalhar tempo integral (...) são situações de trabalho diferenciadas, pois o cansaço do trabalhador será menor, ao prestar serviços em jornada inferior à normal", *Direito do trabalho*, p. 567.

Apesar de não concordarmos com o conteúdo do art. 130-A da CLT, que diminui sensivelmente o período de férias pelo fato do empregado laborar em jornada inferior (até 25 horas semanais), entendemos que o referido dispositivo também está em conformidade à Convenção n. 132, pois, como já restou explicitado, seus artigos 4º e 5º permitem a duração proporcionalmente reduzida das férias. Desse modo, o direito à totalidade das férias depende da prestação de serviços em um período necessário à sua obtenção, que tanto pode ser um módulo anual, diário, ou ainda, horário.

Ademais, diante da regra *lex posterior derogat legi priori*, a inclusão do art. 130-A da CLT, determinando o descanso anual dos contratados em regime de tempo parcial, é válida, pois foi posterior à vigência interna da Convenção n. 132. Aliás, autores como *Sergio Pinto Martins*[21], *Homero Batista Mateus da Silva*[22], *Gustavo Filipe Barbosa Garcia*[23], e também *Alexandre Alliprandino Medeiros* e *Flávio Antônio Camargo de Laet* concordam com essa regra e, ainda, frisam que a existência de convenção internacional não impede a edição de normas que a complementam, tampouco obsta a compatibilização com dispositivos de lei já em voga no ordenamento[24].

Por fim, como já restou explicitado, o § 1º do art. 130 da CLT proíbe expressamente o desconto das faltas do empregado do período de férias. Em verdade, as faltas diminuem ou eliminam o direito às férias, mas não podem ser descontadas diretamente do período do respectivo gozo. Há que ser respeitada a proporção em que as faltas influem na concessão do tempo de férias. Nada, porém, impede que o empregador conceda férias maiores do que as decorrentes do número de faltas injustificadas no empregado.

O § 2º do mesmo artigo determina, por sua vez, que o período de férias será computado como tempo de serviço para todos os efeitos legais.

5.3.1. Dias corridos e exclusão de feriados

Registre-se que antes do Decreto-lei n. 1.535/77 que alterou a legislação de férias, os domingos e feriados estavam excluídos do cômputo das férias. O referido Decreto, todavia, adotou, como já vimos, uma escala de férias, partindo de 30, 24, 18, ou 12 dias corridos, conforme o número de faltas injustificadas do empregado no correspondente período aquisitivo, modificando a antiga regra em que o prazo das férias era contado em dias úteis.

A expressão *dias corridos* que consta do art. 130 consolidado, foi utilizada pelo legislador como sinônima de dias consecutivos, ou seja, sem a exclusão de domingos e feriados. Assim, pelo regime celetista, o período de férias é calculado por dias corridos durante o mês, numa sucessão em que se consideram, indistintamente, os dias úteis, os domingos e feriados.

---

(21) *Direito do trabalho*, p. 584.
(22) "A discreta vigência da Convenção n. 132 da OIT sobre férias anuais remuneradas". *In Suplemento Trabalhista*, n. 111/01, p. 525.
(23) "Convenção n. 132 da OIT: fracionamento das férias e outros aspectos". *In Síntese Trabalhista*, n. 185/04, p. 21.
(24) "As novidades no sistema jurídico das férias individuais. Convenção n. 132 da Organização Internacional do Trabalho". *In Revista Trabalho e Doutrina*, n. 26, p. 19.

Entretanto, é válida a observação de *Mozart Victor Russomano* segundo a qual a expressão *corridos* não é sinônima de *consecutivos*. Para o autor, os dicionaristas conceituam *corrido* como aquilo "que passou", "escoado", "passado", "perseguido", "expulso" etc, enquanto *consecutivo* significa "que segue outro", "imediato" e "ininterrupto".(25)

Por outro lado, *De Plácido e Silva* explica que *dias correntes* são os dias seguidos, sem qualquer interrupção, contados, assim, dia a seguir de dia, sem exclusão de um, correntemente.(26)

Ocorre que a ratificação da Convenção n. 132 da OIT trouxe uma nova regra, pois o § 1º do art. 6º da Convenção prevê que

"Os dias feriados oficiais ou costumeiros, quer se situem ou não dentro do período de férias anuais, não serão computados como parte do período mínimo de férias anuais remuneradas previsto no § 3º do art. 3º acima."

A doutrina se divide quanto à aplicação ou não desta regra, sendo certo que alguns doutrinadores defendem que as férias passaram a ser de 30 (trinta) dias, com exclusão dos feriados. Outros que a Convenção não revogou o período de gozo das férias, pois a norma nacional, que garante 30 (trinta) dias corridos aos trabalhadores já é mais benéfica do que a prevista pela norma internacional, ou seja, de 21 (vinte e um) dias excluídos os feriados.

A tese de que o § 1º do art. 6º da Convenção n. 132 não derrogou o dispositivo celetista relativo aos 30 (trinta) dias de férias corridos é encabeçada por *Georgenor de Sousa Franco Filho*. Segundo esse autor, os feriados serão excluídos das férias, em benefício do empregado, apenas se forem localizados nas 3 (três) semanas de férias previstas na Convenção n. 132.

"É que como a Convenção n. 132 prevê o mínimo de três semanas de férias (art. 3, 3), que correspondem a 21 dias, e no Brasil esse período é 30 dias corridos, nestes se poderiam incluir os feriados. Em outros termos, teríamos 21 dias de férias, acrescidos de outros nove dias de férias, que poderiam incluir (nesses nove dias) os feriados do período. Apenas se exceder de nove feriados é que se acrescentariam os dias de feriados excedentes, embora, sabidamente, não exista, no calendário gregoriano brasileiro, nenhum período de 21 ou de 30 dias que inclua tantos sucessivos feriados. É, entretanto, um aspecto que pode vir a ser questionado, sendo de destacar, no particular, que a norma mais favorável, princípio assente no art. 19, 8, da Constituição da OIT (favor laboris), é a regra consolidada, a prever 30 dias corridos."(27)

A fundamentação acima é ainda defendida por *Luiz Arthur de Moura*[28] e por *Gustavo Filipe Barbosa Garcia*[29] para quem os feriados, ocorridos durante o gozo

---

(25) *Comentários à Consolidação das Leis do Trabalho*, v. I, p. 211.
(26) *Vocabulário jurídico*, v. II, p. 524.
(27) "A Convenção n. 132 da OIT e seus reflexos nas férias", *Revista LTr*, v. 66, n. 5, p. 561.
(28) "A Convenção n. 132 da OIT e a revogação dos artigos da CLT referentes às férias". *In LTr Suplemento Trabalhista*, ano 39, 129/03, p. 889.
(29) "Convenção n. 132 da OIT: fracionamento das férias e outros aspectos". *In Síntese Trabalhista*, n. 185/04, p. 21.

das férias, continuam englobados pelas férias de 30 (trinta) dias corridos, não havendo, alteração sobre isso.

Estêvão Mallet também sustenta que os feriados não estão excluídos das férias, com fundamento na teoria do conglobamento moderado, pois, para o autor, nesse caso específico, deve prevalecer a regra prevista no sistema da CLT, porque mais favorável em seu conjunto ao trabalhador. Sobre o tema, conclui:

"a duração de 30 dias e o sistema da CLT, ou seja, os feriados são considerados nesse período porque, do contrário, estaríamos criando um terceiro sistema existente, caso adotássemos a Consolidação no tocante à duração e a Convenção no tocante à exclusão dos feriados."[30]

No mesmo sentido, *Olga Aida Joaquim Gomieri* entende que, em relação à duração das férias, nenhum reparo significativo se perpetrou, haja vista o caráter mais benéfico da legislação vigente, que inviabiliza a aplicação da norma internacional no que tange à exclusão dos feriados existentes no curso das férias.[31]

Cláudia Salles Vilela Vianna defende que somente o empregado que teve reduzido para 24 (vinte e quatro) dias seu direito de férias, por ocasião de faltas injustificadas, haveria que se preocupar com a redução, quando neste período existissem mais de 3 (três) dias de feriados, já que o mínimo de férias é de 21 (vinte e um) dias.

Evaristo de Moraes Filho e Antonio Carlos Flores de Moraes entendem que haverá conflito, entre a norma interna e a internacional, caso o período de férias seja inferior a 3 (três) semanas. Não haveria conflito, dizem os autores, se tiver a pessoa

"completado, no curso de 1 (um) ano determinado, um período de serviço de duração inferior ao período necessário à obtenção das férias, conforme prescreve o artigo 3 da Convenção, quando terá direito, nesse ano, a férias de duração proporcionalmente reduzidas."[32]

Finalmente, *Arnaldo Süssekind*, modificando seu entendimento anteriormente divulgado, defende que os feriados não são excluídos do período de férias, porque a CLT assegura 30 (trinta) dias, e a Convenção apenas 3 (três) semanas e, dessa forma, a duração das férias no Brasil sempre será mais favorável ao trabalhador.[33]

Nesse mesmo sentido, podemos ressaltar a decisão do recurso ordinário, n. 00148-2002-026-12-00-1, da 1ª Turma do Tribunal Regional do Trabalho da 12ª Região, prolatada pela Juíza Relatora, *Marta Maria Villalba Fabre*:

"Convenção n. 132 da OIT. Férias. Feriados. Aplicabilidade. Apesar da ratificação do referido dispositivo internacional, que ocorreu através do Decreto n. 3.197/99, ele não se aplica no solo brasileiro, porque há legislação mais benéfica nessa órbita, constante do art. 7º, XVII, da Constituição da República c.c. os arts. 129 e 130 da CLT. O art. 3º da Convenção n. 132 da OIT é aplicável

---

(30) "Alterações no capítulo das férias, da CLT pela Convenção n. 132 da OIT", *Anais do Congresso Nacional de Direito do Trabalho e Processual do Trabalho*, p. 26.
(31) "A Convenção n. 132 da OIT e a falta de seu manejo pelos aplicadores do direito", *Revista LTr*, v. 67, n. 2, p. 147.
(32) *Introdução ao direito do trabalho*, p. 501.
(33) *Instituições de direito do trabalho*, v. II, p. 890.

apenas para aqueles países cujas férias não ultrapassem o período de três semanas, o que não é o caso do Brasil, já que o artigo 130 da CLT assegura a fruição de férias num período de 30 dias corridos, o que será sempre superior aos vinte e um dias previstos naquele dispositivo internacional (três semanas), especialmente se for considerado que não há no calendário pátrio nenhuma sucessão de feriados que atinja os 09 dias seguidos faltantes para completar os 30 dias que o trabalhador brasileiro dispõe de férias."[34]

Ainda vale destacar a decisão do Tribunal Regional do Trabalho da 9ª Região, no recurso ordinário n. 1083-2002-002-09-00-8 (acórdão n. 26250-2004), da lavra do Juiz Relator *Arnor Lima Neto*, publicado no Diário da Justiça do Paraná, no dia 19 de novembro de 2004, página 504:

"Convenção n. 132 da OIT, art. 6º. Desconsideração dos feriados no cômputo das férias. Inaplicabilidade. O art. 130 da CLT consagra o direito de gozo de férias em lapso superior ao previsto pelo art. 3º, item 3, da Convenção n. 132 da OIT (três semanas). Por isso, é inaplicável no Brasil o disposto no artigo 6º desta Convenção, que prevê a desconsideração dos feriados no cômputo do período de férias, uma vez que a norma pátria apresenta-se mais vantajosa ao trabalhador brasileiro, pois mesmo com a desconsideração dos dias de feriados previstos no calendário nacional, o período de férias não será menor que o período proposto pela Convenção. Mormente considerando-se que não há no calendário pátrio nenhuma sucessão de feriados que atinja os 9 dias seguidos faltantes para completar os 30 dias que o trabalhador brasileiro dispõe de férias."

Apesar das inúmeras manifestações contrárias ao desconto dos feriados, não é esse nosso posicionamento. Entendemos que o § 1º, do art. 6º, da Convenção alterou a regra trabalhista nacional, estabelecendo que o direito de férias é de 30 dias com a exclusão dos feriados. Os fundamentos desta modificação são inúmeros.

Seria possível pensar que apenas os feriados previstos no período de três semanas é que não são computados nas férias. Ocorre que a Convenção n. 132, em seu § 2º do art. 3º prevê que o Estado membro que a ratifique deverá especificar a duração das férias em uma declaração apensa à sua ratificação.

Assim sendo, verificamos que o período de férias de 3 (três) semanas, previsto pela norma internacional, é o descanso mínimo anual remunerado que deve existir no país que ratificar a Convenção de férias, já que o Estado deverá informar qual o período adotado pela legislação nacional. Como se sabe, o Brasil, ao ratificar a Convenção n. 132, informou à OIT que o período de férias, no país, é de 30 (trinta) dias. Isto porque, repita-se, o prazo de 3 (três) semanas previsto na Convenção é claramente indicado como sendo apenas o mínimo necessário, já que a própria Convenção se refere à possibilidade de uma duração maior (§§ 3º e 4º do art. 3º).

Destarte, a justificativa adotada por alguns de que a exclusão dos feriados limita-se ao prazo de 21 (vinte e um) dias de férias não pode prevalecer. Primeiro, porque esse período é o mínimo que deve ser garantido pelo Estado que ratificar a Conven-

---

(34) Igualmente, o recurso ordinário, n. 00308-2002-034-12-00-7, da 1ª Turma do TRT da 12ª Região, da lavra do Juiz Relator *Garibaldi Tadeu Pereira Ferreira*.

ção. Segundo, porque o Estado pode estipular um período de férias maior. Terceiro, porque, se os feriados estão estritamente ligados às férias de 21 (vinte e um) dias, todas as normas da Convenção internacional também estão vinculadas a este período de férias, ou seja, se os feriados só podem ser excluídos das férias, quando o período for de 21 (vinte e um) dias, as demais regras da Convenção também serão aplicadas, exclusivamente, quando as férias estiverem limitadas a 3 (três) semanas.

Desse modo, a exclusão das faltas ao trabalho, por motivos independentes da vontade individual do empregado (§ 4º do art. 5º da Convenção), ou, a proibição da renúncia ao gozo de férias (§ 1º, do art. 12, da Convenção), só seriam aplicáveis ao período de 21 dias de férias.

Essa não nos parece a interpretação mais razoável, nem tampouco, a mais benéfica ao trabalhador. Mais uma vez, devemos nos valer da interpretação sistemática da lei. Assim, se o período de 3 (três) semanas é o mínimo, e o Brasil concedeu o período de 30 (trinta) dias de férias, os feriados que ocorrerem no período mínimo de férias, estabelecido pela legislação nacional, não serão computados para efeito do descanso anual remunerado.

Por isso, entendemos que fica derrogada a expressão *dias corridos* da escala de férias, prevista no art. 130 da CLT, de forma que os feriados determinados na legislação pátria que ocorrerem durante as férias serão excluídos de sua contagem e acrescidos ao final do período.

Nesse sentido são os posicionamentos de *Cássio Mesquita Barros*[35], *Sergio Pinto Martins*[36], *Homero Batista Mateus da Silva*[37], *Aldemiro Rezende Dantas Jr.*[38], *Alexandre Alliprandino Medeiros e Flávio Antônio Camargo de Laet*[39], *João Norberto Vargas Valério*[40] e *Glauce de Oliveira Barros*[41].

Como já foi mencionado no capítulo 1.3., sobre descanso semanal remunerado, os feriados civis, previstos pela Lei n. 9.093 de 12.9.95, são os declarados em lei federal; a data magna do Estado, fixada em lei estadual; e os dias de início e término do ano do centenário de fundação do Município, bem como os feriados religiosos são fixados em lei municipal.

Todos esses feriados, quer se situem no período de férias ou no período aquisitivo, não serão computados como parte destas. Os dias de Carnaval não estão previstos em lei como feriados. Entretanto, devem ser considerados feriados costumeiros e assim também devem ser excluídos do período de férias, conforme o § 1º do art. 6º da Convenção n. 132.

---

(35) "A Convenção n. 132 da OIT e seu impacto sobre o regime de férias", *Revista de direito do Trabalho*, v. 28, n. 108, p. 42.
(36) *Direito do trabalho*, p. 585.
(37) "A discreta vigência da Convenção n. 132 da OIT sobre férias anuais remuneradas". *In Suplemento Trabalhista*, n. 111/01, p. 525.
(38) "A Convenção n. 132 da Organização Internacional do Trabalho e as férias anuais", *Revista do Tribunal Regional do Trabalho da 11ª Região,* v. 10, n. 10, jan./dez. 2002, p. 79.
(39) "As novidades no sistema jurídico das férias individuais, Convenção n. 132 da Organização Internacional do Trabalho". *In Revista Trabalho e Doutrina*, n. 26, p. 19.
(40) "Férias anuais remuneradas e a Convenção n. 132 da OIT", *Revista LTr,* ano 65, setembro de 2001, p. 1051.
(41) "Alterações no capítulo IV da CLT — Convenção n. 132 — OIT", *LTr Suplemento Trabalhista*, 177/00, p. 953.

5.3.2. Empregado doméstico

O empregado doméstico tem o seu regime de trabalho regulamentado pela Lei n. 5.859, de 11 de setembro de 1972 e Decreto n. 71.885, de 9 de março de 1973, que lhe garante o direito a 20 (vinte) dias úteis a férias anuais remuneradas de 30 (trinta) dias com, pelo menos, 1/3 (um terço) a mais que o salário normal, após cada período de 12 (doze) meses de trabalho, prestado à mesma pessoa ou família.

Até a alteração do regime de férias do empregado doméstico, introduzida pela Lei n. 11.324, de 19 de julho de 2006, a doutrina e a jurisprudência discutiam se a duração das férias do empregado doméstico havia sido alterada de 20 (vinte) dias úteis para 30 (trinta) dias corridos.

É certo que o regulamento da lei dos domésticos, o Decreto n. 71.885/73, estipula em seu art. 2º, que o capítulo referente a férias, previsto na CLT, é aplicável a essa categoria de empregados. No entanto, tal regra, por ser anterior ao Decreto-lei n. 1.535/77, dizia respeito ao regime de férias precedente, ou seja, quando o descanso anual remunerado dos empregados em geral era de 20 (vinte) dias úteis.

Verifica-se que a CLT e a lei especial do doméstico previam de forma distinta a matéria, razão pela qual perdeu eficácia o dispositivo deste regulamento (art. 2º do Decreto n. 71.885/73). Assim, prevalecia o entendimento de que o empregado doméstico contava com apenas 20 (vinte) dias úteis de férias anuais remuneradas.[42]

A Constituição brasileira, promulgada em 5 de outubro de 1988, trouxe novamente à discussão o período de férias do empregado doméstico, porque lhe garantiu o direito contido no inc. XVII do art. 7º, que prevê o gozo de férias anuais remuneradas com pelo menos um terço a mais do que o salário normal.

Segundo *Adelmo de Almeida Cabral*, a Lei Maior não fez nenhuma distinção entre trabalhadores urbanos, rurais e domésticos no que concerne ao gozo de férias e, desse modo, o período de férias para as três categorias deve ser idêntico. Assim, caso a Constituição desejasse fazer qualquer distinção entre as três categorias com relação às férias, teria feito alguma restrição aos domésticos.[43]

Para *José Alberto Couto Maciel*, as férias anuais do trabalhador doméstico passaram a ser regulamentadas pelo texto consolidado, com o acréscimo de um terço a mais do que o salário normal, como dispõe o art. 7º, inc. XVII da Constituição. Conforme a interpretação desse autor, o direito de férias, previsto na Lei n. 5.859, de 1972, deixaria de vigorar para os domésticos que passariam a ter os mesmos direitos dos urbanos, como o período de férias igual a 30 (trinta) dias, e a possibilidade de conversão de um terço das férias em abono pecuniário.[44]

---

(42) A doutrina e jurisprudência majoritária entendem que o empregado doméstico tem direito a 20 dias úteis de férias. Neste sentido, consultar: Arnaldo Süssekind, *Instituições de direito do trabalho*, v. 2, p. 909; MARTINS, Sergio Pinto. *Manual de contrato de trabalho doméstico*, p. 35; e SAAD, Eduardo Gabriel. *CLT comentada*, p. 129; BARROS, Alice Monteiro de. *Curso de direito do trabalho*, p. 331; DELGADO, Mauricio Godinho. *Curso de direito do trabalho*, p. 376; ROCHA, Osiris. *A nova lei de férias*, p. 91.
(43) *Férias: doutrina, legislação, jurisprudência*, p. 51.
(44) Trabalho doméstico in *Curso de direito constitucional do trabalho — estudos em homenagem ao Professor Amauri Mascaro Nascimento*, v. I, p. 364.

Também *Octavio Bueno Magano* concorda com essa posição, explicando que a ampliação dos benefícios outorgados aos domésticos tornou-se efetiva com a Constituição de 1988, que lhes assegurou "salário mínimo; décimo terceiro salário; repouso semanal remunerado; férias de trinta dias acrescidas do terço do respectivo valor; licença à gestante; licença paternidade; aviso prévio."[45]

A concessão do direito de férias de 20 (vinte) dias úteis ao empregado doméstico era o posicionamento adotado pela maior parte da doutrina e jurisprudência, como podemos perceber da decisão proferida no Recurso de Revista, n. 259019/96-4, da lavra do Ministro Relator *Ângelo Mário de Carvalho e Silva*, da 2ª Turma do Tribunal Superior do Trabalho:

> *"Nos termos do art. 7º, item "a", da CLT, os preceitos consolidados não se aplicam aos empregados domésticos. Portanto, a única hipótese protegida pela CF, no art. 7º, parágrafo único, é o adicional de 1/3. Assim, sendo, a reclamante não faz jus à dobra das férias nem aos trinta dias, pois estes benefícios não estão previstos na Constituição."*

Do mesmo modo, a decisão do Tribunal Superior do Trabalho, da lavra da Ministra convocada *Deoclécia Amorelli Dias*, da 3ª Turma, no Recurso de Revista n. 3722230:

> *"Férias — Empregado doméstico — As férias do empregado doméstico, nos termos do art. 3º da Lei n. 5.859/72 são de vinte dias úteis, diferentemente das do trabalhador em geral, que são de trinta dias corridos, aí incluídos os não úteis."*

O assunto, contudo, não era ainda pacífico e voltou à pauta com a ratificação da Convenção n. 132. Isso porque, apesar de a Convenção garantir o direito mínimo de férias de 3 (três) semanas aos trabalhadores, o decreto presidencial que a promulgou não excluiu nenhum grupo de trabalhadores. Tampouco o relatório apresentado à Repartição Internacional do Trabalho procedeu a exclusões. Além disso, a declaração obrigatória depositada pelo Brasil na OIT afirmou que a duração das férias é de 30 (trinta) dias para todas as pessoas empregadas.

Analisando a aplicação da Convenção n. 132 ao ordenamento jurídico nacional, *Sergio Pinto Martins* explicou que, para o empregado doméstico, as férias passaram a ser de pelo menos 21 (vinte e um) dias, e não mais de 20 (vinte) dias úteis, pois a referida Convenção deve ser aplicada a todos os tipos de trabalhadores. Assim, como uma lei posterior modifica uma anterior que disponha em sentido contrário, entende o doutrinador que fica derrogado o art. 3º da Lei n. 5.859/72, pela norma internacional. E conclui:

> *"Não se pode dizer, porém, que o período de férias do doméstico é de 30 dias, de acordo com o Decreto n. 3.197, pois o decreto não fixa o período de férias do doméstico, nem pode estabelecer direitos trabalhistas, que somente podem ser editados por lei federal."*[46]

Não podíamos concordar com esse posicionamento porque os 20 (vinte) dias úteis de férias, antes garantidos pelo art. 3º da Lei n. 5.859/72 aos domésticos, eram

---

(45) *Manual de direito do trabalho*, v. II, p. 119.
(46) *Direito do trabalho*, p. 584.

mais benéficos do que os 21 (vinte e um) dias previstos no art. 3º, § 3º da Convenção n. 132 da OIT. Acreditamos que o respeitado doutrinador equivocou-se com a contagem dos períodos, porque, no campo do Direito Internacional do Trabalho, vigora o princípio da disposição mais benéfica em favor do trabalhador, já que a ratificação de uma convenção internacional do trabalho não pode acarretar a revogação ou a alteração de qualquer lei, costume ou acordo que garanta aos trabalhadores condições mais favoráveis (art. 19, § 8º, Constituição da OIT).

Luiz Arthur de Moura também entendia que a Convenção n. 132 não havia alterado o direito de férias dos domésticos, porque a garantia de 20 (vinte) dias úteis, estipulada na Lei n. 5.859/72 era mais benéfica do que a norma de origem internacional.[47] Também, não concordamos com esse posicionamento porque, como já dissemos, o Decreto que promulgou a Convenção n. 132 foi absolutamente omisso com relação à exclusão das categorias atingidas pela norma internacional. Da mesma forma, a comunicação apresentada à OIT especificou que as férias, no Brasil, são de 30 (trinta) dias e aceitou as disposições do art. 15, § 1º, alíneas "a" e "b" da Convenção.

Assim, defendemos que o Decreto presidencial n. 3.197/99 revogou o período de férias dos domésticos (art. 3º, Lei n. 5.859/72), porque tem força de lei ordinária e por ser mais benéfico (art. 19, § 8º da Constituição da OIT).

Homero Batista Mateus da Silva, com o mesmo entendimento, sustenta que a vetusta regra, já em desuso, dos 20 (vinte) dias úteis de férias para o empregado doméstico, pode ser desconsiderada pois é cronologicamente anterior e menos benéfica que a Convenção.[48] Esse também é o posicionamento de *Alexandre Alliprandino Medeiros e Flávio Antônio Camargo de Laet*.[49]

Finalmente, com a edição da Lei n. 11.324, de 19 de julho de 2006, a questão foi pacificada com a concessão ao empregado doméstico de férias anuais remuneradas de 30 (trinta) dias, com pelo menos, 1/3 (um terço) a mais que o salário normal, após cada empregado doméstico.

Outra questão tormentosa relativa aos empregados domésticos, dizia respeito à exclusão, ou não, dos feriados do período de férias. Como já restou explicitado, entendemos que os feriados devem ser excluídos do período de férias, conforme a determinação contida no § 1º do art. 6º da Convenção n. 132.

Ocorre que a Lei n. 605, de 5 de janeiro de 1949, que dispõe sobre o repouso semanal remunerado e o pagamento de salário nos dias feriados civis e religiosos, em seu art. 5º, alínea "a", excluía a sua aplicação aos empregados domésticos.[50] Por sua vez, o art. 7º, inciso XV, da Constituição Federal de 1988 assegura à catego-

---

(47) "A Convenção n. 132 da OIT e a revogação dos artigos da CLT referentes às férias". *In LTr Suplemento Trabalhista*, ano 39, 129/03, p. 889.
(48) "A discreta vigência da Convenção n. 132 da OIT sobre férias anuais remuneradas". *In Suplemento Trabalhista*, n. 111/01, p. 525.
(49) "As novidades no sistema jurídico das férias individuais. Convenção n. 132 da Organização Internacional do Trabalho". *In Revista Trabalho e Doutrina*, n. 26, p. 19.
(50) Nos termos do art. 9º da Lei n. 11.324, de 2006, foi revogada a alínea *a* do art. 5º da Lei n. 605, de 5 de janeiro de 1949, que excluía o empregado doméstico de sua aplicação.

ria dos domésticos o descanso semanal remunerado, preferencialmente aos domingos, mas não o direito aos feriados. Essa omissão legislativa relativa ao direito de repouso nos feriados gerou, então, inúmeras dúvidas a respeito da concessão desse direito aos domésticos.

Aqueles que entendem que o empregado doméstico não faz jus ao descanso em feriados, mas somente ao repouso semanal remunerado, argumentam que a exclusão dos feriados do cômputo das férias (art. 6º, § 1º da Convenção n. 132) a eles não se aplica. De fato, se o doméstico não tem direito ao descanso nos feriados, não pode ter a exclusão destes dias de suas férias.[51]

Segundo *Homero Batista Mateus da Silva*, a situação dos domésticos quanto à exclusão dos feriados é esdrúxula, pois

> "*os domésticos têm direito a férias e, agora, a férias anuais remuneradas de trinta dias de acordo com a Convenção 132 e, para a contagem das férias, tem direito a que os feriados sejam excluídos. Mas a exclusão dos feriados significa que, após as férias, eles sejam desfrutados e, voltando ao início do raciocínio, o doméstico não pode exigir o descanso no feriado. O nó somente pode ser desatado se passarmos a ler o art. 6º da Convenção da seguinte forma: 'Os dias feriados oficiais ou costumeiros, a cujo descanso acaso faça jus o empregado pela lei ou pelo contrato, não serão computados como parte do período de férias anuais remuneradas'. Destarte, como no Brasil nem todos os empregados têm direito ao descanso nos feriados, a regra terá de sofrer aplicação parcial, ou seja, o doméstico não poderá reclamar o descanso no feriado depois das férias e os feriados serão, sim, computados*" (grifo do autor)

Não pensamos assim porque os empregados domésticos passaram a ter direito a não computar os feriados em suas férias com a Convenção n. 132 da OIT. Nossa posição se deve ao fato de que a promulgação da Convenção n. 132 pelo Estado brasileiro não excluiu nenhuma espécie de empregado, sendo, portanto, aplicável, também aos domésticos. Ademais, a norma internacional é posterior às Leis n. 605/49 e n. 5.859/72, devendo prevalecer sobre as primeiras, inclusive por ser mais favorável.

Compreendemos, então, que mesmo que os empregados domésticos não tenham direito à percepção do pagamento em dobro dos dias feriados[52], deve-se proceder à exclusão dos feriados do período de férias.

---

(51) Neste sentido, GARCIA, Gustavo Filipe Barbosa. "Convenção n. 132 da OIT: fracionamento das férias e outros aspectos". *In Síntese Trabalhista*, n. 185/04, p. 21.
(52) PINTO MARTINS, Sergio. *Direito do trabalho*, p. 585. Em sentido contrário, entendem que o empregado doméstico faz jus à percepção do descanso nos feriados civis e religiosos, a despeito da omissão da Constituição Federal de 1988, SILVA, Otacílio P. "Empregados domésticos". *In Curso de direito do trabalho: estudos em memória de Célio Goyatá*, v. 1, p. 373; BARROS, Alice Monteiro de. *Contratos e regulamentações especiais de trabalho: peculiaridades, aspectos controvertidos e tendências*, p. 167 e MACIEL, José Alberto Couto. "Trabalho doméstico". *In Curso de direito constitucional do trabalho — estudos em homenagem ao Professor Amauri Mascaro Nascimento*, v. I, p. 364.

5.3.3. Faltas ao serviço e cômputo das férias

Diante do novo regime de férias, criado com a Convenção n. 132, constatamos que sua duração passou a ser de 30 (trinta) dias, com exclusão dos feriados, para todos os empregados, inclusive os domésticos, ressalvada a fixação de prazos menores em razão das faltas injustificadas[53] do empregado no período aquisitivo, bem como pela contratação do empregado em regime de tempo parcial (art. 130-A da CLT).

A duração das férias, portanto, depende da assiduidade do empregado, porque sofre diminuição na proporção de suas faltas injustificadas durante o período aquisitivo. Mas as faltas, justas ou injustas, não podem ser descontadas diretamente do período de gozo, como determina o § 1º do art. 130 da CLT, que nesse ponto é mais benéfico que a Convenção n. 132, não sofrendo, por este motivo, nenhuma alteração.

O § 2º do art. 6º da Convenção n. 132 estabelece expressamente que

"Em condições a serem determinadas pela autoridade competente ou pelo órgão apropriado de cada país, os períodos de incapacidade para o trabalho resultantes de doença ou de acidentes, não poderão ser computados como parte do período mínimo de férias anuais remuneradas previsto no § 3º, do art. 3º da presente Convenção."

Da análise desse artigo, podemos perceber que a Convenção não autoriza que os afastamentos resultantes de doença ou acidentes sejam excluídos do período de gozo das férias (período mínimo previsto pela norma internacional de três semanas, que no Brasil, tem duração de 30 dias), deixando de tratar de outros afastamentos.

Poderíamos entender, portanto, que apenas os afastamentos decorrentes de doença ou acidentes não podem ser excluídos do período de gozo das férias, ou seja, que outros afastamentos, quando não resultantes de doença ou acidentes, poderiam ser descontados deste período.

No Brasil, entretanto, a regra contida no § 1º do art. 130, é mais benéfica porque impede o desconto direto de qualquer falta do empregado ao serviço do período de gozo das férias e não apenas as faltas resultantes de doença ou acidentes. Por ser norma mais benéfica, apesar de anterior, prevalece sobre a regra de origem internacional contida no § 2º do art. 6º da Convenção n. 132.

Assim, a legislação nacional permite apenas a exclusão das faltas injustas, durante o período aquisitivo, conforme, e no limite da tabela de férias, contida no art. 130 da CLT.

Já as ausências legais e faltas justificadas pelo empregador não poderão ser descontadas sequer do período aquisitivo. Estas são previstas no art. 131 da CLT, que elenca os casos de ausências do empregado, e não constituem faltas ao serviço, para o efeito da fixação da duração das férias.

---

(53) Adotaremos a expressão *faltas injustificadas* como aquelas em que o empregado deixa de comparecer ao serviço, não apresenta qualquer justificativa, e tem descontado do salário o dia não trabalhado. É expressão antônima da ausência legal, ou seja, o afastamento do empregado autorizado por lei, e da falta justificada pelo empregador, em que o dia não trabalhado não é descontado do salário do empregado.

É importante observar que o referido artigo não relaciona todas as hipóteses de ausências legais ou faltas justificadas, pois não esgota as situações previstas em lei, nas quais o empregado tem o direito de paralisar a prestação de trabalho, sem prejuízo da remuneração ou do tempo de serviço. Ressalta *Arnaldo Süssekind* que o direito de interromper a prestação de serviços não pode ser conceituado como falta injustificada e pode resultar de norma inserida em convenção ou acordo coletivo de trabalho ou, ainda, em sentença proferida em dissídio coletivo.[54]

A primeira hipótese prevista no art. 131 da CLT é a dos casos referidos no art. 473 da legislação trabalhista, nos quais o empregado poderá deixar de comparecer ao serviço, sem prejuízo do salário ou do período aquisitivo para cálculo do direito a férias, nas seguintes situações:

a) afastamento por morte, também conhecido por período de nojo, que será de até 2 (dois) dias consecutivos, em caso de falecimento do cônjuge, ascendente, descendente, irmão ou pessoa que, declarada em sua Carteira de Trabalho e Previdência Social, viva sob sua dependência econômica (art. 473, inc. I);

b) afastamento por casamento, legalmente chamado de período de gala, que será de até 3 (três) dias consecutivos (art. 473, inc. II);

c) afastamento por nascimento de filho, de 1 (um) dia, durante a primeira semana, com o objetivo de registrar a criança recém-nascida (art. 473, inc. III);

É importante fazermos uma rápida análise desse direito que garante o afastamento do empregado em caso de nascimento de filho. Isso porque parte respeitada da doutrina entende que o afastamento por 1 (um) dia, em caso de nascimento de filho, prevalece, apesar da instituição da licença-paternidade, pelo art. 7º, inc. XIX da CF e art. 10, § 1º das Disposições Constitucionais Transitórias, que declara o direito a 5 (cinco) dias de licença, até que a lei venha discipliná-la.

Explica *Amauri Mascaro Nascimento* que, se o objetivo do afastamento por 1 (um) dia, garantido na CLT, é permitir o registro obrigatório do nascimento do filho em cartório, e o prazo de 5 (cinco) dias da Constituição Federal tem como finalidade a assistência à família, as duas vantagens devem ser somadas, garantindo o afastamento do empregado por 6 (seis) dias, em caso de nascimento de filho. Ademais, para o autor, o pagamento da licença-paternidade, é ônus do empregador, sem reembolso no INSS, caracterizando-se mais como falta justificada, do que uma licença propriamente dita.[55]

Eduardo Gabriel Saad sustenta que essa licença-paternidade, prevista constitucionalmente, nada tem que ver com a ausência ao serviço por 1 (um) dia, no decorrer da primeira semana, após o nascimento do filho (art. 473, inc. III da CLT), ficando

---

(54) Acrescenta às hipóteses elencadas no art. 131 da CLT, a possibilidade de ausência ao trabalho sem prejuízo do salário e do tempo de serviço: em virtude de comparecimento necessário a tribunal, como jurado, parte ou testemunha (recentemente incluído ao art. 131 da CLT, no inc. VIII, pela Lei n. 9.853, de 27.10.99); por motivo de doença, até a data em que lhe for devido o auxílio-doença pela Previdência Social; nos dias de repouso semanal, gozo de férias anuais e feriados civis e religiosos em que não haja trabalho, além dos dias de greve legal em que as reivindicações dos empregados sejam acolhidas no todo ou em parte. *Comentários à nova lei de férias*, p. 54.
(55) *Comentários às leis trabalhistas*, v. I, p. 81 e *Direito do trabalho na Constituição de 1988*, p. 188.

a critério do empregador pagar ou não o salário, durante os 5 (cinco) dias de licença-paternidade.[56] Esse é o mesmo entendimento de *Sérgio Pinto Martins*, porque, para o autor, o afastamento de 1 (um) dia, previsto na CLT, tem objetivo distinto da licença-paternidade, sendo que o primeiro (afastamento por um dia) deve obrigatoriamente ser remunerado, enquanto a remuneração da referida licença não é obrigatória.[57]

Em sentido contrário, *Arnaldo Süssekind*[58], *Valentin Carrion*[59], *Mozart Victor Russomano*[60], *Pedro Paulo Teixeira Manus* e *Carla Teresa Martins Romar*[61], além de *Evaristo de Moraes Filho* e *Antonio Carlos Flores de Moraes*[62] entendem que a nova licença-paternidade substitui e absorve a interrupção remunerada da prestação de serviços, por 1 (um) dia, de que trata o art. 473, inc. III da CLT.

Esse também é nosso entendimento, uma vez que o afastamento garantido constitucionalmente aumenta e incorpora o período anterior, permitindo que o pai preste assistência à família e registre o filho em seguida, durante os 5 (cinco) dias de licença, época em que deverá receber remuneração, como previsto pela própria CLT.

Continuando a indicação das situações em que o empregado pode deixar de comparecer ao serviço sem prejuízo do salário, temos:

d) doação de sangue, porque a legislação também permite que o empregado possa faltar por 1 (um) dia em cada 12 (doze) meses de trabalho para doar sangue, desde que comprove, devidamente, o fato (art. 473, inc. IV);

e) alistamento eleitoral, que permite ao empregado, a ausência por 2 (dois) dias, consecutivos ou não, para atender ao direito-dever das eleições, uma vez que apesar de o voto ser obrigatório, também é um direito do cidadão (art. 473, inc. V);

f) exigências do Serviço Militar, para que o empregado possa cumprir o seu dever militar sem que a sua ausência tenha conotação de falta, nos termos da alínea "c" do art. 65 da Lei n. 4.375/64, Lei do Serviço Militar (art. 473, inc. VI);

g) vestibular para ingresso em estabelecimento de ensino superior, casos em que o empregado pode deixar de comparecer ao serviço, sem prejuízo de salário, em dias determinados para a realização destes exames, devidamente comprovados (art. 473, inc. VII);

h) comparecimento a juízo, quando o empregado atuar como parte, testemunha ou jurado, durante determinados dias, obrigatoriamente comprovados (art. 473, inc. VIII).

Quanto ao comparecimento a juízo, vale lembrar que o art. 843 da CLT exige a presença do empregado à audiência trabalhista em que é parte, sob pena de arquivamento (art. 844, CLT) do processo. Da mesma forma, estabelece o art. 822 da CLT que as testemunhas não poderão sofrer nenhum desconto pelas faltas ao servi-

---
(57) *CLT comentada*, nota 7 ao art. 473 da CLT, p. 355.
(58) *Comentários à Consolidação das Leis do Trabalho*, nota 4 ao art. 473 da CLT, p. 444.
(59) *Direito constitucional do trabalho*, p. 254.
(60) *Comentários à Consolidação das Leis do Trabalho*, nota 2 ao art. 473 da CLT, p. 333.
(61) *Comentários à Consolidação das Leis do Trabalho*, v. I, p. 610.
(62) *Consolidação das Leis do Trabalho e legislação complementar*, p. 146.
(63) *Introdução ao direito do trabalho*, p. 359.

ço, decorrentes do comparecimento para depor, quando devidamente arroladas ou convocadas. O parágrafo único do art. 419 do CPC também garante à testemunha, sujeita ao regime da legislação trabalhista, o direito de comparecer à audiência, sem prejuízo do salário ou desconto no tempo de serviço. Finalmente, o Código de Processo Penal não faz referência expressa ao direito da testemunha de não ter descontado o dia de trabalho, mas estatui que a mesma não poderá eximir-se da obrigação de depor (art. 216, CPP), podendo ser conduzida coercitivamente (art. 218, CPP), sob pena de multa e processo penal por crime de desobediência (art. 219, CPP).

A segunda hipótese prevista no art. 131 da CLT diz respeito ao licenciamento compulsório da empregada por motivo de maternidade ou aborto, desde que observados os requisitos para a percepção do salário-maternidade, custeado pela Previdência Social. Trata-se da licença-maternidade, garantida pelo art. 7º, inc. XVIII da Constituição Federal, durante o período de 120 (cento e vinte) dias, sem prejuízo do emprego e do salário; pelo art. 71 da Lei n. 8.213/91, que prevê o pagamento do salário-maternidade devido à segurada pela Previdência Social, diretamente ou mediante compensação; e ainda pelos arts. 392 e 393 da CLT.

Além disso, será devida a licença-maternidade, conforme o art. 392-A da CLT, durante o período de 120 (cento e vinte) dias em caso de adoção ou guarda judicial de criança até um ano de idade; durante 60 (sessenta) dias, se a criança tiver de um ano a quatro anos de idade; durante 30 (trinta) dias, se a criança contar quatro anos até oito anos de idade. O legislador equiparou a mãe adotante com a mãe biológica, para fins de licença-maternidade, a fim de que fossem atendidas as necessidades da mãe e da criança.

A licença compulsória devida em caso de aborto também será computada normalmente no período aquisitivo da empregada, sem ser considerada como falta ao serviço. Observe-se que a Lei n. 8.921, de 25.7.1994, excluiu a expressão *aborto criminoso* do inc. II do art. 131 da CLT, passando a permitir o afastamento remunerado em qualquer tipo de aborto. Ocorre que o art. 395 da CLT permite o repouso remunerado de 2 (duas) semanas, apenas em caso de aborto não criminoso e desde que comprovado por atestado médico oficial. Entende-se por aborto não criminoso o decorrente de ato espontâneo ou o admitido pela lei penal.

A nosso ver, a exclusão da expressão *criminoso*, não trouxe efeitos práticos porque a legislação garante o afastamento remunerado de 2 (duas) semanas, apenas em caso de aborto não criminoso, como já ressaltado (art. 395, CLT). Nada impede, porém, que o empregador permita o afastamento remunerado da mulher em qualquer tipo de aborto.

Este entendimento não é pacífico. *Sérgio Pinto Martins* sustenta que, agora, o direito ao abono da falta existirá, mesmo quando se tratar de aborto criminoso.[63] *Mozart Victor Russomano* proclama que esta alteração vai-se refletir no art. 395 da Consolidação, quanto ao auxílio-maternidade em caso de aborto, ali qualificado, também, como necessariamente *não criminoso*.[64] *Valentin Carrion*, por sua vez, argumenta que a Lei n. 8.921/94, ao excluir a expressão *criminoso* da figura do aborto,

---

(64) *Direito do trabalho*, p. 567.
(65) *Curso de direito do trabalho*, p. 325.

ofende a Constituição Federal e o Código Penal, além de não atentar para o art. 395 da CLT.⁽⁶⁵⁾ Finalmente, *Mauricio Godinho Delgado* acredita que a nova redação, conferida ao inciso II do art. 131 da CLT, expurgou do texto celetista a expressão *aborto criminoso*, acabando com o preconceito existente contra a mulher trabalhadora.⁽⁶⁶⁾

A terceira hipótese prevista no art. 131 da CLT diz respeito ao afastamento do empregado por motivo de acidente do trabalho ou de enfermidade atestada pelo Instituto Nacional do Seguro Social — INSS, excetuada a hipótese do inciso IV do art. 133 (relativa às prestações de acidente do trabalho ou de auxílio-doença, por mais de seis meses, embora descontínuos).

Arnaldo Süssekind afirma que as normas do antigo capítulo da CLT, alterado pelo Decreto-lei n. 1.535, de 1977, tratavam diferentemente a suspensão de contrato de trabalho, resultante da concessão de auxílio-doença ao empregado e a motivada por acidente do trabalho. A referida distinção decorria da circunstância de serem diversas as prestações devidas nas duas hipóteses.⁽³⁷⁾

Hoje, porém, a situação não é a mesma, pois será devido o benefício do auxílio-doença, em caso de incapacidade para o trabalho ou para sua atividade habitual, por mais de 15 (quinze) dias consecutivos, independentemente do motivo que a gerou, inclusive a incapacidade ocasionada por acidente do trabalho (art. 59 da Lei n. 8.213/91).

Essa solução está de acordo com o sistema celetista, uma vez que os dias de ausência, por motivo de acidente do trabalho, são considerados como tempo de serviço efetivo para efeito de indenização e estabilidade, conforme o art. 4º da CLT, e não são considerados para os efeitos de duração de férias e cálculo da gratificação natalina, nos termos da Súmula n. 46 do TST e Súmula n. 198 do STF.⁽⁶⁸⁾

Conclui-se, assim, que todo o período de afastamento do empregado, decorrente de acidente do trabalho ou enfermidade atestada pelo INSS, não será considerado para efeito de cômputo das férias. Porém, durante os primeiros 15 (quinze) dias de afastamento, o salário do empregado deve ser pago pelo empregador, enquanto que a partir do 16º dia, será devido o benefício previdenciário de auxílio-doença (art. 60 da Lei n. 8.213/91), ou da aposentadoria por invalidez, quando o empregado for considerado incapaz ou insuscetível de reabilitação para o exercício de atividade que lhe garanta a subsistência (art. 42 da Lei n. 8.213/91).

Exceção à regra ocorre na hipótese do inciso IV do art. 133 da CLT, isto é, quando o empregado tiver percebido da Previdência Social prestações de acidente do trabalho ou de auxílio-doença por mais de seis meses, embora descontínuos.

Essa proposição será tratada no capítulo 5.4. relativo à perda do direito de férias.

A quarta hipótese prevista no art. 131 da CLT diz respeito às faltas justificadas pelo empregador, ou seja, as que dependem do juízo da administração da empresa.

---

(65) *Comentários à Consolidação das Leis do Trabalho*, nota 1 ao art. 131 da CLT, p. 142.
(66) *Curso de direito do trabalho*, p. 957.
(67) *Comentários à nova lei de férias*, p. 58.
(68) A Súmula n. 46 do TST esclarece que "as faltas ou ausências decorrentes de acidente do trabalho não são consideradas para os efeitos de duração de férias e cálculo da gratificação natalina" e a Súmula n. 198 do STF que "as ausências motivadas por acidente do trabalho não são descontáveis do período aquisitivo das férias".

Nesse caso, a doutrina consagrou que serão consideradas faltas justificadas, sem influir na diminuição de dias de férias, aquelas em que houve o respectivo pagamento. Tal definição está expressa no art. 131, inc. IV, da CLT que classifica a falta justificada como aquela que "não importar em desconto correspondente do seu salário".

Os doutrinadores ocupam-se, também da impontualidade do empregado que inicia a prestação de serviços com atraso ou abandona o trabalho mais cedo, saindo antes do término de sua jornada contratual. Segundo *Arnaldo Süssekind*, a impontualidade na chegada ao trabalho e a saída antecipada não poderão ser computadas como faltas injustificadas para efeito de férias.[69] *Eduardo Gabriel Saad* concorda com esse entendimento, explicando que a impontualidade não se equipara à falta.[70]

Ademais, se o empregado, embora chegando ao estabelecimento depois de iniciada a jornada de trabalho, é admitido ao serviço, não poderá o empregador descontar-lhe esse dia do período aquisitivo do direito de férias. Entretanto, vale lembrar que o atraso habitual e a saída antecipada podem configurar atos faltosos capazes de ensejar uma penalidade imposta pelo empregador.

É adequado observar que, se o empregador pagar o salário relativo ao dia de ausência do empregado, seja porque entendeu justificada a falta do empregado, seja porque a lei impõe esse pagamento, não poderá considerar a falta como injustificada para o cálculo das férias. Aliás, este é o entendimento do TST, consagrado pela Súmula n. 89.[71]

A quinta hipótese prevista no art. 131 da CLT diz respeito à suspensão preventiva do empregado para responder a inquérito administrativo ou de prisão preventiva, quando for impronunciado ou absolvido.

Mais uma vez, é fundamental apresentar os esclarecimentos de *Arnaldo Süssekind*, que presidiu a Comissão Interministerial de Atualização da Consolidação das Leis do Trabalho e elaborou o anteprojeto de lei, que deu origem à reforma promovida pelo Decreto-lei n. 1.535 de 1977, no capítulo das férias. Segundo esse autor, o anteprojeto da referida Comissão, estipulava no inc. V, do art. 131, que não seria considerada falta ao serviço, a ausência do empregado "durante a suspensão preventiva para responder a inquérito *judicial*, quando for julgado improcedente". No entanto, a redação final do inciso referiu-se a inquérito *administrativo* e utilizou as expressões *impronunciado* ou *absolvido*.[72]

Explica esse doutrinador que tais expressões estão equivocadas, porque, na Justiça do Trabalho, não há pronúncia, e desse modo, o empregado não pode ser impronunciado. Ademais, na terminologia do processo trabalhista, o empregado não é absolvido, e o inquérito contra ele instaurado, para apurar a acusação de falta grave, é judicial e não administrativo.[73]

---

(69) *Comentários à nova lei de férias*, p. 62.
(70) *CLT comentada*, nota 4 ao art. 131, p. 133.
(71) A Súmula n. 89 do TST prevê que "se as faltas já são justificadas pela lei, consideram-se como ausências legais e não serão descontadas para o cálculo do período de férias".
(72) *Comentários à nova lei de férias*, p. 69.
(73) *Ibid.*, p. 69.

Portanto, para proceder à adequada interpretação do dispositivo, devemos entender que o inquérito de que trata o artigo é o realizado na Justiça do Trabalho (art. 853, CLT), e que a palavra *impronunciado* diz respeito, tão somente, à prisão preventiva.

Ademais, se o inquérito para apuração de falta grave for julgado procedente, pela comprovação de sua prática, o término do contrato de trabalho retroage à data em que teve início a suspensão. Mas, se o inquérito for julgado improcedente, o empregado deverá ser ressarcido integralmente dos prejuízos decorrentes da suspensão, devendo o respectivo período ser considerado como tempo de serviço.

Quanto à prisão preventiva, não nos parece razoável, como argumenta *Eduardo Gabriel Saad*, que o empregador seja condenado a ressarcir o empregado das ausências ao trabalho em razão de delito em que a empresa não seja vítima ou denunciante, uma vez que, nessa hipótese, nada tem a ver com o fato que provocou a detenção[74]. Entretanto, a lei é expressa nesse sentido, devendo o empregador pagar os dias relativos ao afastamento.

A última hipótese, prevista no art. 131 da CLT, diz respeito à paralisação dos serviços, porque o empregado não pode ser prejudicado pela suspensão das atividades, determinada pelo empregador ou decorrente do risco do negócio.

Assim, os dias em que não tenha havido serviço, por determinação da empresa, não serão considerados como faltas. Como exemplo, podemos citar empresas em que não se trabalha aos sábados, ou em que são admitidos os recessos nos feriados e se permite a ausência dos empregados nos dias interpostos aos feriados.

Exceção à regra ocorre quando o empregado permanecer em gozo de licença, com a percepção do salário por mais de 30 (trinta) dias, em virtude da paralisação total ou parcial dos serviços da empresa (art. 133, inc. III da CLT). Essa hipótese será melhor estudada no capítulo 5.4. relativo à perda do direito de férias.

5.3.4. Serviço militar obrigatório e cômputo das férias

Estabelece o art. 132 da CLT que o tempo de trabalho anterior à apresentação do empregado para serviço militar obrigatório será computado no período aquisitivo, desde que o mesmo compareça ao estabelecimento no prazo de 90 (noventa) dias, a contar da data em que se verificar a respectiva baixa.

A redação desse dispositivo é praticamente a mesma da CLT anterior ao Decreto-lei n. 1.535 de 1977[75], que se refere ao serviço de preparação militar ao qual todo brasileiro está obrigado, ao completar a maioridade. Tal situação caracteriza uma exceção ao princípio genérico da continuidade do período aquisitivo do direito de férias, pois determina a suspensão de seu curso.

De fato, o empregado afastado de suas atividades em virtude de convocação ao serviço militar pode ter o período de trabalho anterior somado à prestação de serviços

---

(74) *CLT comentada*, nota n. 6 ao art. 131 da CLT, p. 134.
(75) A CLT anterior dispunha em seu art. 135 que "no caso de serviço militar obrigatório, será computado o tempo de trabalho anterior à apresentação do empregado ao referido serviço, desde que ele compareça ao estabelecimento dentro de noventa dias da data em que se verificar a respectiva baixa".

posterior ao retorno, desde que a prestação de serviço militar seja obrigatória e que o empregado retorne ao trabalho dentro do prazo máximo de 90 (noventa) dias.

Este direito é inaplicável ao trabalhador estrangeiro que vai prestar serviço militar em seu país de origem, bem como ao trabalhador brasileiro que ingressa voluntariamente nas Forças Armadas (art. 60, § 2º da Lei n. 4.375/64) e também ao empregado que deixa transcorrer *in albis* o prazo de 90 (noventa) dias, sem retornar ao serviço.

A comunicação feita ao empregador, pelo empregado afastado de suas atividades, em virtude das exigências do Serviço Militar, de que trata o § 1º do art. 472 da CLT, garante apenas o direito de voltar a exercer o cargo do qual se afastou, quando realizada dentro de 30 (trinta) dias a contar da baixa. Para efeito de contagem do período anterior ao direito de férias (art. 132, CLT), entretanto, não basta comunicar ao empregador a sua intenção de retornar ao serviço, é preciso que o empregado efetivamente se apresente para reassumir seu emprego.

Oportuno, ainda, é lembrar que o art. 4º da CLT manda computar o tempo de prestação do serviço militar obrigatório, apenas para fins indenizatórios e de aquisição da estabilidade no emprego, e não para efeito de férias.

Além disso, não podemos confundir a hipótese do art. 132 da CLT, referente ao tempo de trabalho anterior à apresentação do empregado para serviço militar obrigatório, com as hipóteses previstas na letra "c" do art. 65 da Lei n. 4.375 de 1964, de que trata o art. 473, inc. VI, da CLT, referente aos dias em que o empregado, já reservista, tem de cumprir as exigências do Serviço Militar, pois, nesse caso, a ausência será justificada e remunerada.

Por fim, é importante notar que o cômputo das férias para os empregados afastados de suas atividades, em razão do serviço militar previsto neste dispositivo da CLT, não sofreu nenhuma alteração com a vigência da Convenção n. 132 da OIT, já que não existe dispositivo na norma de origem internacional que garanta direitos mais benéficos do que os previstos pela legislação brasileira.

5.4. Perda do direito de férias

A possibilidade de o empregado perder o direito a férias não viola os dispositivos contidos na Convenção n. 132 da OIT. Isso porque, como já foi explicado antes, o § 1º do art. 5º da norma de origem internacional prevê a exigência de um período mínimo de serviço para a obtenção de direito a um período de férias anuais remuneradas. Assim, o art. 133 da CLT relaciona as hipóteses nas quais o empregado não terá direito ao gozo das férias.

A primeira hipótese ocorre se o empregado, durante o período aquisitivo, deixar o emprego e não for readmitido dentro dos 60 (sessenta) dias subseqüentes à sua saída (inc. I do art. 133 da CLT).

Segundo *Arnaldo Süssekind*, a disposição atual refere-se a *deixar o emprego*, expressão que é muito mais ampla e abrangente do que a utilizada antes da reforma promovida pelo Decreto-lei n. 1.535/77 (*retirar-se do trabalho*), que dizia respeito apenas à hipótese de dispensa por iniciativa do empregado. Para o autor, a nova expressão identifica qualquer forma de rescisão do contrato de trabalho e, desse modo, se o empregado que teve seu contrato de trabalho rescindido for readmitido aos serviços da empresa, dentro do prazo de 60 (sessenta) dias a contar de sua saída, o período de trabalho anterior é computado para o cálculo das férias.[76]

Entretanto, esse não é o entendimento da maioria dos doutrinadores[77], com os quais concordamos. *Eduardo Gabriel Saad* sustenta que, nesse caso, só será possível o cômputo do período anterior à rescisão do contrato de trabalho, se o empregado deixar o serviço por sua iniciativa, ou seja, quando a rescisão contratual decorrer da vontade do trabalhador, casos em que o empregado pede demissão ou se aposenta voluntariamente.[78]

Essa regra é outra exceção ao princípio genérico da continuidade do período aquisitivo do direito a férias, pois determina a suspensão de seu curso, assim como a hipótese de serviço militar obrigatório, estudado no capítulo 5.3.4.

Como já se disse, a readmissão do empregado deve ocorrer dentro do prazo máximo de 60 (sessenta) dias, ou seja, pode ser anterior, mas não posterior, caso em que se inicia um novo período aquisitivo.

Entendemos que, a partir da Convenção n. 132 da OIT essa regra não tem mais aplicabilidade. Isso se explica porque, se todos os empregados, inclusive aqueles que deixaram o emprego espontaneamente (mediante pedido de demissão ou aposentadoria espontânea), têm direito ao recebimento do pagamento das férias proporcionais, não será devido o cômputo do período proporcional anterior, mesmo se retornarem ao serviço dentro do prazo de 60 (sessenta) dias. De fato, se o trabalhador já foi remunerado pelo período aquisitivo incompleto, não faz sentido utilizar o mesmo período, mais uma vez, para o cômputo das férias.

Ocorre que o empregado, a partir da Convenção n. 132 da OIT, faz jus ao pagamento de férias proporcionais (art. 11 da Convenção n. 132), em qualquer caso de cessação da relação empregatícia, salvo se foi dispensado por justa causa, com período de trabalho inferior a seis meses.[79]

Como entendemos que a expressão *deixar o emprego* constante do inc. I do art. 133 da CLT diz respeito à rescisão do contrato de trabalho por vontade do empregado, e como, nesse caso, o trabalhador sempre faz jus à percepção das férias proporcionais, mesmo que retorne ao trabalho dentro do prazo de 60 (sessenta) dias, não poderá ter o período anterior à rescisão contratual computado para o cálculo do período aquisitivo.

Portanto, baseado na aplicação da Convenção n. 132 da OIT à legislação pátria, e na criação de um novo regime de férias, entendemos que o inc. I do art. 133 da

---

(76) *Comentários à nova lei de férias*, p. 76.
(77) Neste sentido: DELGADO, Mauricio Godinho. *Jornada de trabalho e descansos trabalhistas*, p. 169; RUSSOMANO, Mozart Victor. *Comentários à Consolidação das Leis do Trabalho*, v. I, p. 216 e PINTO MARTINS, Sergio. *Direito do trabalho*, p. 568. Salienta ainda, *Roberto Barretto Prado* que o legislador quis "evitar que a empresa pudesse, com facilidade, burlar o direito de férias, forjando uma demissão do empregado, para depois readmiti-lo quando passaria a ser contado o ano de serviço", *Tratado de direito do trabalho*, v. I, p. 374.
(78) *CLT comentada*, nota 1 ao art. 133 da CLT, p. 135.
(79) Esta hipótese será estudada no capítulo 8.2. referente aos efeitos da cessação do contrato de trabalho sobre as férias, após a Convenção n. 132 da OIT.

CLT foi tacitamente revogado, conforme as regras da *lex posterior derogat legi priori* e da norma mais benéfica.

Também perde o direito à aquisição do período de férias o empregado que permanecer em gozo de licença remunerada por mais de 30 (trinta) dias (art. 133, inc. II, CLT). O mesmo ocorre, quando o empregado deixar de trabalhar, com percepção de salário, por mais de 30 (trinta) dias, em virtude de paralisação parcial ou total dos serviços da empresa (art. 133, inc. III, CLT).

Essas duas hipóteses são semelhantes pois, nos dois casos, se prevê a paralisação da prestação de serviços pelo empregado, sem o prejuízo do salário. No entanto, os motivos da paralisação são diferentes, pois, na primeira hipótese, a licença remunerada é deferida pelo empregador, por ato arbitrário ou em cumprimento de norma regulamentar incorporada no contrato de trabalho. A segunda hipótese, por sua vez, decorre de paralisação parcial ou total dos serviços da empresa, quer por ato volitivo da administração da empresa, para atender à sua conveniência, quer por motivos de ordem econômica, ou ainda por motivos de força maior, interdição ou embargo do estabelecimento (art. 161, CLT).[80]

Ainda com relação à hipótese de afastamento do empregado em virtude de paralisação parcial ou total dos serviços da empresa, é importante ressaltar que a empregadora está obrigada a comunicar ao órgão local do Ministério do Trabalho, ao sindicato representativo da categoria profissional e aos empregados, mediante aviso afixado nos locais de trabalho, as datas de início e fim da paralisação, com antecedência mínima de 15 (quinze) dias, conforme prevê o § 3º do art. 133 da CLT.

É fundamental que, nas duas situações, a licença seja remunerada, pois a legislação determina que deve ocorrer com "percepção de salário". Desse modo, se, durante a licença, o empregado tiver a redução de seu salário, ou a ausência de remuneração, não há que se cogitar da extinção do período aquisitivo.

Igualmente, durante a licença, o empregado não deve prestar serviços, nem, tampouco, pode estar à disposição do empregador. Assim, se, durante a paralisação da empresa, o empregado for chamado a qualquer momento para retornar ao serviço, não estará gozando repouso equivalente às férias.

Também é essencial que a licença seja superior a 30 (trinta) dias, uma vez que o afastamento do empregado por período igual ou inferior a 30 (trinta) dias não acarretará a perda do direito de férias, caracterizando-se como faltas justificadas. Portanto, o afastamento deve ser de no mínimo 31 (trinta e um) dias (art. 133, inc. II e inc. III, CLT).

Da mesma forma, o período de afastamento deve ser contínuo, ou seja, por mais de 30 (trinta) dias consecutivos, a fim de proporcionar, ao empregado, liberdade idêntica à que teria nas férias, como determina o art. 129 da CLT. Conseqüentemente, as licenças interpoladas não devem ser somadas para afastar o direito a férias, pois, mesmo que totalizem um período superior a 30 dias, essas paralisações não atingem a finalidade das férias que é o descanso do empregado.[81]

---

(80) *Arnaldo Süssekind* sustenta que "a paralisação dos serviços, a que se refere a lei, independe da causa que a determinou, pois os riscos da atividade econômica são exclusivamente do empregador", *in Instituições de direito do trabalho*, v. 2, p. 887.
(81) Neste sentido: RUSSOMANO, Mozart Victor. *CLT anotada*, p. 39 e SÜSSEKIND, Arnaldo. *Instituições de direito do trabalho*, v. 2, p. 887. Em sentido contrário, *Sergio Pinto Martins*, para quem "os 30 dias referidos na lei podem ser descontínuos, pois não se fala em dias corridos, como no art. 130 da CLT". *In Direito do trabalho*, p. 568.

Ademais, o art. 7º, inc. XVII, da Constituição Federal dispõe que é direito dos trabalhadores o gozo de férias anuais remuneradas com, pelo menos, um terço a mais do que o salário normal. Nas duas hipóteses, o adicional correspondente a um terço do salário também deve ser pago durante o período de afastamento do empregado. Esse benefício constitucional foi criado com o objetivo de proporcionar ao trabalhador a possibilidade de efetivamente usufruir suas férias, sem preocupações financeiras. Portanto, apesar de a legislação excluir o direito ao gozo de férias, nesses casos de afastamento remunerado, a garantia à percepção do terço constitucional permanece.

Esse adicional previsto constitucionalmente e acrescido à remuneração das férias é devido também nas hipóteses de licença remunerada previstas nos incisos II e III do art. 133 da CLT porque a supressão desse acréscimo salarial importaria em prejuízos ao empregado, uma vez que a licença remunerada concedida poderia funcionar como um expediente pelo qual o empregador se liberasse do pagamento do acréscimo de um terço, fraudando, assim, o disposto no texto constitucional.

A posição adotada pelo Tribunal Superior do Trabalho garante o pagamento do adicional de um terço nas hipóteses de licença remunerada, como se pode constatar da ementa abaixo transcrita, da lavra do Juiz convocado Aloysio Corrêa da Veiga, no recurso de revista, Processo n. 439.211/98.2, de 1998, cujo acórdão foi publicado no Diário da Justiça em 19.11.2004:

"Recurso de Revista. Licença Remunerada. Terço Constitucional de Férias. Em que pese o art. 133, inciso II, da CLT eximir o empregador de remunerar as férias na hipótese de licença remunerada por mais de trinta dias, o terço constitucional é direito do trabalhador, previsto no art. 7º, XIV, da Constituição Federal de 1988, sendo devido o pagamento, independente de estar o empregado de licença remunerada."

Vale notar, também, que a Convenção n. 132 da OIT não provocou nenhuma alteração nos incisos II e III do art. 133 da CLT, já que mais favoráveis ao empregado.

A última possibilidade relativa à perda do direito de férias diz respeito à hipótese de o empregado perceber da Previdência Social prestações de auxílio-doença, inclusive por acidente do trabalho, por mais de 6 (seis) meses, mesmo que descontínuos. Tais afastamentos, apenas quando se verificarem dentro do período aquisitivo, impedirão a concessão das férias.

Segundo o pensamento de *Mozart Victor Russomano*,

"o fato de o empregado permanecer em gozo de benefício assistencial não lhe deveria tirar o direito a férias, a não ser que esse benefício se prolongasse por um ano inteiro, cobrindo todo o período aquisitivo. Isso por duas razões: a) porque o empregado doente, embora não esteja trabalhando, perde energias maiores do que as normalmente por ele despendidas; b) porque o pagamento assistencial é sempre inferior ao salário, ficando o trabalhador prejudicado, exatamente, na ocasião em que, com a moléstia a lhe morder o organismo, mais necessita de recursos materiais e morais. A lei, todavia, foi feita para ser aplicada como ela é. Registramos, no entanto, a sugestão, para a eventualidade de uma reforma das normas atuais sobre férias."[82]

---

(82) *Comentários à Consolidação das Leis do Trabalho*, v. I, p. 216.

No mesmo sentido, argumenta *José Augusto Rodrigues Pinto* que a hipótese relativa à perda do direito de férias, em razão do afastamento do empregado por mais de 6 (seis) meses, quando percebe da Previdência Social as prestações de acidente do trabalho e auxílio-doença, é ilógica e profundamente injusta, chegando "a ser cruel a ironia de declarar que o empregado em inatividade por doença ou acidente do trabalho gozou repouso equivalente a férias."[83]

Concordamos plenamente com a opinião desses dois autores porque as férias têm como objetivo consagrar as indispensáveis oportunidades de disponibilidade pessoal, de lazer e de descanso físico e mental. É direito relacionado à política de saúde pública e bem-estar social, e seu objetivo não é atingido se o empregado estiver afastado em razão de doença ou acidente do trabalho.

A intenção da Convenção n. 132 da OIT também é considerar como tempo de serviço o período de afastamento do empregado, em virtude de doença ou acidente do trabalho. Porém, o texto que foi aprovado e publicado no Brasil não tem a mesma redação do texto original, e por esse motivo, não alterou a legislação trabalhista nacional.

Verificamos que o conteúdo da referida norma internacional garante expressamente que as faltas ao trabalho, ocorridas por motivos independentes da vontade do empregado, bem como as devidas a doença, acidente do trabalho ou licença-maternidade, sejam computadas como tempo de serviço e, portanto, não sejam excluídas do período aquisitivo, nem tampouco impeçam a concessão de férias. Essas idéias constam expressamente da redação original do § 4º do art. 5º e § 2º do art. 6º da Convenção n. 132:

"Art. 5º

§ 4º *Em condições a determinar pela autoridade competente ou pelo organismo apropriado em cada país, as faltas ao trabalho por motivos independentes da vontade da pessoa empregada interessada, tais como as faltas por motivo de doença, de acidente ou de licença de maternidade, serão contadas no período de serviço.*"

"Art. 6º

§ 2º *Em condições a determinar pela autoridade competente ou pelo organismo apropriado em cada país, os períodos de incapacidade de trabalho resultantes de doenças ou acidentes não podem ser contados nas férias anuais mínimas, prescritas no parágrafo 3 do artigo 3 da presente Convenção.*"[84]

Do exame dos artigos acima transcritos podemos constatar, claramente, que o legislador internacional quis fazer com que os períodos de afastamento por doença

---

(83) *Curso de direito individual do trabalho*, p. 429.
(84) Texto original em português retirado do site da Organização Internacional do Trabalho, www.ilo.org., que em espanhol tem exatamente a mesma redação: "art. 5º, § 4º: En las condiciones que en cada país se determinen por la autoridad competente o por el organismo apropiado, las ausencias del trabajo por motivos independientes de la voluntad de la persona interesada, como enfermedad, accidente o maternidad, serán contadas como parte del período de servicios." e "art. 6º, § 2º: En las condiciones en que en cada país se determinen por la autoridad competente o por el organismo apropiado, los períodos de incapacidad de trabajo resultantes de enfermedad o de accidente no podrán ser contados como parte de las vacaciones pagadas anuales prescritas como mínimo en el párrafo 3 del artículo 3 del presente Convenio."

ou acidente do trabalho, independentemente de sua extensão (vários meses ou poucos dias), não fossem excluídos do período aquisitivo das férias, nem compusessem o período de descanso anual remunerado do trabalhador. Isso se deve ao fato de, durante os períodos de paralisação, o empregado não estar usufruindo descanso algum, mas, sim, afastado de suas atividades para curar uma doença, ou se recuperar de um acidente sofrido no trabalho.

Entretanto, o texto publicado no Diário Oficial de n. 192, seção 1, p. 13, no dia 06 de outubro de 1999 do Decreto n. 3.197/99 que traz, apensa, a cópia da Convenção n. 132 da OIT, tem outra redação:

"Art. 5º

§ 4º *Nas condições a serem determinadas pela autoridade competente ou pelo órgão apropriado de cada país, as faltas ao trabalho por motivos independentes da vontade individual da pessoa empregada interessada, tais como as faltas devidas a doenças, a acidente, ou a licença para gestante, não poderão ser computadas como parte das férias remuneradas anuais mínimas previstas no parágrafo 3 do Artigo 3 da presente Convenção.*" (grifo nosso)

"Art. 6º

§ 2º *Em condições a serem determinadas pela autoridade competente ou pelo órgão apropriado de cada país, os períodos de incapacidade para o trabalho resultantes de doença ou acidentes não poderão ser computados como parte do período mínimo de férias anuais remuneradas previsto no parágrafo 3 do artigo 3 da presente Convenção.*"[85]

A redação do § 4º do art. 5º da Convenção n. 132 que foi publicada no Diário Oficial da União é diferente de seu texto original, pois enquanto a Convenção n. 132 da OIT objetiva que os períodos de afastamento por motivo de doença ou acidente do trabalho sejam contados como tempo de serviço, o texto da mesma Convenção, que foi publicado no Brasil, garante apenas que tais períodos não sejam computados como parte do tempo mínimo de descanso, ou seja, durante os 30 (trinta) dias de férias.

Pensamos que houve erro na digitação do texto que foi publicado no Diário Oficial, pois, se repararmos com cuidado, os dois artigos têm, no início, redação muito similar. Entretanto, esse equívoco traz conseqüências irreparáveis ao empregado, afinal, o que vale é o texto da lei efetivamente publicado. Assim, pouco importa que "a intenção" da Convenção internacional tenha sido outra, pois prevalece o texto aqui publicado.

Em conclusão, observamos que o inciso IV do art. 133 da CLT não foi revogado, apesar de a Convenção n. 132 ter previsto conteúdo contrário. O texto publicado no Diário Oficial garante, tão-somente, que os períodos de afastamento do empregado, por doença ou acidente do trabalho não sejam computados como parte do período mínimo de férias (30 dias).

Acreditamos que a diferença de conteúdo, entre o § 4º do art. 5º da Convenção n. 132 e o que foi efetivamente publicado, não foi notada pelos autores nacionais,

---

(85) Texto publicado no *Diário Oficial n. 192*, Seção 1, quarta-feira, 6 de outubro de 1999.

inclusive por *Georgenor de Sousa Franco Filho*, que sustenta a alteração do inc. IV do art. 133 da CLT, com fundamento no texto da Convenção original. Diz esse autor:

> "*O segundo aspecto cuida da licença saúde ou acidentária, havendo perfeita compatibilidade com o art. 131, III, da CLT, mas, nota-se alteração no art. 133, IV, da CLT, que refere à licença por período superior a seis meses. Consoante a Convenção n. 132, os períodos de ausência por motivo de enfermidade, acidente ou maternidade serão contados como parte do tempo de serviço (art. 5,4). Se é assim, que é o certo, o preceito consolidado resultou derrogado no particular, e o empregado em gozo desse benefício passou a ter direito às férias do período de afastamento. (...) Essa injustiça, com a entrada em vigor da Convenção n. 132, parece ter sido reparada.*"[86]

É com pesar que entendemos que tal injustiça, como muito bem adverte *Georgenor de Sousa Franco Filho*, ainda não tenha sido reparada, já que o conteúdo do referido artigo publicado é diferente do original, não acarretando a modificação esperada ao inc. IV do art. 133 consolidado.

É de se notar, ainda, que as interrupções da prestação de serviço, constantes do art. 133 da CLT, deverão ser anotadas na Carteira de Trabalho e Previdência Social do empregado, conforme determina o § 1º do mesmo artigo. Considera-se tal exigência como mera formalidade *ad probationem tantum*, não sendo indispensável para a validade da interrupção, pois se destina, apenas, a facilitar a sua prova. Assim, outros meios de prova podem ser apresentados para demonstrar a interrupção do contrato de trabalho.

Ademais, no caso das interrupções citadas, estabelece o § 2º do art. 133 da CLT que o novo período aquisitivo inicia-se após o implemento de qualquer das condições previstas nesse artigo, quando o empregado retornar ao serviço. Nesse caso, ocorre o deslocamento do *dies a quo* do período aquisitivo para a data em que o empregado, após o afastamento, retornar às suas atividades.

5.5. Concessão das férias

As férias serão concedidas em um só período, por ato do empregador, após a conclusão de cada período aquisitivo, dentro dos doze meses subseqüentes à data em que o empregado tenha adquirido o direito, conforme determina o art. 134 da CLT.

---

(86) "A Convenção n. 132 da OIT e seus reflexos nas férias", *Revista LTr*, v. 66, n. 5, p. 561. No mesmo sentido, entendem que foi revogado o inc. IV do art. 133 da CLT, os doutrinadores: MOURA, Luiz Arthur de. "A Convenção n. 132 da OIT e a revogação dos artigos da CLT referentes às férias". *In LTr Suplemento Trabalhista*, ano 39, 129/03, p. 889; DANTAS JR., Aldemiro Rezende. "A Convenção n. 132 da Organização Internacional do Trabalho e as férias anuais". *Revista do Tribunal Regional do Trabalho da 11ª Região*, v. 10, n. 10, jan./dez. 2002, p. 79; BARROS, Cássio Mesquita. "A Convenção n. 158 — proteção contra a despedida injustificada". *Revista LTr. 60-07/887*; e VIANNA, Cláudia Salles Vilela. *Manual prático das relações trabalhistas*, p. 480. Para *Olga Aida Joaquim Gomieri*, "a inovação quanto ao não-cômputo, para efeitos de fruição nos períodos de férias, dos dias de incapacidade para o trabalho resultantes de doença ou de acidente, carece de regulamentação pela autoridade competente". *In* "A Convenção n. 132 da OIT e a falta de seu manejo pelos aplicadores do direito", *Revista LTr*, v. 67, n. 2, p. 147.

Após exame desse artigo, a primeira conclusão a que chegamos é a de que o período concessivo inicia-se imediatamente após o término do período aquisitivo e tem duração de 12 meses, sendo que a duração das férias é proporcional à assiduidade do trabalhador, conforme determinam os artigos 130 e 130-A da CLT.

Podemos, ainda, fazer outras constatações da análise da legislação nacional e da Convenção n. 132 da OIT, como, por exemplo, a de que as férias são concedidas por ato do empregador, o qual determinará o período em que o empregado gozará seu descanso anual e, ainda, que devem ser concedidas em um só período, salvo casos excepcionais, como estudaremos a seguir.

5.5.1. Concessão por ato do empregador

O período concessivo é determinado por ato do empregador, que fixa qual será a época de início e fim do gozo das férias do empregado. Essa determinação, desde o Decreto-lei n. 1.535/77, já sofria algumas restrições legais, ampliadas pelas normas decorrentes da Convenção n. 132 da OIT.

A primeira restrição imposta pela legislação nacional é a de que o empregador não tem liberdade total para determinar o gozo do período de férias do empregado, a seu bel prazer, pois deve observar o período concessivo, ou seja, o decurso de 12 (doze) meses subseqüentes ao término do período aquisitivo (art. 134, CLT).

A segunda restrição à liberdade do empregador, no que diz respeito à fixação do período de férias, foi trazida pelos §§ 1º e 2º do art. 10, da Convenção n. 132, que revogaram o *caput* do art. 136 da CLT.

A legislação nacional garantia a possibilidade de as férias do empregado serem determinadas conforme os interesses do empregador, ao fixar que:

"Art. 136. *A época da concessão das férias será a que melhor consulte os interesses do empregador.*"[87]

De fato, com a promulgação da Convenção n. 132, o empregador não tem mais o livre arbítrio de conceder as férias a seu empregado unicamente conforme seus interesses, pois deverá, além de consultar o trabalhador, ou seus representantes (sindicato da categoria), levar em consideração as necessidades do trabalho e as possibilidades de descanso e divertimento.

"Art. 10.

§ 1º *A ocasião em que as férias serão gozadas será determinada pelo empregador, após consulta à pessoa empregada interessada em questão ou seus*

---

(87) Neste sentido dispõe a legislação da Argentina, que no art. 154 da Ley n. 20.744, outorga ao empregador a faculdade de determinar a data do gozo das férias, que deverá ocorrer no período compreendido entre 1o de outubro de cada ano e 30 de abril do ano seguinte, conforme explica ETALA, Carlos Alberto. In *Contrato de trabajo*, p. 394. Segundo a legislação mexicana, as férias devem ser gozadas no período dos seis meses seguintes ao vencimento de cada ano de serviço, na data determinada pelo empregador, como explica *Néstor De Buen, in* Jornada de trabalho e descansos remunerados no México, p. 159 da obra por ele coordenada *Jornada de trabalho e descansos remunerados: perspectiva Ibero-Americana*

representantes, a menos que seja fixada por regulamento, acordo coletivo, sentença arbitral ou qualquer outra maneira conforme a prática nacional.

§ 2º Para fixar a ocasião do período de gozo das férias serão levadas em conta as necessidades do trabalho e as possibilidades de repouso e diversão ao alcance da pessoa empregada."

Essa forma de concessão das férias é adotada em vários países, como é o caso da França, onde, não havendo acordo convencional, o empregador fixará o período de gozo do descanso anual remunerado do empregado, após consultar os representantes do pessoal, que deverá ser determinado entre 1º de maio e 31 de outubro de cada ano[88]. Em Portugal, a marcação do período de férias também deve ser feita, por mútuo acordo entre a entidade patronal e o trabalhador, sendo que na falta de acordo, o empregador deverá ouvir a comissão de trabalhadores ou a comissão sindical ou intersindical, determinando o período de férias, igualmente, entre 1º de maio e 31 de outubro.[89] Na Espanha, o período de gozo de férias será fixado de comum acordo entre o empregador e o trabalhador, de acordo com o que for estabelecido em convenção coletiva de trabalho sobre o planejamento anual das férias. Não havendo acordo entre as partes, a jurisdição competente fixará a data para o descanso, sendo esta decisão irrecorrível e o procedimento sumário.[90]

Vale observar, ainda, que a consulta ao empregado poderá não ser exigida, se tal disposição constar de regulamento interno da empresa, acordo ou convenção coletiva de trabalho, ou, ainda, de sentença normativa (§ 1º do art. 10 da Convenção n. 132).

Portanto, segundo o novo regime de férias, está revogado o *caput* do art. 136 da CLT, pois, como já explicamos, a Convenção n. 132 é norma posterior e, como tal, revoga os dispositivos anteriores, desde que mais favorável. Ora, se anteriormente a legislação trabalhista permitia ao empregador estipular o período de férias, única e exclusivamente conforme seus interesses, a obrigatoriedade de consulta ao empregado e, ainda, a observância das possibilidades de repouso e diversão, previstas pela Convenção internacional, são normas mais benéficas que deverão prevalecer sobre a legislação nacional anterior. De fato, diante da paridade normativa com as leis ordinárias e sendo norma posterior e mais benéfica, a Convenção n. 132 derrogou as normas da CLT com ela incompatíveis.

Entretanto, se as normas nacionais são mais benéficas, não há nenhuma modificação. Por esse motivo, as exceções previstas nos §§ 1º e 2º do art. 136 da CLT, relativas aos membros de uma família e aos empregados estudantes, desde que menores de 18 (dezoito) anos, continuam em vigor, já que o empregador não tem liberdade para determinar o período de gozo das férias de tais empregados. Assim, a Convenção n. 132 não alterou o § 1º do art. 136 da CLT, permanecendo o direito dos empregados, que pertençam a uma família e trabalhem no mesmo estabelecimento ou empresa, de gozar suas férias no mesmo período, se assim o desejarem, e se

---

(88) *Guide pratique du droit du travail*, p. 148.
(89) Art. 8º do Decreto Lei n. 874/76 in *Compêndio de leis do trabalho*, p. 409, de autoria de *António José Moreira*.
(90) Art. 38. 2. da Legislación Laboral y de Seguridad Social (Real Decreto Legislativo n. 1/1995, de 24 de marzo).

disso não resultar prejuízo ao trabalho. É bom ressaltar que o empregador poderá não acolher o pedido, se o seu deferimento ocasionar "prejuízo para o serviço".[91]

Também não foi revogado o § 2º do mesmo artigo, pois os empregados estudantes e menores de 18 (dezoito) anos, continuam com o direito de fazer coincidir suas férias com as férias escolares, a fim de descansar de forma efetiva neste período. Vale observar que não importa o grau de escolaridade do empregado, mas apenas se o mesmo é estudante e tem menos de 18 (dezoito) anos de idade. Nessa hipótese, o empregador não tem o direito de condicionar o período de férias do empregado à inexistência de "prejuízo para o serviço", como no caso anterior.

De todo modo, com as exceções acima apresentadas (empregados membros de uma família e estudantes menores de 18 anos), a concessão das férias continua sendo determinada por ato do empregador, mas não dependerá somente de seus interesses particulares, pois deverá estar de acordo com os interesses do empregado e, também, levar em conta as necessidades do trabalho, além das possibilidades de repouso e diversão.[92]

Ademais, as férias não poderão iniciar-se em domingos ou feriados (que consideramos excluídos do período de gozo das férias), porque tais dias já são destinados ao descanso do trabalhador[93]. Por outro lado, as férias podem ter início em qualquer outra data, desde que o empregador observe as condições acima apresentadas. Finalmente, deve-se registrar uma crítica à ausência de sanção específica para o descumprimento dessa norma.

5.5.2. Comunicação da concessão das férias

O artigo 135 da CLT referente à comunicação das férias ao empregado não sofreu nenhuma alteração com a promulgação da Convenção n. 132 da OIT.

Segundo a legislação nacional, a época de concessão das férias deverá necessariamente ser comunicada por escrito ao empregado, não se admitindo a mera comunicação verbal. Além disso, deve ser determinada com antecedência mínima de 30 (trinta) dias.[94]

---

(91) A legislação portuguesa também garante aos cônjuges que trabalham na mesma empresa ou estabelecimento, e às pessoas que vivam em condições análogas às dos cônjuges, há mais de dois anos, o direito de gozar férias no mesmo período, salvo se houver prejuízo grave para a entidade empregadora (art. 8º, 5 do DL n. 874/76, de 28 de dezembro).
(92) Neste sentido são os posicionamentos de MOURA, Luiz Arthur de. "A Convenção n. 132 da OIT e a revogação dos artigos da CLT referentes às férias". In LTr Suplemento Trabalhista, ano 39, 129/03, p. 889; PINTO MARTINS, Sergio. "O direito a férias e a Convenção n. 132 da OIT". Repertório de Jurisprudência IOB, n. 14, p. 396; SAAD, Eduardo Gabriel. CLT comentada, nota 1 ao art. 136 da CLT, p. 137; BARROS, Cássio Mesquita. "A Convenção n. 158 — proteção contra a despedida injustificada". Revista LTr. 60-07/887 e CARRION, Valentin. Comentários à Consolidação das Leis do Trabalho, nota 1 ao art. 136 da CLT, p. 145.
(93) Em sentido contrário, entende Sergio Pinto Martins que as férias podem ter "início em sábado, domingo ou feriado, por serem concedidas em dias corridos, salvo se a norma coletiva da categoria estabelecer algo em sentido diverso". In Direito do trabalho, p. 570.
(94) No direito do trabalho espanhol, o empregado deve ser comunicado do início das férias com pelo menos, dois meses de antecedência, conforme o art. 38.3. da Legislación Laboral y de Seguridad Social (Real Decreto Legislativo n. 1/1995, de 24 de marzo), enquanto que no direito do trabalho francês, a ordem e a data do início das férias deve ser comunicada pelo empregador, a cada empregado, com um mês de antecedência, sendo que após a fixação desta data, ela não poderá ser modificada, nem pelo empregador nem pelo empregado, salvo circunstâncias excepcionais, nos termos do Guide pratique du droit du travail, p. 148.

O empregador, portanto, não poderá surpreender o empregado com a deliberação imediata do período de férias, já que a antecedência mínima de 30 (trinta) dias exigida por lei é necessária para que o mesmo possa organizar seu período de férias, a fim de usufruir, de forma efetiva, seu descanso anual, planejando o bom aproveitamento das férias.

Igualmente, entendemos que o empregador não poderá alterar unilateralmente a data do período de férias que foi comunicada ao empregado. De fato, após a comunicação, o período de férias só poderá ser alterado com a concordância expressa do empregado, sendo certo que a modificação desse período, pelo empregador, garante ao empregado o direito de considerar-se em férias na época anteriormente apontada e ausentar-se do trabalho, sem que esta atitude importe em falta grave, capaz de ensejar a sua dispensa.[95]

A legislação trabalhista ainda determina, quanto ao cumprimento desta obrigação patronal, que a referida comunicação seja assinada pelo empregado, para que o patrão tenha a possibilidade de demonstrar que a ciência do período de férias foi feita no prazo legal. Além disso, o empregado deverá apresentar sua Carteira de Trabalho e Previdência Social para que o empregador anote a concessão do benefício, antes do início das férias. Essa anotação também deve ser realizada no livro ou nas fichas de registro dos empregados (§§ 1º e 2º do art. 135 da CLT).

O não cumprimento dessas anotações sujeita o empregador à multa administrativa, enquanto a recusa do empregado à assinatura do recibo de comunicação das férias, ou à entrega da Carteira de Trabalho e Previdência Social, caracteriza a prática de falta que poderá ser punida pelo empregador.[96]

Ademais, se, por um lado, o empregador tem o dever de fixar as férias do empregado, comunicá-las com antecedência e proceder às anotações necessárias, por outro lado, o empregado está proibido de trabalhar durante esse período, já que sua obrigação é descansar para refazer as energias perdidas durante o tempo de trabalho.

A regra está expressamente prevista no art. 138 da CLT, que também não sofreu alteração com a Convenção n. 132 da OIT. Estabelece o referido dispositivo consolidado que

"Durante as férias, o empregado não poderá prestar serviços a outro empregador, salvo se estiver obrigado a fazê-lo em virtude de contrato de trabalho regularmente mantido com aquele."

Percebe-se, claramente, que o objetivo da norma trabalhista é permitir que o empregado descanse durante o gozo de suas férias e não desenvolva atividade remunerada a outro empregador, sob pena de praticar ato faltoso.[97]

---

(96) Esta posição é defendida por *José Luiz Ferreira Prunes*, em sua obra *Férias anuais remuneradas na CLT e na Convenção n. 132 da OIT*, P. 137; e também por PINTO MARTINS, Sergio. *Comentários à CLT*, nota 2 ao art. 135 da CLT, p. 168; CARRION, Valentin. *Comentários à Consolidação das Leis do Trabalho*, nota 1 ao art. 135 da CLT, p. 144; SÜSSEKIND, Arnaldo. *Comentários à nova lei de férias*, p. 88 e SAAD, Eduardo Gabriel. *CLT comentada*, nota 1 ao art. 135 da CLT, p. 136.
(97) A microempresa e a empresa de pequeno porte são dispensadas do cumprimento das obrigações acessórias a que se refere o § 2º do art. 135 da CLT, nos termos do art. 11 da Lei n. 9.841 de 5 de outubro de 1999.
(98) A legislação portuguesa também prevê expressamente que o trabalhador não pode exercer durante as férias qualquer outra atividade remunerada, salvo se já a viesse exercendo cumulativamente ou se a

A proibição de prestar serviços durante o gozo das férias, além de estar intrinsecamente vinculada à finalidade do instituto, também está totalmente de acordo com a Convenção n. 132 da OIT, que garante ao Estado-membro a liberdade de adotar regras particulares para estas hipóteses. Isto se explica porque o direito de férias deve efetivar-se de modo a possibilitar a recuperação física e psíquica dos trabalhadores e assegurar-lhes condições mínimas de disponibilidade pessoal, de integração na vida familiar e de participação social e cultural.

Estabelece o art. 13 da Convenção n. 132:

"*A autoridade competente ou órgão apropriado de cada país poderá adotar regras particulares em relação aos casos em que uma pessoa empregada exerça, durante suas férias, atividades remuneradas incompatíveis com o objetivo dessas férias.*"

Porém, nada impede que o empregado trabalhe para duas ou mais empresas, sendo certo que, nesse caso, o fato de o empregado trabalhar nas férias para outro empregador, ao qual já estava obrigado, por contrato de trabalho anterior, não caracteriza falta disciplinar.

O que a lei impede é que o empregado celebre um novo contrato de trabalho, com outro empregador, para lhe prestar serviços no decurso de suas férias, devidas em razão de contrato anterior.

Finalmente, o dispositivo citado não proíbe que haja trabalho por conta própria ou para terceiros, sem vínculo empregatício, como é o caso do trabalho autônomo.[98]

5.5.3. Continuidade e fracionamento das férias

Obedecendo ao princípio da continuidade do gozo das férias, a legislação nacional estabelece no *caput* do art. 134 da CLT, que as férias são concedidas "em um só período". Excepcionalmente, no entanto, nossa legislação admite o fracionamento das férias, em dois períodos (§ 1º do art. 134, CLT), com a exclusão das férias dos menores de 18 (dezoito) anos e maiores de 50 (cinqüenta) anos de idade (§ 2º do art. 134, CLT).

A Convenção n. 132 da OIT também permite o fracionamento das férias, que poderá ser autorizado pela autoridade competente ou pelo órgão apropriado de cada país, como se constata do § 1º de seu art. 8º. Continua, assim, em vigor a possibilidade de fracionamento das férias dos empregados brasileiros, em dois períodos e em "casos excepcionais", com exceção dos empregados menores de 18 (dezoito) e maiores de 50 (cinqüenta) anos de idade. Apesar disso, a CLT não define, nem tampouco enumera, quais seriam tais "casos excepcionais" capazes de justificar a divisão das férias em duas partes.

---

entidade laboral o autorizar, sendo que a violação deste dispositivo, além de permitir eventual responsabilidade disciplinar do trabalhador, garante ao empregador o "direito de reaver a retribuição correspondente às férias e respectivo subsídio, dos quais 50% reverterão para o Instituto de Gestão Financeira da Segurança Social", conforme o art. 14º, 1 e 2 do DL n. 874/76, de 28 de dezembro.
(99) Esta opinião é expressada por SÜSSEKIND Arnaldo. *In Comentários à nova lei de férias*, p. 97 e ROCHA, Osiris. *In A nova lei de férias*, p. 56.

Segundo *Mozart Victor Russomano*, só é possível fracionar as férias em casos excepcionais, a juízo do empregador, "quando houver motivo de força maior que o impeça de dá-las por inteiro ou, ao menos, que lhe cause sérios prejuízos econômicos."[99] Para *Valentin Carrion*, "ante o silêncio da lei deve-se adotar o critério de 'necessidade imperiosa' (art. 61, força maior, serviços inadiáveis ou de inexecução com prejuízo)."[100] *Octavio Bueno Magano*, por sua vez, sustenta que "a excepcionalidade que condiciona a possibilidade de as fracionar deve ser entendida como o contrário de procedimento arbitrário. Vale dizer que, se o empregador tiver motivos relevantes para proceder ao fracionamento de férias, poderá fazê-lo excepcionalmente."[101] Próximo a este último entendimento, *Eduardo Gabriel Saad* esclarece ser fundamental "que haja justificativa para isso" (o fracionamento), e complementa, "se o empregado considerar a decisão do empregador um ato arbitrário, poderá insurgir-se contra ela, recorrendo ao Judiciário."[102] Por fim, de acordo com *José Augusto Rodrigues Pinto*, caberá ao juiz do trabalho estabelecer o conceito de excepcional para o fracionamento das férias, "sempre que houver controvérsia em torno do tema na relação individual de emprego."[103]

Para nós, é possível o fracionamento das férias do empregado, conforme o limite legal, ou seja, em apenas dois períodos, desde que este procedimento seja justificável e, portanto, não arbitrário, e também, desde que atenda às possibilidades de repouso e diversão do empregado conforme o § 2º do art. 10 da Convenção n. 132.

A limitação celetista relativa ao fracionamento das férias em até dois períodos, desde que presentes situações excepcionais, subsiste porque a Convenção internacional não prevê o número máximo de divisões possíveis, nem tampouco regula os motivos que permitem a sua repartição. Assim, por ser a legislação nacional mais benéfica, está mantido o fracionamento do descanso anual remunerado, no máximo em dois períodos, desde que em casos excepcionais.

Igualmente, a Convenção não regulamentou os casos em que a divisão das férias seria possível e, desse modo, também não há dúvidas de que persiste o impedimento de o empregador fracionar as férias do empregado menor de 18 (dezoito) e maior de 50 (cinqüenta) anos.

Uma novidade, contudo, se impõe no item sobre o fracionamento das férias. A Convenção n. 132 da OIT limita a duração do período de uma das frações das férias a pelo menos duas semanas, ou seja, a 14 (quatorze) dias, salvo estipulação em contrário, contida em acordo que vincule o empregador e a pessoa empregada (§ 2º do art. 8º da Convenção n. 132). A referida disposição convencional conflita com o que determina o § 1º do art. 134 da CLT, segundo o qual as férias podem ser fracionadas em dois períodos, desde que um deles seja de no mínimo 10 (dez) dias.

Esta incompatibilidade da legislação nacional com a lei nova de origem internacional acarreta uma nova mudança no regime das férias, diante da revogação do § 1º do art. 134 da CLT. Portanto, segundo a nova regra, em casos excepcionais, será

---

(99) *Comentários à Consolidação das Leis do Trabalho*, p. 219.
(100) *Comentários à Consolidação das Leis do Trabalho*, nota 1 ao art. 134 da CLT, p. 144.
(101) *Manual de direito do trabalho*, v. IV, p. 67.
(102) *CLT comentada*, nota 1 ao art. 134 da CLT, p. 136.
(103) *Curso de direito individual do trabalho*, p. 424.

possível o fracionamento das férias, em até dois períodos, sendo que um deles deve ter no mínimo 14 (quatorze) dias, desde que observada a possibilidade de repouso e diversão do empregado, com exceção dos trabalhadores menores de 18 (dezoito) e maiores de 50 (cinqüenta) anos de idade.

Entretanto, a revogação do § 1º do art. 134 da CLT e a conseqüente obrigatoriedade de que um dos períodos de férias seja de no mínimo 14 (quatorze) dias, salvo estipulação em contrário, não é posicionamento unânime.

Segundo *Cássio Mesquita Barros*[104], *Eduardo Gabriel Saad* [105], *Georgenor de Sousa Franco Filho* [106], *Sergio Pinto Martins*[107], *Glauce de Oliveira Barros* [108], *Olga Aida Joaquim Gomieri* [109] e *Homero Batista Mateus da Silva* [110], por ter sido revogado o § 1º do art. 134 da CLT pelo § 2º do art. 8º da Convenção n. 132, um dos períodos das férias fracionadas deve ser de no mínimo 14 (quatorze) dias.

Em sentido contrário, *Mauricio Godinho Delgado* entende que esse dispositivo internacional não é norma imperativa, porque o período mínimo de 14 (quatorze) dias para uma das frações das férias pode não ser observado por "estipulação em contrário contida em acordo que vincule o empregador e a pessoa empregada em questão" (§ 2º do art. 8º da Convenção n. 132). Dessa forma, "se até o acordo bilateral pode afrontar tal regra da Convenção, é porque ela qualifica-se por seu caráter meramente dispositivo, e não imperativo; assim, deixa de possuir força revogatória no que concerne ao preceito imperativo da CLT".[111]

Gustavo Filipe Barbosa Garcia compactua do entendimento de que o § 1º do art. 134 da CLT não foi revogado. A justificativa desse autor é que tal dispositivo permanece aplicável às hipóteses em que o empregado não tenha direito a 14 (quatorze) dias de férias, como é o caso do trabalhador que tem direito a apenas 12 (doze) dias, conforme o art. 130, inc. IV da CLT. Nessa situação, o empregado poderia fracionar suas férias em dois períodos, sendo um de 10 (dez) dias e outro de 2 (dois) dias de férias.[112]

Essa opinião pode ser refutada porque o objetivo da norma convencional é garantir situações mais benéficas ao trabalhador, sendo que, nas hipóteses em que for incompatível com a legislação nacional, por ser norma posterior, revoga a anterior. Se assim é, a conclusão acima esposada não pode subsistir uma vez que tais regras são incompatíveis e não podem ser aplicadas cada uma em uma situação específica. Portanto, para nós, o entendimento correto é que as férias só poderão ser fracionadas quando o período de gozo for superior a 14 (quatorze) dias.

---

(104) "A Convenção n. 132 da OIT e seu impacto sobre o regime de férias". *Revista de direito do Trabalho*, v. 28, n. 108, p. 42.
(105) *CLT comentada*, nota 2 ao art. 134, p. 136.
(106) "A Convenção n. 132 da OIT e seus reflexos nas férias". *Revista LTr*, v. 66, n. 5, p. 561.
(107) *Direito do trabalho*, p. 586.
(108) "Alterações no capítulo IV da CLT — Convenção n. 132 — OIT". *LTr Suplemento Trabalhista*, 177/00, p. 953.
(109) "A Convenção n. 132 da OIT e a falta de seu manejo pelos aplicadores do direito". *Revista LTr*, v. 67, n. 2, p. 147.
(110) "A discreta vigência da Convenção n. 132 da OIT sobre férias anuais remuneradas". *In Suplemento Trabalhista*, n. 111/01, p. 525.
(111) *Jornada de trabalho e descansos trabalhistas*, p. 179.
(112) "Convenção n. 132 da OIT: fracionamento das férias e outros aspectos". *In Síntese Trabalhista*, n. 185/04, p. 21.

Do mesmo modo, não podemos concordar com a posição de *Aldemiro Rezende Dantas Jr.*, para quem "as duas normas (a da CLT e a da Convenção n. 132) podem perfeitamente conviver, sendo apenas que agora existem limites mínimos para cada uma das frações, e tais limites são diferentes entre si."[113] Para o autor, com a Convenção n. 132 da OIT, se as férias forem fracionadas, uma das frações não poderá ser inferior a 14 (quatorze) dias e a outra não poderá ser inferior a 10 (dez) dias, concluindo que "só poderão ser fracionadas as férias que tenham a duração de no mínimo 24 dias".

Outro aspecto a considerar é relativo ao período concessivo das férias fracionadas. Estabelece o § 1º, do art. 9º, da Convenção n. 132 da OIT que a parte ininterrupta do período de férias anuais remuneradas, ou seja, a fração de 14 (quatorze) dias, deverá ser outorgada e gozada dentro de no máximo um ano, enquanto o período restante poderá ser concedido dentro dos próximos 18 (dezoito) meses, no máximo, a contar do término do período aquisitivo.

Alguns autores entendem que a legislação nacional foi alterada nesse ponto e que o período concessivo da 2ª parte das férias fracionadas passou a ser de 18 (dezoito) meses.[114] No entanto, esse posicionamento não pode ser aceito porque a CLT estabelece, como concessivo, o período de 12 (doze) meses subseqüentes ao período aquisitivo, sem distinguir se as férias são concedidas de uma só vez, ou de forma fracionada. Assim, aplica-se a regra do *favor laboris*, pois, como a norma interna é mais favorável ao trabalhador do que a de origem internacional, é a primeira que deve ser aplicada, e deste modo o empregado continua a ter o direito de gozar suas férias até 12 (doze) meses após adquirir o direito.

5.5.4. Concessão extemporânea das férias

O art. 137 da CLT estabelece que, se as férias não forem concedidas dentro do período concessivo, o empregador pagará a respectiva remuneração em dobro, inclusive quanto à gratificação das férias, podendo ainda o empregado ajuizar reclamação trabalhista para que a época do gozo das férias seja determinada por sentença.

Por sua vez, a Convenção n. 132 da OIT, em seu § 1º do art. 9º, apenas prevê o período concessivo de 12 (doze) ou 18 (dezoito) meses, sem estabelecer penalidade ao empregador que não determinar o gozo de férias de seu empregado no referido prazo.

Desse modo, sendo a legislação nacional norma mais favorável que a de origem internacional, não houve modificação no tocante ao artigo 137 da CLT. Este dispositivo tem a clara intenção de desencorajar a violação do instituto das férias[115], além de

---

(113) "A Convenção n. 132 da Organização Internacional do Trabalho e as férias anuais", *Revista do Tribunal Regional do Trabalho da 11ª Região*, v. 10, n. 10, jan./dez. 2002, p. 79.
(114) Esse é o posicionamento de BARROS Glauce de Oliveira. "Alterações no capítulo IV da CLT — Convenção n. 132 — OIT", *LTr Suplemento Trabalhista*, 177/00, p. 953; GOMIERI, Olga Aida Joaquim. "A Convenção n. 132 da OIT e a falta de seu manejo pelos aplicadores do direito". *Revista LTr*, v. 67, n. 2, p. 147 e VALÉRIO João Norberto Vargas. "Férias anuais remuneradas e a Convenção n. 132 da OIT". *Revista LTr,* ano 65, setembro de 2001, p. 1.051.
(115) CARRION, Valentin. *Comentários à Consolidação das Leis do Trabalho,* nota 1 ao art. 137 da CLT, p. 146.

garantir ao empregado o direito de gozar o repouso anual remunerado, ainda que o empregador descumpra o prazo para a determinação das férias[116]. A penalidade não deve ser aplicada, entretanto, no caso de atraso no pagamento das férias, previsto no art. 145 da CLT.[117]

A regra relativa ao pagamento em dobro deve ser observada não só após o término da relação de emprego, mas também durante a vigência do pacto laboral. Ademais, pouco importa se o empregador deixou de conceder as férias do empregado por ato voluntário ou não. É lógico que, se o empregado esteve afastado durante o período de concessão das férias em razão de acidente do trabalho, não será devido o pagamento em dobro das férias, mas empregador deverá concedê-las, assim que o trabalhador retornar ao serviço.

Pedro Paulo Teixeira Manus e *Carla Teresa Martins Romar* explicam que

"*o encargo do empregador que não concede as férias oportunamente, isto é, dentro do período concessivo respectivo, é triplo, pois paga a remuneração em dobro ao empregado lesado, além de conceder estas férias, devendo pagar o salário ao empregado substituto.*"[118]

Da mesma forma, também será devido o pagamento em dobro das férias, quando o empregado continuar a prestar serviços durante o referido descanso, pois, nesse caso, o empregado não usufrui o referido período para recompor suas forças. Aliás, este é o entendimento do TST a respeito do tema, como podemos verificar do recurso de revista, processo n. 407-1998-096-03-00, julgado pela 1ª Turma, cuja relatora foi a juíza convocada *Eneida Melo*:

"*Recurso de revista. Férias não gozadas. Trabalho no período de descanso. Pagamento em dobro. O instituto das férias visa a garantir a integridade do trabalhador. Oriundo do Direito Internacional do Trabalho (Convenções ns. 52 e 132 da OIT), ingressou em nosso sistema jurídico e, presentemente, tem assento na Constituição Federal. É dever do Estado garantir a dignidade da pessoa humana e os valores sociais do trabalho, princípios fundamentais da República Federativa do Brasil (art. 1º, III e IV). O art. 6º da Constituição da República também inseriu como um direito social, o alusivo à saúde. A norma contida no art. 196 da Carta Magna igualmente estabelece que a saúde é direito de todos e dever do Estado, garantido mediante políticas sociais e econômicas que visem à redução do risco de doença e de outros agravos e ao acesso universal e igualitário às ações e serviços para sua promoção, proteção e recuperação. O instituto das férias é um dos fatores que assegura a eficácia desses princípios constitucionais. O repouso anual remunerado configura-se em norma de ordem pública, em razão de ser de interesse não somente do trabalhador*

---

(116) SAAD, Eduardo Gabriel. *CLT comentada*, nota 1 ao art. 137 da CLT, p. 137.
(117) Nesse sentido é o entendimento esposado pelo TST, no Recurso de Revista, processo n. 169/2002-041-12-00, DJ de 27.5.2005: "Recurso de Revista. Férias. Pagamento fora do prazo. Pagamento em dobro. O descumprimento do prazo para o pagamento das férias, previsto no art. 145 da CLT, não acarreta a aplicação da sanção prevista no art. 137 da CLT, por ser específica para a hipótese de não concessão das férias no período devido. Recurso de Revista a que se nega provimento".
(118) *Consolidação das Leis do Trabalho e legislação complementar*, nota 1 ao art. 137 da CLT, p. 92.

mas da sociedade e do Estado. Serve à recuperação das energias do trabalhador e permite a inserção do cidadão no seio da família e da comunidade. Ademais, minimiza os riscos de acidentes de trabalho e as doenças advindas do excesso de trabalho sem o repouso necessário. Trata-se de norma alusiva à segurança no trabalho. Transações feitas pelo Empregado, no curso do contrato, devem ser interpretadas como fruto de um vício de vontade, desprovidas de qualquer eficácia, sempre que diminuam ou afastem a realização plena do instituto, a saber: o descanso e a remuneração correspondente ao período. Assim, o fato de o Autor concordar em trabalhar no período das férias, não lhe retira o direito de receber, posteriormente, o valor correspondente, na forma estabelecida no sistema, ou seja, em dobro, em face da inobservância da fruição do descanso na época própria. Trata-se de disposição expressa, revelada no art. 137 da CLT. Revista conhecida mas não provida."

A remuneração em dobro, devida sobre o descanso anual remunerado concedido a destempo, também incidirá sobre a gratificação de férias, relativa ao adicional de um terço do salário normal, garantida pelo inc. XVII, do art. 7º, da Constituição Federal.

Se as férias forem gozadas integral ou parcialmente, após o período de doze meses previsto para sua concessão, a parte que foi gozada fora do prazo legal será remunerada em dobro[119], quer a concessão resulte de ato espontâneo do empregador, quer resulte de sentença judicial. Isto porque o empregado pode ajuizar reclamação trabalhista pleiteando a fixação por sentença, da época de gozo das férias (art. 137, § 1º da CLT).

De fato, com o Decreto-lei n. 1.535/77, a CLT inovou ao atribuir ao juiz do trabalho o poder de conceder as férias ao empregado, se estas forem requeridas, com o direito à remuneração dobrada. Vale ressaltar, que a dobra é apenas do pagamento e não dos dias de descanso.

O § 2º do art. 137 da CLT prevê que a sentença judicial, ao determinar o período de gozo de férias do empregado, cominará pena diária de 5% (cinco por cento) do salário mínimo, que será devida ao empregado, até que a decisão seja cumprida. A previsão dessa penalidade significa que o direito brasileiro adotou as *astreintes* do direito francês, como uma medida eficaz para garantir o cumprimento rápido de decisões judiciais.[120]

As *astreintes* impostas para o descumprimento da decisão judicial que determinou a concessão de férias ao empregado é norma imperativa, e como tal, será devida de ofício pelo juiz, ou seja, independentemente de pedido formulado pelo interessado. Além disso, a penalidade é devida desde a data fixada para o início das férias, até o cumprimento efetivo da decisão.

Segundo *Valentin Carrion*, a fixação por sentença dessa penalidade "peca por insuficiência normativa", pois havendo recurso contra a referida decisão, nem a data para a concessão das férias, nem o pagamento da multa serão exeqüíveis.[121]

A posição de *Arnaldo Süssekind* parece-nos mais adequada, pois o autor diz que, no caso de o empregador não se conformar com a decisão, exercerá seu direito

---
(119) Esse é o entendimento expresso pela Súmula n. 81 do TST, segundo a qual "os dias de férias gozados após o período legal de concessão deverão ser remunerados em dobro".
(120) RUSSOMANO, Mozart Victor. *Comentários à Consolidação das Leis do Trabalho*, p. 223.
(121) *Comentários à Consolidação das Leis do Trabalho*, nota 2 ao art. 137 da CLT, p. 146.

de recurso, mas, transitando em julgado a sentença, este ficará obrigado ao pagamento da multa diária de 5% (cinco por cento) do salário mínimo por dia de atraso, desde a concessão das férias e não desde o trânsito em julgado da sentença.[122]

O § 3º, do art. 137 da CLT, determina que, com o trânsito em julgado dessa decisão, será remetida cópia da sentença para a Delegacia Regional do Trabalho (DRT), a fim de que esta promova a responsabilidade fiscal do empregador, mediante a aplicação da multa administrativa cabível.

Podemos concluir, portanto, que, se as férias não forem concedidas pelo empregador, durante os doze meses seguintes ao período aquisitivo, haverá as seguintes conseqüências:

a) o trabalhador continua com o direito de gozá-las (exceto se houver rescisão do contrato de trabalho);

b) o empregador perde a faculdade de fixar o período de gozo das férias (que era possível após consulta do empregado);

c) o trabalhador passa a ter o direito de recebê-las em dobro, inclusive quanto à gratificação das férias, bem como de pleitear judicialmente a sua concessão; e,

d) o empregador será obrigado ao pagamento de multa, fixada pelo juiz, em favor do empregado, relativa a 5% (cinco por cento) do salário mínimo por dia, até o cumprimento da decisão, além de multa administrativa que será aplicada pela autoridade administrativa competente, após a remessa da cópia da sentença para a DRT.

---

(122) *Comentários à nova lei de férias*, p. 94.

6. FÉRIAS COLETIVAS E A CONVENÇÃO n. 132

Diante do exposto, e segundo o princípio da *lex posterior derogat legi priori*, entendemos que a Convenção, que trata do direito de férias, individuais ou coletivas, deve ser aplicada, de maneira integral, à legislação nacional.

Por força do citado princípio, a norma internacional, após a sua incorporação ao ordenamento jurídico interno, porque posterior, afasta a aplicação da norma interna anterior e contrária a ela. Acrescenta-se ainda que, no caso de uma Convenção Internacional do Trabalho, nos termos do § 8º do art. 19 da Constituição da OIT, a sua adoção não importa a revogação ou alteração de regras que garantam aos trabalhadores condições mais favoráveis.

Assim, como a Convenção n. 132 é mais benéfica, em determinados pontos, que as normas nacionais que tratam das férias individuais e coletivas, esta revogará as regras constantes do Capítulo IV, relativo às férias anuais, da CLT, quando houver incompatibilidade e for mais benéfica.

O critério da especialidade e da cronologia, pelo qual *lex posteriori generalis non derogat priori speciali*, ou seja, lei posterior geral não derroga a lei anterior especial, não se aplica na hipótese das férias coletivas, pois essas nada mais são do que uma forma de concessão do descanso anual remunerado e não propriamente uma lei especial.

Segundo *Maria Helena Diniz*, o tipo geral de normas está contido no especial, pois a norma geral só não se aplica ante a maior relevância jurídica dos elementos contidos na norma especial que "acresce um elemento próprio à descrição legal do tipo previsto na norma geral, tendo prevalência sobre esta, afastando-se assim o *bis in idem*, pois o comportamento só se enquadrará na norma especial, embora também esteja previsto na geral."[1]

Quanto à fixação da data de gozo das férias, dois procedimentos básicos podem ser seguidos, conforme sua fixação individualizada ou plural, em relação aos empregados de um estabelecimento ou empresa. Nesse sentido, é conveniente ressaltar o conceito sugerido por *Mauricio Godinho Delgado*:

> "*Férias individuais são aquelas cuja fixação da data de gozo consuma-se de modo específico com respeito ao trabalhador envolvido. O procedimento de fixação é individualizado, ainda que a data e pagamentos coincidam com os efetivados a outros trabalhadores da mesma planta empresarial.*
>
> *Coletivas, por sua vez, são férias cuja fixação da data de gozo consuma-se de modo genérico com respeito a uma pluralidade de trabalhadores envolvidos, que se submetem às regras comuns estabelecidas.*"[2]

---
(1) *Conflito de normas*, p. 39.
(2) *Jornada de trabalho e descansos trabalhistas*, p. 184.

Por todos estes motivos, entendemos que a Convenção n. 132 da OIT é também aplicável à seção III, do capítulo IV, das férias anuais da CLT, o que importa dizer que o regime de concessão das férias de forma coletiva também sofreu alterações.

Alguns autores divergem desse posicionamento, como é o caso de *Georgenor de Sousa Franco Filho*, para quem a concessão das férias coletivas continua a observar os comandos da CLT, que não são incompatíveis com a norma internacional.[3] Para *Sérgio Pinto Martins*, as regras da CLT sobre as férias coletivas também continuam em vigor, pois a própria norma internacional menciona que as regras de férias podem ser previstas em normas coletivas.[4] Os dois argumentos, todavia, não são convincentes, uma vez que a Convenção n. 132 autoriza a negociação coletiva, apenas em determinados casos, devendo ser mantidas as condições mínimas ratificadas e previstas em lei.

Na lição de *Homero Batista Mateus da Silva*, a Convenção n. 132 também não altera as férias coletivas, que são utilizadas como "instrumento regulador da produtividade das grandes empresas", sendo que a "lei lhe abranda um pouco as formalidades quanto à concessão e atribui maiores poderes para os sindicatos fiscalizarem".[5] Também esses argumentos não são contundentes quanto à inaplicabilidade da norma internacional ao caso, pois a pequena diferença normativa é decorrente da concessão das férias a todos os empregados de uma empresa, ou de determinados estabelecimentos, ou setores da empresa, e não diz respeito à concessão, em geral, das férias para todos os trabalhadores.

Conforme restou esclarecido no capítulo 5.3.1., sobre dias corridos e exclusão dos feriados, entendemos que o § 1º do art. 6º da Convenção n. 132 da OIT alterou a regra trabalhista nacional, estabelecendo que o direito de férias é de 30 (trinta) dias com a exclusão dos feriados. Os fundamentos dessa modificação também já foram apresentados e, assim, compreende-se que, as férias, tanto individuais como coletivas, devem ser concedidas com a exclusão dos feriados.

Igualmente, a limitação à liberdade do empregador no que concerne à fixação do período de férias, determinada pelos §§ 1º e 2º do art. 10 da Convenção n. 132, que revogou o *caput* do art. 136 da CLT, também criou uma limitação para a concessão das férias coletivas previstas nos artigos 139 a 141 da CLT.

Tal situação permite ao empregador optar pela concessão das férias coletivas ou individuais, segundo suas necessidades e conveniência. Mas, em se tratando de concessão de férias coletivas, o empregador determinará a época de concessão após a consulta a seus empregados, que serão representados pelo sindicato ou, na sua ausência, por uma comissão. Ademais, deverá levar também em consideração as necessidades do trabalho e as possibilidades de descanso e divertimento dos empregados atingidos pelas férias.

---

(3) "A Convenção n. 132 da OIT e seus reflexos nas férias". *Revista LTr*, v. 66, n. 5, p. 561.
(4) *Direito do trabalho*, p. 587.
(5) "A discreta vigência da Convenção n. 132 da OIT sobre férias anuais remuneradas". *In Suplemento Trabalhista*, n. 111/01, p. 525. No mesmo sentido, GARCIA, Gustavo Filipe Barbosa. "Convenção n. 132 da OIT: fracionamento das férias e outros aspectos". *In Síntese Trabalhista*, n. 185/04, p. 21.

Por mais que as férias coletivas sejam concedidas em razão de necessidades da empresa, como, por exemplo, queda na produção ou nas vendas, ou, ainda, por necessidades específicas de certo ramo de atividade, é fundamental não olvidar que as férias são necessárias para a recuperação física e psíquica do indivíduo e têm como objetivo o descanso dos trabalhadores. Desse modo, o período de descanso não pode ser fixado arbitrariamente pelo empregador, salvo por regulamento interno da empresa, acordo ou convenção coletiva de trabalho, ou por sentença normativa (§ 1º do art. 10 da Convenção n. 132).

Mozart Victor Russomano criticava o livre arbítrio concedido ao empregador para determinar as férias coletivas, sustentando que "seria preferível se o legislador estabelecesse parâmetros para a concessão de férias coletivas e, ao mesmo tempo, condicionasse a adoção do sistema a entendimento direto entre o empregador e o sindicato, ou entre o empregador e os trabalhadores, no caso de inexistência de sindicato na localidade."[6] Esse problema foi, então, resolvido pela Convenção internacional.

A última modificação sofrida pela legislação atinente às férias coletivas diz respeito ao fracionamento dos períodos de concessão. As férias coletivas poderiam ser gozadas em dois períodos anuais, segundo a legislação trabalhista nacional, desde que ambos tivessem no mínimo 10 (dez) dias corridos (§ 1º, art. 139 da CLT). Entretanto, a Convenção internacional prevê que um dos períodos deve ser de no mínimo duas semanas, ou seja, 14 (quatorze) dias. Como se trata de norma posterior e mais benéfica, deverá prevalecer sobre a legislação nacional.

A partir da ratificação da Convenção n. 132 da OIT, portanto, o empregador poderá conceder férias coletivas a todos os empregados de uma empresa, ou de determinados estabelecimentos, ou setores da empresa, após consulta ao sindicato representante da categoria profissional, desde que observadas as necessidades do trabalho e as possibilidades de descanso e divertimento dos empregados. Ademais, as férias coletivas poderão ser gozadas em dois períodos anuais, um dos quais não poderá ser inferior a 14 (quatorze) dias, com exclusão dos feriados.

6.1. Regras gerais

As férias coletivas foram inicialmente disciplinadas, no Brasil, pelo Decreto-lei n. 1.535/77, sendo que, até então, estavam limitadas aos regulamentos internos. São concedidas por ato do empregador, após consulta aos empregados, ou a seus representantes, salvo acordo em sentido contrário, a todos os empregados de uma empresa ou de determinados estabelecimentos ou setores da empresa (art. 139, CLT).

Essas diferem das férias individuais, pois são concedidas simultaneamente a vários empregados, não garantindo o direito de apenas um empregado, mas, sim, de uma coletividade. Em regra, as férias coletivas são concedidas no final do ano, época de Natal e Ano Novo, ou em qualquer outro período, conforme as necessidades da empresa.

---

(6) *Comentários à Consolidação das Leis do Trabalho*, p. 226.

Não se trata de uma obrigação do empregador, mas de uma faculdade, já que as férias coletivas são concedidas pela junção dos interesses do patrão e dos empregados, desde que sejam observadas as possibilidades de diversão e descanso dos trabalhadores.

Diante das alterações decorrentes da Convenção n. 132 da OIT, as férias coletivas podem ser fracionadas em até dois períodos, desde que um deles seja de no mínimo 14 (quatorze) dias, excluídos os feriados. Convém ressaltar que, diferentemente das férias individuais, o fracionamento não exige a presença de condições excepcionais, podendo a bipartição ser determinada pelo empregador. Porém, há dois fatores que impedem o fracionamento das férias coletivas: o limite de idade (menores de 18 e maiores de 50 anos) e a condição de estudante menor de 18 anos (§§ 1º e 2º do art. 136 da CLT). Isso tem razão porque a forma de concessão de férias deve observar os direitos e garantias gerais dos empregados[7]. De fato, o motivo pelo qual os trabalhadores menores de 18 (dezoito) e maiores de 50 (cinqüenta) anos devem gozar férias em um só período é a saúde dos empregados, direito fundamental que deve ser observado. Assim, as férias coletivas fracionadas que atingem esses trabalhadores não lhes retiram o direito ao gozo integral de seu descanso anual remunerado.

A legislação trabalhista nacional, relativa à comunicação do início e fim das férias coletivas, por sua vez, continua inalterada. Assim, o empregador deverá comunicar previamente a concessão das férias, divulgando, de forma ampla, a paralisação dos serviços, com antecedência mínima de 15 (quinze) dias, ao órgão local do Ministério do Trabalho, ao sindicato ou sindicatos representantes dos empregados, além de afixar aviso geral nos locais de trabalho. Da referida comunicação devem constar o termo *a quo* e *ad quem* das férias, bem como os estabelecimentos, ou setores abrangidos pela concessão do direito.

As micro-empresas estão dispensadas de fazer a comunicação das férias coletivas à Delegacia Regional do Trabalho, nos termos do art. 20 da Lei n. 8.864/94. Entretanto, continuam obrigadas a comunicar a fixação das férias coletivas ao sindicato representativo da categoria profissional e seus empregados.

Igualmente, permanece inalterada a regra prevista no art. 140 da CLT, que garante aos empregados, contratados há menos de 12 (doze) meses, o direito de gozar férias proporcionais, durante a paralisação relativa às férias coletivas, já que, depois disso, dá-se início à contagem de um novo período aquisitivo.

Assim, o empregador pode conceder férias proporcionais aos empregados que não completaram o período aquisitivo, e pode exigir a prestação de serviços nos dias que sobejarem. Os empregados que estão nesta situação não têm direito de permanecer em repouso durante todo o período das férias coletivas, já que o empregador tem o direito de exigir a prestação de serviços após o término das férias proporcionais.

---

(7) Nesse sentido, CARRION, Valentin. *Comentários à Consolidação das Leis do Trabalho*, nota 3 ao art. 139 da CLT, p. 148; MARTINS PINTO, Sergio. *Direito do trabalho*, p. 573; e PINTO RODRIGUES, José Augusto. *Curso de direito individual do trabalho*, p. 425. Em sentido contrário, ou seja, de que tais restrições não se aplicam às férias coletivas, estão MAGANO, Octavio Bueno. *Manual de direito do trabalho*, v. IV, p. 73; SÜSSEKIND, Arnaldo. *Comentários à nova lei de férias*, p. 99; MORAES FILHO, Evaristo de. e MORAES, Antonio Carlos Flores de. *Introdução ao direito do trabalho*, p. 507.

No entanto, quando não for possível a prestação de serviços durante o período de férias coletivas, em razão da paralisação total da empresa, os empregados farão jus à percepção dos salários correspondentes ao período da paralisação, sem o acréscimo do terço constitucional. Nesse caso, o período será considerado como licença remunerada e, como tal, não poderá ser compensado, porque o risco da atividade econômica está a cargo do empregador (art. 2º da CLT) e, sendo assim, o empregado não pode ser prejudicado pela paralisação dos serviços.

O mesmo acontece quando o empregado tem direito de férias individuais inferior às férias coletivas. Nesse caso, o trabalhador só tem direito ao gozo das férias coletivas até o limite de suas férias individuais, sendo que, se aquelas durarem mais do que estas, o empregado está obrigado a retornar ao serviço. Não sendo possível o retorno, nenhum ônus poderá ser imposto ao trabalhador.[8]

Ademais, para evitar prejuízos, o *dies a quo* do período aquisitivo deixa de ser a data da contratação do empregado e passa a ser a data de retorno do empregado às suas atividades.

Por fim, a legislação trabalhista nacional preocupou-se em simplificar a concessão de férias coletivas nas empresas com muitos empregados. Estabeleceu, então, que a empresa pode promover as anotações de férias coletivas na CTPS do empregado, mediante carimbo, quando o número de trabalhadores for superior a 300 (trezentos).

Atualmente, a Portaria n. 3.626, de 13 de novembro de 1991 do Ministério do Trabalho, estabelece, em seu art. 12, que as anotações e atualizações da CTPS poderão ser feitas com o uso de etiquetas gomadas, autenticadas pelo empregador ou seu representante legal.[9]

---

(8) SÜSSEKIND, Arnaldo. *Instituições de direito do trabalho*, v. 2, p. 898.
(9) A Portaria MTPS/GM n. 3.626 de 13 de novembro de 1991 revogou a Portaria n. 3.560 de 10 de outubro de 1979 que previa o modelo de carimbo a ser utilizado para a anotação de férias coletivas na CTPS, pelas empresas com mais de 300 (trezentos) empregados.

7. REMUNERAÇÃO E ABONO DE FÉRIAS

As normas relativas à remuneração de férias estão previstas na Seção IV, do Capítulo IV, da CLT, pelos artigos 142 a 145 e no art. 7º, inc. XVII da Constituição Federal. A Convenção n. 132 da OIT também dispõe sobre a remuneração das férias, nos §§ 1º e 2º, do art. 7º. A regra geral é a de que o empregado tem o direito de receber a remuneração das férias antes de seu gozo, que deverá corresponder ao valor habitualmente pago pelo trabalho, acrescido de um terço ao salário normal.

Esse posicionamento é adotado por inúmeros países. Portugal, por exemplo, estabelece no art. 6º, 1 do Decreto-lei n. 874/76, de 28 de dezembro, que a retribuição correspondente ao período de férias não pode ser inferior à que os trabalhadores receberiam se estivessem em serviço efetivo e deve ser paga antes do início daquele período. Como se não bastasse, a mesma legislação garante, no item 2. do referido artigo, o direito de o empregado receber, além da retribuição normal mencionada, um subsídio de férias de montante igual ao dessa retribuição.

António Lemos Monteiro Fernandes explica que a legislação portuguesa, relativamente ao período de férias, garante o dever de retribuir, por parte do dador de trabalho (art. 6º/1.), além da obrigatória atribuição de benefícios pecuniários adicionais, o chamado "subsídio de férias" que, antes de sua previsão legal, costumavam aparecer consagrados, com freqüência, nos instrumentos de regulamentação coletiva. O objetivo dessa lei é propiciar condições para o efetivo descanso do empregado, a fim de que o mesmo não seja obrigado a exercer outra atividade remunerada para acrescer seu rendimento, durante o gozo das férias.[1]

Na Espanha, a retribuição dos dias de férias deverá ser, no mínimo, o valor normal ou médio correspondente à época de atividade e deve ser pago antes do início do gozo das férias, nos exatos termos da Convenção n. 132 da OIT.[2]

Segundo a legislação francesa, o empregado deve receber a chamada *"indemnité de congés payés"*, ou seja, a remuneração a qual o assalariado tem direito durante o seu período de férias anuais. Há dois modos possíveis de cálculo, devendo prevalecer sempre a forma mais vantajosa ao empregado. A indenização poderá ser igual à remuneração que o assalariado deveria perceber se estivesse trabalhando, ou igual a 1/10 (um dez avos) da remuneração total bruta percebida, durante o período de referência (1º de junho a 31 de maio). Vale lembrar que a remuneração bruta inclui o salário base e seus acessórios (prêmio de produção, de risco, horas extras, vantagens pessoais, etc.) e que o pagamento da indenização é efetuado na data habitual do pagamento do salário.[3]

---
(1) *Direito do trabalho*, p. 401.
(2) OLEA, Manuel Alonso e BAAMONDE, Mª Emilia Casas. *Derecho del Trabajo*, p. 292.
(3) *Guide pratique du droit du travail*, p. 151.

Na Suíça, o empregador também deverá continuar pagando o salário que o empregado normalmente receberia durante o mesmo período, se estivesse trabalhando (art. 329 d, § 1º do Code of Obligations of 30 march, 1911).[4]

No Chile, a remuneração devida nas férias será a normalmente paga em caso de salário fixo, ou a média dos últimos três meses trabalhados, em caso de remuneração variável (art. 71 do Codigo del Trabajo, aprovado pelo Decreto n. 221, de 27.3.2003).

No Panamá, a remuneração das férias inclui prêmios, comissões e outros valores variáveis, conforme a média dos salários ordinários e extraordinários, ganhos durante os últimos onze meses de trabalho, ou, então, o último salário-base, conforme seja mais favorável ao trabalhador. No entanto, a legislação panamenha não chega a reconhecer um aumento na remuneração das férias, pois o Código limita-se a dar a garantia dos valores que, a título de salário, teriam sido recebidos.[5]

Por fim, na Argentina, a retribuição devida durante as férias é determinada conforme o tipo de salário. Se o empregado é remunerado com salário mensal, o valor do dia de descanso será o salário mensal dividido por vinte e cinco. A aplicação desse critério acarreta um aumento do salário do período de descanso com relação ao salário normal. Se o empregado recebe remuneração variável, como o salário por empreitada, comissão, percentagens, participação nos lucros, ou horas extras, será devido o pagamento da média de salários pagos durante os últimos seis meses de trabalho. Se o empregado receber remuneração por dia ou por hora, será tomado como base, o valor pago na jornada anterior à data em que se inicia o gozo das férias, como determinam as alíneas "a", "b" e "c" do art. 155, da Ley n. 20.744[6]

7.1. Remuneração de férias

No Brasil, o valor devido pelo empregador ao empregado, durante o gozo das férias, está discriminado no art. 142 da CLT, segundo o qual "o empregado perceberá, durante as férias, a remuneração que lhe for devida na data da sua concessão."

A CLT adotou o princípio da irredutibilidade da remuneração durante o gozo das férias, que está igualmente consagrado na Convenção n. 132 da OIT, no art. 7º, § 1º

"Qualquer pessoa que entre em gozo do período de férias previsto na presente Convenção deverá receber, em relação ao período global, pelo menos a sua remuneração média ou normal (incluindo-se a quantia equivalente a qualquer parte dessa remuneração em espécie, e que não seja de natureza permanente, ou seja concedida quer o indivíduo esteja em gozo de férias ou não), calculada de acordo com a forma a ser determinada pela autoridade competente ou órgão responsável de cada país."

Observa-se que o art. 142 da CLT garante ao trabalhador a percepção da remuneração, devida na data de sua concessão, e não do salário. Entende-se por

---

(4) BERENSTEIN, Alexandre. *Labor law in Switzerland*, p. 105.
(5) TORRAZA, Rolando Murgaz. "Jornada de trabalho e descansos no Direito Panamenho". *In* BUEN Néstor de (Coord.), *Jornada de trabalho e descansos remunerados: perspectiva Ibero-americana*, p. 234.
(6) ETALA, Carlos Alberto. *Contrato de trabajo*, p. 396.

remuneração o conjunto de prestações recebidas pelo empregado em razão da prestação de serviços, em dinheiro ou utilidades, proveniente dos empregadores ou de terceiros (art. 457, CLT). Assim, remuneração é tudo quanto é pago ao empregado, habitualmente, mês a mês, dia a dia, ou hora a hora, como salário, adicionais, prêmios, diárias de viagem, gratificações, etc.

Portanto, o salário é uma parcela da remuneração (que é o gênero), constituído por uma importância fixa estipulada, acrescida de adicionais, comissões, percentagens, ou seja, um conjunto de percepções econômicas pagas diretamente pelo empregador ao empregado como contraprestação de trabalho, mas, também, pelos períodos em que o trabalhador estiver à disposição do empregador, pelos descansos remunerados, pelas interrupções do contrato de trabalho ou por força de lei. Trata-se de um complexo de parcelas e não uma única verba.

Segundo se observa em parte da doutrina[7], entretanto, esta distinção não mais existe, já que o próprio texto legal utiliza as expressões *salário* e *remuneração* como sinônimas e para a teoria mais moderna trata-se de distinção desnecessária, tendo apenas razão e valor históricos, pois inexiste um conceito preciso dos dois vocábulos, indicando que sejam expressões de idéias diversas. Assim, o presente trabalho utiliza as expressões salário e remuneração como sinônimas.

Não há dúvidas que todos os valores de natureza salarial devem integrar o cálculo das férias. Portanto, as gorjetas habitualmente recebidas pelo empregado devem ser computadas em seu cálculo, pela estimativa média mensal, cujo valor será proporcional à duração do descanso anual.[8]

A participação dos trabalhadores nos lucros ou resultados da empresa, todavia, prevista na Constituição Federal, no art. 7º, inc. XI está desvinculada da remuneração do empregado, não devendo ser computada no cálculo das férias. De fato, como adverte *Sólon de Almeida Cunha*, "ao desvincular a participação nos lucros ou resultados da remuneração, a Constituição Federal tornou possível a sua concretização. Assim, os encargos sociais não pesam sobre as participações concedidas, além de não haver incorporação destas, ainda que reiteradamente pagas, ao salário."[9]

Ademais, como o direito do empregado é o de receber "a remuneração devida na data de sua concessão" (art. 142, *caput*, CLT), o empregador deverá pagar as parcelas deferidas no curso das férias e não as deferidas em outras épocas.[10] Assim, enquanto as gratificações devidas mensalmente, como gratificação de função, ou tempo de serviço, estão incluídas no cálculo das férias, as gratificações semestrais ou anuais não integram esse cálculo, conforme estabelece a Súmula n. 253 do TST:

"*A gratificação semestral não repercute no cálculo das horas extras, das férias, e do aviso prévio, ainda que indenizados. Repercute, contudo, pelo seu duodécimo na indenização por antigüidade e na gratificação natalina.*"

---

(7) NASCIMENTO, Amauri Mascaro. *Iniciação ao direito do trabalho*, p. 413 e PINTO RODRIGUES, José Augusto. *Curso de direito individual do trabalho*, p. 348.
(8) A Súmula n. 354 do TST estabelece que "as gorjetas, cobradas pelo empregador na nota de serviço ou oferecidas espontaneamente pelos clientes, integram a remuneração do empregado, não servindo de base de cálculo para as parcelas de aviso-prévio, adicional noturno, horas extras e repouso semanal remunerado."
(9) *Da participação dos trabalhadores nos lucros ou resultados da empresa*, p. 57.
(10) SÜSSEKIND, Arnaldo. *Comentários à nova lei de férias*, p. 110.

Os parágrafos que acompanham o referido art. 142 da CLT esclarecem o modo pelo qual deverá ser calculado o salário devido durante o gozo das férias, bem como as parcelas que serão computadas para seu cálculo. Se o empregado trabalhar mediante remuneração mensal, quinzenal, semanal ou diária, o valor devido durante as férias, deverá ser pago 2 (dois) dias antes de sua concessão (art. 145, da CLT), conforme o número de dias descansados. Deste modo, o mensalista terá seu salário dividido por 30 (trinta), o quinzenalista por 15 (quinze) e o semanalista por 7 (sete), sendo o valor do salário multiplicado pelo número dos dias de férias. Do mesmo modo, o diarista terá o valor do salário (diário) multiplicado pelos dias de repouso.

Se o salário for pago por hora, com jornadas invariáveis, deverá ser multiplicado o número de horas da jornada pelo valor do salário devido, na data da concessão das férias. Assim, multiplica-se o número de horas da jornada pelo salário ajustado, a fim de obter-se a remuneração diária e, então, multiplicá-la pelo número de dias da licença anual. Podemos verificar que, nesses casos, a jornada dos empregados é invariável e o salário devido durante o gozo das férias não tem relação direta com o que foi pago durante o período aquisitivo.

Entretanto, quando o salário for pago por hora, com jornadas variáveis (§ 1º do art. 142 da CLT), ou por tarefa (§ 2º do art. 142 da CLT), tomar-se-á por base a média das horas laboradas ou, então, da produção realizada durante o período aquisitivo. O resultado é calculado sobre o valor do salário-hora ou do salário pago por unidade de produção (tarifa), devido na data da concessão das férias, que será multiplicado pelo número de dias da licença anual.[11]

Diferentemente dos casos acima apresentados, quando o empregado receber por percentagem, comissão ou viagem, não será utilizada a média dos valores recebidos durante o período aquisitivo, mas, sim, a média dos últimos doze meses que precederem ao repouso anual (§ 3º, art. 142 da CLT).[12]

O § 4º do art. 142 da CLT também está plenamente de acordo com o § 1º do art. 7º da Convenção n. 132 da OIT porque determina que a parte do salário paga em utilidades será computada conforme sua anotação na CTPS do empregado.

Tal situação se explica porque, além do pagamento em dinheiro, o salário pode também ser pago em espécie, utilidades, ou bens econômicos, ou seja, o salário pode ser *in natura*. As utilidades que podem ser consideradas como salário são alimentação, habitação, vestuário, ou qualquer outro bem ou serviço entregue habitualmente pelo empregador ao empregado, por força de contrato ou costume, com exceção de drogas nocivas e bebidas alcoólicas (art. 458, CLT). O § 1º do art. 458 da CLT estabelece que os valores atribuídos às prestações *in natura* devem ser justos e razoáveis, não podendo exceder, em cada caso, os percentuais das parcelas componentes do salário mínimo (arts. 81 e 82, CLT).

---

(11) Neste sentido dispõe a Súmula n. 149 do TST, "a remuneração das férias do tarefeiro deve ser calculada com base na média da produção do período aquisitivo, aplicando-se-lhe a tarifa da data da concessão."
(12) A distinção promovida pelos §§ 1º, 2º e 3º, entre os empregados remunerados por hora e por tarefa com os remunerados por percentagem, comissão ou viagem é criticada por *Mozart Victor Russomano*, que a considera injusta in *Comentários à Consolidação das Leis do Trabalho*, v. I, p. 232.

É importante compreender que nem todas as utilidades fornecidas ao empregado pelo empregador têm natureza salarial. De fato, as utilidades fornecidas aos empregados para a execução do contrato de trabalho, ou seja, para a prestação dos serviços, não têm natureza salarial, sendo consideradas "ferramentas de trabalho". Este é o entendimento da Súmula n. 367 do TST ao determinar, em seu inc. I, que:

"*A habitação, a energia elétrica e veículo fornecidos pelo empregador ao empregado, quando indispensáveis para a realização do trabalho, não têm natureza salarial, ainda que, no caso de veículo, seja ele utilizado pelo empregado também em atividades particulares.*"

Por sua vez, as utilidades fornecidas ao empregado pelo trabalho, ou seja, em razão da prestação de serviços, são consideradas salário. Estas utilidades deverão ter seu valor convertido em dinheiro para o cálculo das férias, desde que sua concessão seja suspensa no período do descanso remunerado. Caso contrário, o empregado perceberia em dobro o referido benefício.

Os adicionais, por sua vez, são os acréscimos salariais decorrentes da prestação de serviços em condição mais gravosa para quem o presta, ou seja, quando a atividade desenvolvida é, por algum motivo, prejudicial ao empregado. Segundo o § 5º, do art. 142, da CLT, os adicionais por trabalho extraordinário, noturno, insalubre ou perigoso serão computados para o cálculo da remuneração das férias, independentemente de sua habitualidade.

Tal conclusão decorre do § 6º desse mesmo artigo, pois, se o empregado não estiver percebendo o mesmo adicional do período aquisitivo, seja porque o valor do adicional foi modificado, ou não é uniforme, seja porque o empregado só recebeu o acréscimo durante parte do período aquisitivo, esse valor deverá ser atualizado para o cômputo da média duodecimal recebida naquele período.[13]

Não podemos esquecer que, em nenhuma hipótese, o salário do empregado, durante as férias, poderá ser inferior ao salário mínimo, vigente à época de sua concessão (art. 7º, inc. IV da CF e Súmula n. 199 do STF).

Por fim, a remuneração das férias deverá ser acrescida em, pelo menos, um terço do salário normal, conforme determina o inc. XVII do art. 7º da Constituição Federal. Trata-se de grande avanço promovido pelo constituinte de 1988, que garantiu um aumento salarial durante o período de férias, sem nenhum prejuízo do salário devido na paralisação dos serviços pelo empregado.

Essa gratificação de férias é obrigatória no pagamento do descanso anual remunerado integral ou proporcional, gozado ou indenizado, como determina a Súmula n. 328 do TST[14]. Também é devida na concessão de férias coletivas, ou nas férias pagas em dobro.

O objetivo da gratificação de férias é permitir o descanso do empregado, sem que o mesmo se preocupe com seus rendimentos, propiciando recursos financeiros

---

(13) Em sentido contrário, *Octavio Bueno Magano* entende que os adicionais devem ser habituais *in Manual de direito do trabalho*, v. IV, p. 72, com fundamento na Súmula n. 151 do TST, cancelada pela Resolução Administrativa do TST n. 121, de 28.10.2003.

(14) Súmula n. 328 do TST: "o pagamento das férias, integrais ou proporcionais, gozadas ou não, na vigência da CF/88, sujeita-se ao acréscimo do terço previsto no art. 7º, inc. XVII."

para o efetivo gozo das férias. Assim, além da remuneração, o trabalhador conta com uma quantia extra, que pode ser destinada a gastos com o lazer, sem prejuízo de suas despesas habituais.[15]

O pagamento devido durante as férias (remuneração e gratificação de um terço) deverá ser efetuado antecipadamente, ou seja, conforme já restou esclarecido, dois dias antes de sua concessão (art. 145, CLT), para garantir os meios econômicos necessários para o desfrute das férias.

Podemos observar que, relativamente à remuneração, a legislação nacional, ordinária ou constitucional, está de acordo com a Convenção n. 132 da OIT, pois garante o pagamento antecipado (art. 145, CLT) da remuneração habitual do empregado durante o gozo das férias (art. 142, CLT), acrescido da gratificação de um terço a mais do que o salário normal (art. 7º, inc. XVII, CF).

7.2. Abono de férias

O abono de férias foi instituído pelo Decreto-lei n. 1.535 de 1977, que, no art. 143 da CLT, garantiu ao empregado o direito de converter um terço do período de descanso anual remunerado em dinheiro. Trata-se de direito potestativo do empregado, ou seja, de ato unilateral relativo a um direito-poder, que independe da autorização do empregador e permite a conversão de um terço das férias em abono pecuniário, correspondente ao valor da remuneração que lhe seria devida naqueles dias.

A justificativa da previsão legal é explicada por *Arnaldo Süssekind*, que presidiu a Comissão Interministerial de Atualização da Consolidação das Leis do Trabalho. Para o autor, a legislação teve a preocupação de permitir que o trabalhador utilizasse, convenientemente, o período de férias, a fim de que estas atingissem as suas finalidades.[16]

Ainda nesse sentido, posicionam-se *Osiris Rocha*[17] e *Octavio Bueno Magano*[18], porque a regra deve ser considerada um incentivo no sentido de que o trabalhador goze efetivamente de suas férias o que, muitas vezes, não ocorre, por falta de recursos.

Com razão, *Roberto Barretto Prado* afirma que existem sérios obstáculos que, freqüentemente, impedem a efetiva aplicação dos objetivos maiores das férias:

"*O trabalhador, não raro, acha-se impossibilitado de gozar suas férias, por não ter onde nem como. O operário que vive precariamente alojado e cujo salário mal chega para o seu sustento, não se encontra em condições de usufruir do*

---
(15) No México, as férias devem ser remuneradas com o salário integral, acrescido de um adicional de férias equivalente a 25% (vinte e cinco por cento) do salário a que fazem jus os trabalhadores, nos termos do art. 80 da Lei Federal do Trabalho, como nos ensina BUEN, Néstor De. *in Jornada de trabalho e descansos remunerados no México*, p. 159 da obra por ele coordenada *Jornada de trabalho e descansos remunerados: perspectiva Ibero-Americana*.
(16) *Comentários à nova lei de férias*, p. 120.
(17) *A nova lei de férias*, p.64.
(18) *Manual de direito do trabalho*, v. IV, p. 72.

descanso reparador. E diante dessa situação compreende-se que êle prefira trabalhar durante as férias e receber o salário dobrado.

São numerosos os casos de burla à lei de férias. A fiscalização do trabalho é impotente face ao livre acôrdo dos interessados, que evidentemente apresentam documentação sem falhas."[19]

Segundo os autores citados, uma das formas de garantir o descanso do empregado durante as férias, é permitir que ele converta parte dos dias em abono pecuniário, optando por descansar menos, porém, com mais dinheiro no bolso. O abono de férias, entretanto, é, há muito, criticado na doutrina.

Ísis de Almeida sustenta que "essa transação contraria frontalmente a tradição do descanso obrigatório anual, estabelecido em regra considerada de ordem pública, e, por isso, insuscetível de transação ou renúncia, e, anteriormente à Lei n. 1.535, de 13.4.77, terminantemente proibida."[20]

Para *José Augusto Rodrigues Pinto*, essa é "uma inovação agressiva à consciência jurídica do estudioso sério de Direito do Trabalho e que mancha a nossa legislação trabalhista." E complementa:

"mesmo que o pequeno acréscimo amplie a capacidade econômico-financeira do empregado, não representa um benefício e sim o sacrifício, por compra ao destinatário da tutela trabalhista de um repouso que se supõe dosado na medida exata de sua duração, dentro de um sistema concebido sobre o lastro da Medicina e Higiene do Trabalho." (grifos do autor)[21]

Mozart Victor Russomano também faz sérias críticas ao referido abono, sustentando que a solução adotada pela legislação "atrita com o que de mais profundo existe na justificação das férias anuais: a necessidade de repouso para a perfeita higidez do trabalhador." Para o autor, o abono de férias está em contradição com a natureza e a finalidade do descanso anual remunerado, e se, por um lado, proíbe que o trabalhador preste serviços, a outro empregador, durante as férias (art. 138, CLT), por outro, permite que um terço deste período seja sacrificado pela permanência do empregado na própria empresa, em troca de pagamento suplementar (art. 143, CLT).[22]

Após a Constituição Federal de 1988, o abono de férias sofreu ainda mais críticas, tendo sido considerado inconstitucional por *Amauri Mascaro Nascimento*. Para o ilustre doutrinador, a Constituição Federal, em seu art. 7º, inc. XVII,

"deixa claro que o direito do empregado é ao gozo de férias, com o que parece atritar-se com a Constituição o abono de férias, que é a conversão do direito de gozar em direito de receber um pagamento por transformação da obrigação; nesse caso, há razões de sobra para a declaração da inconstitucionalidade do abono de férias previsto na CLT (art. 143)." (grifos do autor)[23]

---

(19) *Tratado de direito do trabalho*, v. I, p. 368.
(20) *Manual de direito individual do trabalho*, p. 297.
(21) *Curso de direito individual do trabalho*, p. 427.
(22) *Comentários à Consolidação das Leis do Trabalho*, v. I, p. 236.
(23) *Curso de direito do trabalho*, p. 729.

Vale a pena apresentar as razões que fundamentam a inconstitucionalidade deste instituto:

"Não há dúvida que a natureza jurídica das férias é de obrigação de fazer, de gozar o descanso, sem prejuízo da remuneração, com o que é absolutamente certo que não é da sua configuração o caráter de obrigação de pagar, a não ser de modo complementar. Fazer do pagamento a forma substancial de cumprimento da obrigação é atentar contra a sua natureza, porque não é assim que ela se perfaz. Aliás, não se perfaz. Pagar não basta. O direito é o de descansar, de não trabalhar, asseguradas todas as vantagens habituais do contrato de trabalho.

Essas razões condenam totalmente a prática abusiva do acordo com o trabalhador para que, permanecendo no serviço mediante pagamento, não desfrute de férias. É uma prática condenada porque não permite o descanso do trabalhador, frustrando inteiramente o valor que a lei procura proteger, que é exatamente o descanso.

(...)

Difícil argumentar que uma lei nessas condições não se atrita com a Constituição, uma vez que é visível a contrariedade que entre ambas, a lei ordinária e a constitucional, haveria. A contradição se resolveria pela prevalência do princípio constitucional em prejuízo da aplicabilidade da lei ordinária."[24]

Apesar da argumentação esposada por *Amauri Mascaro Nascimento*, e das inúmeras críticas apresentadas pela doutrina, a jurisprudência é pacífica no sentido de que o abono de férias foi recepcionado pela Constituição Federal de 1988.

A Convenção n. 132 da OIT, entretanto, trouxe nova regulamentação a respeito do tema. Segundo essa norma, o empregado não tem mais a possibilidade de converter um terço de suas férias em pecúnia. Leia-se o que dispõe o art. 12 da Convenção:

"Todo acordo relativo ao abandono do direito ao período mínimo de férias anuais remuneradas previsto no § 3º do art. 3º da presente Convenção ou relativo à renúncia ao gozo das férias mediante indenização ou de qualquer outra forma, será, dependendo das condições nacionais, nulo de pleno direito ou proibido."

Entendemos que, a partir da norma internacional citada, não mais persiste o abono de férias, porque a possibilidade de renunciar ao gozo das férias, mediante indenização, foi expressamente proibida.

A revogação deste instituto decorre não somente do art. 12 da Convenção internacional acima transcrito, mas também de seu art. 11, que permite a indenização compensatória das férias, apenas em caso de cessação da relação empregatícia. Desse modo, não pode o beneficiário do descanso renunciar a seu direito de férias em troca de indenização. E isto acontece, também, porque o abono de férias tem natureza jurídica indenizatória, por reparar o trabalhador pela não concessão de parte do descanso.

---

(24) NASCIMENTO, Amauri Mascaro. *Direito do trabalho na Constituição de 1988*, p. 182.

Embora o caráter indenizatório do abono de férias seja decorrente da estrutura e da dinâmica do próprio instituto, a legislação teve o cuidado de enfatizar a natureza não salarial da parcela examinada (art. 144, CLT).[25] A previsão do art. 143 da CLT ficou, portanto, prejudicada com a Convenção internacional, pois o empregado não pode mais vender um terço de férias, em detrimento de gozá-las.[26]

O mesmo não acontece com o abono de férias concedido por cláusula do contrato de trabalho, por regulamento da empresa, por convenção coletiva de trabalho, ou ainda por acordo coletivo (art. 144 da CLT) porque os abonos citados têm como objetivo acrescer a remuneração devida ao empregado, durante o período de descanso. Assim, os abonos contratuais ou convencionais não têm natureza salarial, salvo se excederem a vinte dias de salário, como expressamente previsto pelo art. 144 da CLT.

Mais uma vez, é importante esclarecer que o entendimento a respeito do tema não é pacífico. Para *Georgenor de Sousa Franco Filho*[27] e *Cássio Mesquita Barros*[28], o abono previsto no art. 143 consolidado permanece inalterado desde que observado o mínimo de dias a gozar contemplado na Convenção n. 132 (21 dias). Desse modo, para estes autores, será válida a venda das férias, desde que o empregado mantenha 21 dias de descanso efetivo.

Ora, tal posicionamento não pode ser aceito. Em primeiro lugar, a legislação trabalhista nacional estabelece no art. 143 da CLT que é facultado ao empregado converter um terço de suas férias em abono pecuniário. Isto significa que não poderá converter nem mais nem menos de um terço. Assim, se o empregado tem direito a 30 (trinta) dias de férias, poderá converter 10 (dez) dias; se tem direito a 24 (vinte e quatro) dias, poderá converter 8 (oito) dias; se tem direito a 18 (dezoito) dias, poderá converter 6 (seis) dias; e se tem direito a 12 (doze) dias, poderá converter apenas 4 (quatro) dias em pecúnia.

O empregado nunca poderá gozar 21 (vinte e um) dias de férias, porque mesmo que faça jus a 30 (trinta) dias de férias, se vender um terço deste período, sobrar-lhe-ão 20 (vinte) dias para usufruir seu descanso e não 21 (vinte e um) dias, como exigem os doutrinadores citados.

Igualmente, não pode ser aceita a idéia de que o abono pecuniário é compatível com a norma internacional, como pretende *Luiz Arthur de Moura* porque

"*o período mínimo de três semanas de férias foi superado pelo direito brasileiro que garante norma mais favorável de trinta dias, e a concessão do abono permitirá que o empregado goze mais de quatorze dias, tempo mínimo das férias fracionadas, assim haverá compatibilidade entre o art. 143 da CLT e os arts. 3º, § 3º e 8º, § 2º da Convenção n. 132 da OIT.*"[29]

---

(25) DELGADO, Maurício Godinho. *Jornada de trabalho e descansos trabalhistas*, p. 196.
(26) *Sergio Pinto Martins* esboça o mesmo entendimento *in* "O direito a férias e a Convenção n. 132 da OIT", *Repertório de Jurisprudência IOB*, n. 14, p. 396.
(27) "A Convenção n. 132 da OIT e seus reflexos nas férias", *Revista LTr*, v. 66, n. 5, p. 561.
(28) "A Convenção n. 158 — proteção contra a despedida injustificada", *Revista LTr. 60-07/887*.
(29) "A convenção n. 132 da OIT e a revogação dos artigos da CLT referentes às férias". *In LTr Suplemento Trabalhista*, ano 39, 129/03, p. 889.

A justificativa apresentada não sobrevive à análise do art. 12 da referida Convenção internacional, nem tampouco à impossibilidade de vender um terço das férias e restarem 21 (vinte e um) dias para o gozo do descanso. A alegação de que bastariam 14 (quatorze) dias para o gozo das férias também não tem fundamentação jurídica, já que a legislação internacional exige um número de dias de descanso anual remunerado maior de 14 (quatorze) dias, ou seja, de 21 (vinte e um) dias. Além disso, o fato de que as férias, quando fracionadas, devem ter um dos períodos de no mínimo duas semanas, também não se confunde com a autorização do instituto do abono pecuniário.

Para *Alexandre Alliprandino Medeiros* e *Flávio Antônio Camargo de Laet*, não há conflito entre a norma internacional e o art. 143 da CLT, na medida em que o disposto no art. 12 da Convenção n. 132 "autoriza eventuais diferenciações decorrentes de singularidades da legislação nacional dos países" e o empregado, optando pelo abono, não estará renunciando, mas valendo-se de uma previsão legal.[30]

O argumento citado também não afasta a incompatibilidade apresentada, já que a expressão *dependendo das condições nacionais*, prevista no art. 12 da Convenção internacional não se refere à renúncia do direito de férias, mas, sim, à nulidade ou à proibição desse direito. Por fim, apesar de considerarmos revogado o direito ao abono pecuniário, vale ressaltar que esse entendimento não vem sendo aceito pelos tribunais ou pelo legislador nacional que acrescentou o § 3º, ao referido art. 143 consolidado, impedindo sua aplicação aos empregados sujeitos ao regime de tempo parcial (Medida Provisória n. 2.164-41, de 24 de agosto de 2001, DOU 27.8.01).

---

(30) "As novidades no sistema jurídico das férias individuais. Convenção n. 132 da Organização Internacional do Trabalho". *In Revista Trabalho e Doutrina*, n. 26, p. 19.

8. Férias e Cessação do Contrato de Trabalho

A cessação, rescisão ou extinção do contrato de trabalho é o término do pacto laboral e o fim das obrigações existentes entre as partes, quais sejam, a obrigação de prestar serviços do empregado e o correspondente dever de o empregador pagar pelos serviços prestados.

Entre os doutrinadores não existe unanimidade quanto à denominação da desconstituição do contrato de trabalho. *Amauri Mascaro Nascimento* prefere o termo *extinção*[1], *Sérgio Pinto Martins*[2] e *Octavio Bueno Magano*[3] preferem utilizar o termo *cessação*, e *Orlando Gomes* e *Elson Gottschalk*[4] conferem designações específicas aos termos *rescisão, resilição, resolução*, etc.

Nesse trabalho, entretanto, adotamos os termos *cessação, dissolução, rescisão* ou *extinção* do contrato de trabalho indistintamente por serem vocábulos mais genéricos.

A dissolução do contrato de trabalho poderá ocorrer: a) por decisão do empregador: dispensa do empregado sem justa causa, ou com justa causa; b) por decisão do empregado: demissão, dispensa indireta e aposentadoria; c) por iniciativa de ambos: acordo e culpa recíproca; d) por desaparecimento dos sujeitos: morte do empregado, morte do empregador pessoa física e extinção da empresa; e, e) pelo cumprimento do contrato: término do contrato a prazo, advento de condição resolutiva e rescisão antecipada do contrato a prazo por decisão de uma das partes.

A cessação do contrato de trabalho interfere no direito de férias do trabalhador, pois, terminado o contrato, não será mais possível sua interrupção para o gozo do descanso anual remunerado.

Daí, a obrigação do empregador de fazer (conceder as férias) e de dar (pagar a remuneração devida) limitar-se-á ao pagamento das férias, que será de forma simples, ou em dobro, se vencido o período concessivo (art. 137, CLT); ou, ainda, integral, quando se tratar de férias vencidas, ou proporcional, relativamente ao período aquisitivo incompleto.

Arnaldo Süssekind explica que os arts. 146 e 147 da CLT distinguem as seguintes hipóteses de cessação do contrato de trabalho: a) após o término do prazo legal para o gozo das férias (férias em dobro); b) durante o lapso legal para a sua concessão (férias simples); c) antes de completado novo período aquisitivo, mas depois do primeiro ano de serviço (férias vencidas e proporcionais); e, d) antes de completado o primeiro ano de serviço (férias proporcionais).[5]

---

(1) *Curso de direito do trabalho*, p. 551.
(2) *Direito do trabalho*, p. 368.
(3) *Manual de direito do trabalho*, v. II, p. 320.
(4) *Curso de direito do trabalho*, p. 344.
(5) *Comentários à nova lei de férias*, p. 132.

Verificamos, então, que a legislação trabalhista nacional diferencia o direito à percepção das férias conforme o tipo de rescisão do contrato de trabalho.

A Convenção n. 132 da OIT, por sua vez, não relaciona o direito de férias do empregado à forma de rescisão contratual, pois estabelece no art. 11 que:

"Toda pessoa empregada que tenha completado o período mínimo de serviço que pode ser exigido de acordo com o § 1º do art. 5º da presente Convenção deverá ter direito em caso de cessação da relação empregatícia, ou a um período de férias remuneradas proporcional à duração do período de serviço pelo qual ela não gozou ainda férias, ou a uma indenização compensatória, ou a um crédito de férias equivalente."

Em momento algum, a norma internacional retira o direito às férias do trabalhador, que deverão ser integrais ou proporcionais, conforme o tempo de trabalho, independentemente da forma de rescisão. Essa novidade legislativa, decorrente da Convenção n. 132 da OIT, altera a vinculação entre o direito às férias proporcionais e o motivo da rescisão contratual, havida antes do cumprimento de um ano de prestação de serviços.

No Brasil, entretanto, não é possível o gozo das férias após a cessação do contrato de trabalho. Assim, apesar da permissão da Convenção internacional, que garante o direito à "um crédito de férias equivalente", tal possibilidade não foi incorporada a nossa legislação, sendo preferível a conversão do gozo das férias em pagamento.

8.1. Férias decorrentes da cessação do contrato de trabalho, antes da ratificação da Convenção n. 132 da OIT

A CLT, como já vimos, estabelece no art. 146, que na cessação do contrato de trabalho, decorrente de qualquer causa, será devida ao empregado a remuneração simples ou em dobro do período de férias.

O empregador tem o prazo de doze meses, após a aquisição do direito às férias, para concedê-las ao empregado (art. 134, CLT), caso contrário, será obrigado a pagá-las em dobro (art. 137, CLT). O inadimplemento dessa obrigação, após a cessação do contrato de trabalho também gera, para o empregado, o direito ao recebimento em dobro dos dias de repouso anual cujo direito adquirira (art. 146, CLT).

Nesse caso, pouco importa se a dispensa ocorreu por vontade do empregado ou do empregador, ou por qualquer outra forma, pois há que se respeitar o direito adquirido do empregado.

Se a cessação do contrato de trabalho ocorreu no curso do prazo legal para a concessão das férias, o empregador não é considerado inadimplente. Desse modo, tendo o empregado completado o período aquisitivo, e desde que ainda não haja terminado o período concessivo das férias, o empregador deverá remunerá-las de forma simples, independentemente da causa que deu origem à extinção contratual. Portanto, em se tratando de férias vencidas, o pagamento sempre será obrigatório de forma simples ou em dobro, quando do término da relação de trabalho, seja qual for o motivo da rescisão.

Entretanto, o mesmo não se dá com as férias proporcionais, pois, segundo a legislação trabalhista nacional, estas são devidas ou não, conforme o motivo que deu origem à rescisão. Havendo rescisão contratual, após doze meses de trabalho, o empregado fará jus ao pagamento das férias proporcionais relativas ao período aquisitivo incompleto, desde que a dispensa não seja por justa causa (parágrafo único do art. 146 da CLT), e, antes de completar doze meses, desde que o empregado seja despedido sem justa causa, ou em caso de extinção do contrato em prazo predeterminado (art. 147 da CLT).

Da análise da legislação nacional, concluímos que: a) na dispensa sem justa causa, antes ou após um ano de contrato de trabalho, sempre serão devidas as férias proporcionais; b) na dispensa com justa causa, não serão devidas as férias proporcionais, mas apenas as vencidas, desde que completado um ano de contrato de trabalho; e, c) no pedido de demissão ou aposentadoria espontânea do empregado, as férias proporcionais apenas serão devidas após um ano de contrato de trabalho.

Nesse sentido, as Súmulas n. 14, n. 171 e n. 261 do TST dispunham que:

"Súmula n. 14 do TST: *Da culpa recíproca. Reconhecida a culpa recíproca na rescisão do contrato de trabalho (art. 484 da CLT), o empregado não fará jus ao aviso prévio, às férias proporcionais e à gratificação natalina do ano respectivo.*"[6]

"Súmula n. 171 do TST: *Férias proporcionais. Salvo na hipótese de dispensa do empregado por justa causa, a extinção do contrato de trabalho, com mais de 1 ano, sujeita o empregador ao pagamento da remuneração das férias proporcionais, ainda que incompleto o período aquisitivo de 12 meses (art. 142, parágrafo único, c/c o art. 132 da CLT).*"[7]

"Súmula n. 261 do TST: *Férias proporcionais — Pedido de demissão — Contrato há menos de um ano. O empregado que pede demissão antes de completar doze meses de serviço, não tem direito a férias proporcionais.*"[8]

Os efeitos da extinção do contrato de trabalho, sobre o repouso anual remunerado, previstos pela legislação nacional, mesmo antes da ratificação, pelo Brasil, da Convenção n. 132 da OIT, já eram criticados pela doutrina.

---

(6) A Súmula n. 14 do TST foi revisada pela Resolução Administrativa do TST (PLENO) n. 121, de 28.10.03, DJ 19.11.03, republicada no DJ 25.11.03, passando a ter a seguinte redação: "Culpa Recíproca — Aviso Prévio — Férias Proporcionais — 13º Salário — Nova Redação. Reconhecida a culpa recíproca na rescisão do contrato de trabalho (art. 484 da CLT), o empregado tem direito a 50% (cinqüenta por cento) do valor do aviso prévio, do décimo terceiro salário e das férias proporcionais."
(7) A Súmula n. 171 do TST foi revisada pela Resolução Administrativa do TST (PLENO) n. 121, de 28.10.03, DJ 19.11.03, republicada no DJ 25.11.03, passando a ter a seguinte redação: "Férias Proporcionais — Contrato de trabalho — Extinção — Nova Redação. Salvo na hipótese de dispensa do empregado por justa causa, a extinção do contrato de trabalho sujeita o empregador ao pagamento da remuneração das férias proporcionais, ainda que incompleto o período aquisitivo de 12 (doze) meses (art. 147, CLT)."
(8) A Súmula n. 261 do TST foi revisada pela Resolução Administrativa do TST (PLENO) n. 121, de 28.10.03, DJ 19.11.03, republicada no DJ 25.11.03, passando a ter a seguinte redação: "Férias Proporcionais — Pedido de Demissão — Contrato vigente há menos de um ano — Nova Redação. O empregado que se demite antes de completar 12 (doze) meses de serviço tem direito a férias proporcionais."

José Augusto Rodrigues Pinto taxa o legislador de injusto porque associou o direito à remuneração das férias frustradas pela extinção do contrato à causa da extinção, quando a verdadeira associação deve ser feita com o fato de ter havido prestação de trabalho e desgaste orgânico do empregado. E complementa que não há motivos para a "discriminação do empregado mais novo, em face do mais antigo, quando a questão em jogo é a da atividade igualmente desenvolvida num determinado momento."[9]

Georgenor de Sousa Franco Filho também entende discriminatória a regra contida no art. 147 da CLT, que exclui o direito às férias proporcionais do empregado, que deixa voluntariamente o emprego, com menos de um ano de serviço.[10]

Ísis de Almeida, por sua vez, entende que não se pode conciliar o direito a férias com uma punição por atos de indisciplina ou insubordinação, ou qualquer outra falta mais ou menos grave, que justifique a dispensa, pois o trabalhador, incurso num desses 'delitos', não perde sua qualificação como ser humano, e, como tal, sente as mesmas necessidades mentais e físicas do descanso anual. Ademais, complementa o autor que:

> "o pagamento das férias proporcionais não é uma indenização propriamente dita, mas uma provisão de fundos a fim de que ele tenha um período de tempo pago para ser utilizado descansando. De resto, não é admissível que, na dispensa por justa causa, a lei mande que se lhe pague o período completo, e lhe seja negado o período incompleto. São incompatíveis, juridicamente, as duas disposições."[11]

Não podemos olvidar que a remuneração das férias proporcionais, relativa ao período aquisitivo incompleto, será devida na proporção de 1/12 (um doze avos) por mês de serviço, ou fração superior a 14 (quatorze) dias, aplicada sobre o número de dias a que se refere o art. 130 da CLT.

O referido cálculo deve considerar o número de meses ou fração superior a 14 (quatorze) dias que foi trabalhado pelo empregado e o número de faltas que o mesmo obteve durante o período aquisitivo. Com esses dados, o empregado é classificado conforme a escala determinada no art. 130 (férias de 30, 24, 18 ou 12 dias) ou 130-A da CLT (férias de 18, 16, 14, 12, 10 ou 8 dias), e o número de dias de férias proporcionais corresponderá a tantos 1/12 (um doze avos) de 30, 24, 18 dias etc., conforme o enquadramento do empregado.

8.2. Férias decorrentes da cessação do contrato de trabalho, após a ratificação da Convenção n. 132 da OIT

A Convenção n. 132 da OIT alterou as regras relativas ao pagamento das férias decorrentes da rescisão do contrato de trabalho, uma vez que desvinculou o direito de férias da forma de extinção contratual.

O art. 11 da norma internacional prevê o pagamento de férias proporcionais, em qualquer espécie de cessação de contrato de trabalho, acabando com as injustas

---
(9) *Curso de direito individual do trabalho*, p. 431.
(10) "A Convenção n. 132 da OIT e seus reflexos nas férias", *Revista LTr*, v. 66, n. 5, p. 561.
(11) *Manual de direito individual do trabalho*, p. 301.

situações que puniam o empregado, retirando dele o direito às férias proporcionais, seja em razão da dispensa por justa causa, seja na hipótese de pedido de demissão ou aposentadoria espontânea, quando o empregado trabalhava há menos de doze meses na empresa. Ademais, o § 2º do art. 5º da mesma Convenção, estabelece que o período de serviço que poderá ser exigido para a obtenção do direito às férias, não poderá ultrapassar 6 (seis) meses.

Assim, verificamos que o *caput* do art. 146 da CLT não sofreu nenhuma alteração, pois garante o pagamento das férias vencidas, simples ou em dobro, na cessação do contrato de trabalho, independentemente de sua motivação, nos exatos termos da Convenção n. 132 da OIT.

Entretanto, o mesmo não acontece em relação ao parágrafo único, desse artigo, que exige o trabalho do empregado por no mínimo 12 meses, para garantir o direito ao descanso anual remunerado, em caso de dispensa por justa causa, excluindo, nessa hipótese, o pagamento das férias proporcionais. Tal exigência se contrapõe ao § 2º do art. 5º da norma convencional que limita o período de serviço, em 6 (seis) meses, para garantia das férias.

Diante da contradição existente entre esses dois artigos (a regra nacional — parágrafo único do art. 146 da CLT e a de origem internacional — art. 11 da Convenção n. 132 da OIT), entendemos que: a exigência da prestação de serviços, por mais de 12 (doze) meses, para a percepção das férias, pelo empregado dispensado por justa causa, deve ser reduzida para 6 (seis) meses; e, que o empregado que pede demissão, ou se aposenta espontaneamente, tem direito à percepção das férias proporcionais, independentemente da duração de seu contrato de trabalho.

A exigência do prazo de 6 (seis) meses, para o recebimento das férias proporcionais, poderá ser feita, apenas, para o empregado dispensado por justa causa, porque, nessa forma de rescisão, o direito ao pagamento das férias depende da prestação de serviços durante período superior a doze meses, conforme prevê o parágrafo único do art. 146 da CLT. Desse modo, como a Convenção n. 132 da OIT revoga as normas, de mesma hierarquia, com ela incompatíveis, desde que suas disposições sejam mais benéficas ao trabalhador, concluímos que, no caso da dispensa por justa causa, se o empregado trabalhar por, pelo menos, 6 (seis) meses, e não mais por 12 (doze) meses, terá direito à remuneração das férias proporcionais.

Está, portanto, revogado o parágrafo único do art. 146 da CLT, sendo que a partir da vigência da Convenção internacional no Brasil, o empregado dispensado por justa causa terá direito tanto ao pagamento das férias vencidas, desde que tenha completado o período aquisitivo, quanto ao pagamento das férias proporcionais, desde que tenha trabalhado o período mínimo de 6 (seis) meses, exigidos pela norma convencional.

Na hipótese do empregado que pede demissão ou se aposenta espontaneamente, tal exigência não poderá ocorrer. Isso se explica porque o art. 147 da CLT determina que, na dispensa sem justa causa, ou no contrato de trabalho com prazo determinado, será devido o pagamento de férias proporcionais, mesmo antes de completado o período aquisitivo, não havendo nenhuma condição ou requisito para a concessão do direito às férias proporcionais. Além disso, o parágrafo único do art. 146 consolidado exclui, apenas, o empregado dispensado por justa causa do direito de receber as férias proporcionais. Então, aplicando-se a regra da interpretação mais benéfica das normas, entendemos que não pode ser criada uma restrição pela norma convencional, motivo pelo qual as férias proporcionais são sempre devidas ao empregado que pede demissão ou se aposenta voluntariamente, independentemente do tempo de duração do contrato de trabalho.

Portanto, a interpretação do art. 147 da CLT, com fundamento na Convenção n. 132, passa a ser: o contrato de trabalho que cessar, por qualquer motivo, antes ou depois de completar 12 (doze) meses de serviço, garante ao empregado o direito à remuneração relativa ao período incompleto de férias, na conformidade com o disposto no artigo anterior. Assim, basta que o empregado, que pediu demissão ou que se aposentou espontaneamente, tenha trabalhado por fração superior a 14 (quatorze) dias ou o equivalente a um mês, para fazer jus às férias proporcionais relativas a 1/12 (um doze avos) por mês trabalhado.

A posição, aqui defendida, a respeito do direito do empregado à percepção do pagamento das férias proporcionais não é pacífica na doutrina nacional.

Entendem *Aldemiro Rezende Dantas Jr.*[12] e *Glauce de Oliveira Barros*[13] que, com o novo ordenamento jurídico, o prazo mínimo de 12 (doze) meses foi reduzido para 6 (seis), para a dispensa por justa causa e para o pedido de demissão, com a ressalva de que as férias são proporcionais ao tempo de serviço. Assim, se o empregado tem 6 (seis) meses de serviço e foi dispensado (por justa causa) terá direito à indenização correspondente aos 6 (seis) meses de trabalho. Do mesmo modo, terá direito à indenização das férias proporcionais o trabalhador que pedir demissão, desde que o seu contrato de trabalho tenha sido efetivado há pelo menos 6 (seis) meses.

Em caso de pedido de demissão de empregado com menos de 1 (um) ano, também entendem *Cássio Mesquita Barros*[14] e *Georgenor de Sousa Franco Filho*[15] que o § 1º do art. 5º e o art. 11 da Convenção n. 132 da OIT derrogaram o texto consolidado no art. 147, pois o empregado com menos de 1 (um) ano de casa, que pede dispensa, passou a ter direito a férias proporcionais, desde que conte pelo menos 6 (seis) meses de casa.

Essa idéia relativa ao direito de férias proporcionais do empregado que pede demissão, entretanto, não pode ser aceita. A legislação pátria não exige qualquer prazo mínimo, de prestação de serviços, para que o empregado, que pede demissão, tenha direito às férias proporcionais. Assim, a Convenção internacional não pode restringir o direito às férias proporcionais desse trabalhador que pretende rescindir seu contrato de trabalho, exigindo que o mesmo tenha sido contratado há mais de 6 (seis) meses.

---

(12) "A Convenção n. 132 da Organização Internacional do Trabalho e as férias anuais", *Revista do Tribunal Regional do Trabalho da 11ª Região,* v. 10, n. 10, jan./dez. 2002, p. 79.
(13) "Alterações no capítulo IV da CLT — Convenção n. 132 — OIT", *LTr Suplemento Trabalhista,* 177/00, p. 953.
(14) "A Convenção n. 132 da OIT e seu impacto sobre o regime de férias", *Revista de direito do Trabalho,* v. 28, n. 108, p. 42.
(15) "A Convenção n. 132 da OIT e seus reflexos nas férias", *Revista LTr,* v. 66, n. 5, p. 561.

Essa regra não pode ser aplicada ao empregado dispensado por justa causa, porque, nesse caso, houve uma redução do requisito legal para a percepção das férias, que passou de 12 (doze) meses para 6 (seis) meses de contrato de trabalho, com a aplicação da norma de origem internacional.

Homero Batista Mateus da Silva, por sua vez, entende que, a partir da Convenção n. 132 da OIT, todos os empregados farão jus às férias proporcionais quando da cessação do contrato de trabalho, sem exigir o trabalho mínimo por 6 (seis) meses, em nenhuma das hipóteses de rescisão.[16]

Essa idéia também não pode prevalecer. A Convenção n. 132 da OIT, apesar de não vincular a forma de rescisão do contrato ao direito de férias, estabelece que o período mínimo, que pode ser exigido, para que o empregado tenha direito ao descanso anual, é de 6 (seis) meses. Esse período, por ser inferior ao determinado pela legislação nacional na hipótese da dispensa por justa causa, pode ser, nesse caso, exigido.

Após a análise das idéias apresentadas, entendemos que, na rescisão do contrato de trabalho por vontade do empregado, as férias proporcionais serão sempre devidas, e, na dispensa por justa causa, as férias proporcionais deverão ser pagas ao empregado que prestar serviços ao empregador, há pelo menos 6 (seis) meses.

O Tribunal Superior do Trabalho, contudo, nos dá indícios de que não exigirá do empregado a prestação de serviços por 6 (seis) meses, para garantir àquele que pede demissão ou se aposenta espontaneamente, o direito às férias proporcionais (Súmula n. 261)

8.3. Natureza jurídica das férias devidas após a cessação do contrato de trabalho

Estabelece o art. 148 da CLT que a remuneração das férias, mesmo quando devida após a cessação do contrato de trabalho, tem natureza salarial, para os efeitos do art. 449 consolidado, ou seja, para os casos de falência ou recuperação de empresas, conforme a nova lei de falências brasileira (Lei n. 11.101 de 9 de fevereiro de 2005).

A nova legislação falimentar está fundamentada em dois institutos: a recuperação de empresa (judicial ou extrajudicial) que foi desenvolvida para os casos em que a empresa tiver condições de se reerguer, e, a falência, para os casos em que a continuidade do negócio seja inviável economicamente sob a gestão original, ou seu encerramento inevitável. O novo regime de falência prevê regras e instrumentos para a liquidação da empresa e também, a alienação de seus ativos de maneira eficiente e rápida para evitar sua deterioração[17].

---

(16) "A discreta vigência da Convenção n. 132 da OIT sobre férias anuais remuneradas". *In Suplemento Trabalhista*, n. 111/01, p. 525. Vale observar que, no Panamá, o atual Código de Trabalho, reconhece, sem limitações, o direito às férias proporcionais, qualquer que seja a causa do fim da relação de trabalho, conforme explica TORRAZA, Rolando Murgaz. *in Jornada de trabalho e descansos no Direito Panamenho*, na obra coordenada por BUEN, Néstor de. *Jornada de trabalho e descansos remunerados: perspectiva Ibero-americana*, p. 239.

(17) LISBOA, Marcos de Barros *et alii*, *Direito falimentar e a nova lei de falências e recuperação de empresas*, p. 43.

Nesse ponto, nenhuma alteração sofreu a legislação trabalhista nacional, uma vez que a classificação das férias como crédito privilegiado, nos casos de falência, garante um benefício não previsto na Convenção internacional.

O pagamento das férias gozadas pelo empregado, durante o contrato de trabalho, tem natureza salarial, como se depreende do art. 142 da CLT e, por esse motivo, a paralisação dos serviços do empregado, durante o período de gozo das férias, é considerada interrupção do contrato, e não suspensão.

Entretanto, quando as férias não são gozadas durante o período concessivo, a prestação devida tem natureza indenizatória, diante da violação de um direito do empregado que será reparada com o pagamento em dobro, do referido período. A exceção, prevista na legislação, tem apenas como objetivo, garantir o pagamento privilegiado do crédito em caso de falência.

Assim, em qualquer das hipóteses de deferimento de férias após a cessação do contrato de trabalho, ou seja, de forma simples ou em dobro, vencida ou proporcional, estas serão consideradas verbas de natureza salarial, para os efeitos do art. 449 da CLT.

O pagamento das férias decorrentes da extinção do contrato de trabalho, em qualquer das situações acima aventadas, será calculado com base na sua remuneração, na data da cessação do contrato de trabalho, como determinado pela Súmula n. 7 do TST:

> "A indenização pelo não-deferimento das férias no tempo oportuno será calculada com base na remuneração devida ao empregado na época da reclamação ou, se for o caso, na da extinção do contrato."

Ademais, para o cálculo das férias devidas após a cessação do contrato de trabalho, o período do aviso prévio deverá ser computado, ainda que indenizado, conforme determina o § 1º do art. 487 da CLT.

É válido também lembrar que o direito ao gozo das férias é um direito personalíssimo, pois só o empregado que completou o período aquisitivo poderá usufruir o descanso anual remunerado. Porém, após a extinção do contrato de trabalho, em razão da morte do empregado, o direito ao crédito das férias incorpora-se ao patrimônio do trabalhador e é transferido aos seus herdeiros, por sucessão *causa mortis*.

9. Prescrição do Direito de Férias

No capítulo 2.3., sobre o conceito e a natureza jurídica das férias, concluímos que o descanso anual remunerado é um direito de ordem pública, pois qualquer ato que contrarie direta ou indiretamente seus objetivos pode ser taxado de nulidade. Como um direito público subjetivo, as férias não admitem renúncia nem transação pelas partes integrantes da relação de emprego.

A irrenunciabilidade do direito a férias decorre do disposto no art. 9º da CLT e também no art. 12 da Convenção n. 132 da OIT, sendo que qualquer ato que implique o abandono do direito ao descanso anual remunerado, ou a sua renúncia, será considerado nulo de pleno direito.

Sobre o tema, *Ísis de Almeida* questiona se a irrenunciabilidade das férias impede a sua prescrição. Mas, por não encontrar fundamentos sólidos e irrefutáveis para a perpetuidade dos direitos trabalhistas, conclui que "relativamente às férias, parece que caem por terra os argumentos desfavoráveis à prescrição delas, mesmo acreditando que o direito correspondente seja público e subjetivo (...), e, como tal, insuscetível de renúncia ou perecimento pelo não-exercício durante certo tempo."[1]

Assim, o art. 149 da CLT estabelece as regras aplicáveis à prescrição das férias, que deverão observar as distinções entre o gozo e a indenização do descanso anual remunerado e verificar se a reclamação do direito ocorre na vigência do contrato de trabalho ou após a sua cessação.

Sabemos que a prescrição é a perda do direito à ação, pelo transcurso do tempo, em razão de seu titular não o ter exercido[2] e está prevista no inc. XXIX, do art. 7º, da Constituição Federal, atingindo a "ação, quanto aos créditos resultantes das relações de trabalho, com prazo prescricional de cinco anos para os trabalhadores urbanos e rurais, até o limite de dois anos após a extinção do contrato".

O início da prescrição das férias é contado do término do período concessivo, no curso do contrato ou da cessação do contrato de trabalho.[3]

Assim, terminado o período concessivo das férias do empregado, iniciar-se-á o prazo prescricional de 5 (cinco) anos para sua cobrança, pois, nesse momento, ocorre a possibilidade de violação do direito ao descanso anual remunerado. Da mesma forma, o direito do empregado de ajuizar ação pedindo a fixação judicial da época das férias (§ 1º, do art. 137, da CLT), que não foram concedidas pelo empregador, está sujeito à prescrição qüinqüenal, que será contada a partir do término do período concessivo.

---
(1) *Manual da prescrição trabalhista*, p.171.
(2) CARRION, Valentin. *Comentários à Consolidação das Leis do Trabalho*, nota 2 ao art. 11 da CLT, p. 69.
(3) Não se pode olvidar que o prazo prescricional não corre contra os menores de 18 anos, conforme determina o art. 440 da CLT.

Havendo a cessação do contrato de trabalho, o início do prazo prescricional começa no dia da rescisão, ocorrendo a prescrição geral somente no fim do segundo ano. Antes da prescrição bienal, podem ser pleiteados os direitos às férias vencidas ou proporcionais dos últimos 5 (cinco) anos.

As regras relativas à prescrição do direito de férias também não sofreram modificações pelas normas de origem internacional.

Não é demais observar, entretanto, que além das medidas judiciais que o empregado pode tomar em razão da violação de seus direitos trabalhistas, o empregador também pode ser penalizado administrativamente, como determina o art. 153 da CLT. Nesse ponto, a Convenção n. 132 da OIT também foi respeitada, já que a possibilidade de ação judicial e de imposição de penalidades administrativas são totalmente compatíveis com seu art. 14, segundo o qual:

"*medidas efetivas apropriadas aos meios pelos quais se dará efeito às disposições da presente Convenção devem ser tomadas através de uma inspeção adequada ou de qualquer outra forma, a fim de assegurar a boa aplicação e o respeito às regras ou disposições relativas às férias remuneradas.*"

10. Proposta de Alteração Legislativa

A Convenção n. 132 da OIT, como vimos, trouxe inúmeras alterações à legislação trabalhista nacional, de forma a criar um novo regime de férias.

Entretanto, sua introdução no ordenamento jurídico brasileiro foi quase silenciosa, sem que os operadores do direito se dessem conta das referidas alterações.

Por este motivo, e para permitir uma análise mais clara da própria legislação trabalhista e de seus limites, apresentamos uma proposta para a alteração das normas consolidadas a fim de que as mesmas sejam compatíveis com a nova ordem de origem internacional.

Não transcrevemos os artigos que não foram alterados, mas apenas os que deveriam sofrer modificações.

É importante esclarecer que a alteração legislativa não é necessária, pois a ratificação da Convenção n. 132 da OIT, nos pontos em que é mais favorável aos empregados, modificou a CLT.

Assim, nosso objetivo é apenas facilitar o exame do novo direito de férias à luz da Convenção n. 132 da OIT.

Proposta de alteração do Capítulo IV das férias anuais da CLT:

Do direito a férias e sua duração

...

Art. 130 — ...

I — 30 (trinta) dias, quando não houver faltado ao serviço mais de 5 (cinco) vezes;

II — 24 (vinte e quatro) dias, quando houver tido de 6 (seis) a 14 (quatorze) faltas;

III — 18 (dezoito) dias, quando houver tido de 15 (quinze) a 23 (vinte e três) faltas;

II — 12 (doze) dias, quando houver tido de 24 (vinte e quatro) a 32 (trinta e duas) faltas;

...

§ 3º Os dias feriados, oficiais ou costumeiros, quer se situem ou não dentro do período de férias, não serão computados como parte do período mínimo de férias anuais remuneradas previsto neste artigo.

...

Parágrafo único — ...

Art. 131 — ...

I — ...

II — ...

III — ...

IV — ...

V — ...

VI — ...

Art. 132 — ...

Art. 133 — ...

I — revogado

II — ...

III — ...

IV — ...

§ 1º ...

§ 2º ...

§ 3º ...

Da concessão e da época das férias

Art. 134 — ...

§ 1º Somente em casos excepcionais, serão as férias concedidas em dois períodos, um dos quais não poderá ser inferior a 14 (quatorze) dias, com exclusão dos feriados.

Art. 135 — ...

Art. 136 — A época da concessão das férias será determinada pelo empregador, levando-se em conta as necessidades do trabalho e as possibilidades de repouso e diversão dos empregados, após consulta ao empregado interessado ou ao seu sindicato, na hipótese de férias individuais ou coletivas, salvo acordo ou convenção coletiva de trabalho.

§ 1º ...

§ 2º ...

Art. 137 — ...

§ 1º ...

§ 2º ...

§ 3º ...

Art. 138 — ...

Das férias coletivas

Art. 139 — O empregador poderá conceder férias coletivas a todos os empregados de uma empresa ou de determinados estabelecimentos ou setores da empresa, após consulta ao sindicato representante da categoria profissional, e desde que observadas as necessidades do trabalho e as possibilidades de descanso e divertimento dos empregados atingidos pelas férias.

§ 1º As férias poderão ser gozadas em dois períodos anuais, um dos quais não poderá ser inferior a 14 (quatorze) dias, com exclusão dos feriados.

...

Da remuneração e do abono de férias

Art. 142 — ...

§ 1º ...

§ 2º ...

§ 3º ...

§ 4º ...

§ 5º ...

§ 6º ...

Art. 143 — revogado

Art. 144 — O abono de férias, que importe em acréscimo da remuneração, concedido em virtude de cláusula do contrato de trabalho, do regulamento da empresa, de convenção ou acordo coletivo, desde que não excedente de 20 (vinte) dias do salário, não integrará a remuneração do empregado para os efeitos da legislação do trabalho.

Art. 145 — ...

Parágrafo único — ...

Dos efeitos da cessação do contrato de trabalho

Art. 146 — ...

Parágrafo único. Na cessação do contrato de trabalho, o empregado terá direito à remuneração relativa ao período incompleto de férias, de acordo com o art. 130, na proporção de 1/12 (um doze avos) por mês de serviço ou fração superior a 14 (quatorze) dias, acrescida da gratificação de 1/3 (um terço) a mais sobre o salário normal, desde que não haja sido dispensado por justa causa, antes de completar 6 (seis) meses de trabalho.

Art. 147 — revogado

Art. 148 — ...

Do início da prescrição

Art. 149 — ...

Disposições especiais (proposta deverá levar em conta a Convenção n. 146 da OIT — sobre férias remuneradas anuais da gente do mar, concluída em Genebra, em 29 de outubro de 1976, promulgada pelo Decreto n. 3.168, de 14 de setembro de 1999, DOU 15.9.99).

...

Conclusão

Depois de confrontar o ordenamento jurídico nacional relativo às férias com a Convenção n. 132 da OIT, podemos confirmar a tese que norteou esta pesquisa: a de que a norma internacional fez nascer um novo regime de férias. O percurso que nos levou a essa conclusão foi o que a seguir apresentamos.

Inicialmente, verificamos a necessidade de concessão de descansos para o empregado, durante e após a prestação de serviços, já que o trabalhador deve ter garantido o direito ao repouso como forma de proteção da dignidade do trabalho humano.

Após breve análise histórica e conceitual das formas de descanso diário, semanal e anual, constatamos que a lei, além de fixar a jornada de trabalho, também obriga a concessão de intervalos durante o exercício do trabalho, entre uma jornada e outra, e após a prestação de serviços realizada durante certo período, com o objetivo de permitir a restauração das energias do organismo do empregado.

Essa análise mostrou que o descanso anual remunerado foi consagrado no direito positivo como complemento do descanso semanal, de forma a assegurar ao empregado o direito de usufruir alguns dias de repouso, sem prejuízo de seu salário, após um ano de trabalho, para refazer suas forças e garantir seu equilíbrio físico e emocional.

Depois do percurso histórico, passamos a examinar a legislação atual.

No Brasil, o direito de férias é regulamentado pela Consolidação das Leis do Trabalho, no capítulo IV, artigos 129 a 153 e pela Convenção n. 132 da Organização Internacional do Trabalho. Lembramos que a Convenção n. 132 da OIT, sobre férias anuais remuneradas, foi aprovada pelo Decreto Legislativo n. 47, de 23 de setembro de 1981 e depositada perante o Diretor Geral da Repartição Internacional do Trabalho, em 23 de setembro de 1998. Em 5 de outubro de 1999, a Convenção foi então promulgada pelo Decreto n. 3.197 e publicada no Diário Oficial da União, em 6 de outubro do mesmo ano, quando passou a ter vigência no Estado e a produzir efeitos jurídicos (eficácia).

Mostramos, então, que as regras convencionais são normas auto-aplicáveis porque apresentam todos os requisitos necessários para produzir os efeitos previstos de forma imediata. Além disso, esclarecemos que esses dispositivos ingressaram no ordenamento jurídico nacional na qualidade de normas ordinárias, e como tais, revogaram a legislação nacional anterior, seguindo-se as regras da *lex posterior derogat priori* e da norma mais favorável aos trabalhadores. Com base nessas idéias, é que pudemos defender a tese da integração das normas de origem internacional ao sistema brasileiro, o que fez surgir um novo regime de férias.

Essa argumentação revelou como e porque esse novo regime de férias trouxe mudanças importantes para o sistema jurídico nacional, por revogar direitos previstos no capítulo IV da CLT e criar novas situações, ainda não estudadas pela doutrina e raramente deduzidas nas pretensões trabalhistas.

Procuramos acentuar que, apenas as regras internacionais mais benéficas revogaram as normas trabalhistas nacionais sobre o direito de férias. Assim, pudemos dizer que não houve alterações quanto aos períodos aquisitivo e concessivo das férias, que continuam a ser de 12 (doze) meses, conforme os artigos 130 e 134 da CLT. Essa análise revelou, entretanto, que, a partir da vigência da Convenção n. 132 da OIT, no Brasil, a duração das férias é de 30 (trinta) dias, ressalvada a fixação de prazos menores (art. 130 e art. 130-A da CLT), para todos os empregados, inclusive os domésticos, com exclusão dos feriados ocorridos durante o período de descanso.

Mostramos, também, que permaneceram inalterados o art. 131 da CLT, relativo às faltas ao serviço para efeito de férias, e o art. 132 que trata do serviço militar obrigatório e do cômputo das férias.

Quanto à perda do direito de férias, constatamos que o inciso I do art. 133 da CLT foi revogado, porque, após a vigência interna da Convenção n. 132, todos os empregados, inclusive aqueles que deixaram o emprego espontaneamente, têm direito ao recebimento do pagamento das férias proporcionais. Os demais incisos do referido artigo, todavia, continuam em vigor.

Também, reafirmamos que segundo o novo regime, as férias continuam a ser fixadas por ato do empregador. Enfatizamos, contudo, que este deverá consultar o trabalhador ou seus representantes, e levar em conta as necessidades do trabalho e as possibilidades de descanso e divertimento do empregado, antes de fixar as férias. Além disso, comentamos que as regras relativas à comunicação das férias (art. 135 da CLT) e à época de concessão, previstas no art. 136 e seus parágrafos, não sofreram nenhuma alteração com a promulgação da Convenção n. 132 da OIT.

Deixamos claro que o fracionamento das férias continua a ser possível, em casos excepcionais, em dois períodos, com a proteção dos menores de 18 anos e maiores de 50 anos. Não obstante isso, acentuamos que, agora, um desses períodos deve ser, no mínimo, de duas semanas, estando revogado o § 1º do art. 134 da CLT.

Relativamente às regras acerca da obrigação do empregador quanto ao pagamento, em dobro, das férias, concedidas extemporaneamente, e da obrigação de o empregado não trabalhar durante o descanso anual, mostramos que não sofreram alterações pela Convenção n. 132 da OIT.

Mas argumentamos que as disposições das férias coletivas, por sua vez, foram modificadas pela Convenção internacional, embora a alteração tenha sido relativa, apenas, à exclusão dos feriados e ao limite mínimo de 14 dias, para um dos períodos em caso de fracionamento.

Já quanto à remuneração e abono de férias, concluímos que está revogada a possibilidade de o empregado converter 1/3 do período de férias, diante da proibição expressa de renúncia prevista na Convenção internacional.

Finalmente, argumentamos que a Convenção n. 132 da OIT alterou as regras relativas ao pagamento das férias decorrentes da rescisão do contrato de trabalho, uma vez que desvinculou o direito de férias da forma de extinção contratual. Portanto, as férias vencidas e proporcionais, acrescidas de 1/3 constitucional, serão devidas ao trabalhador, em qualquer forma de rescisão contratual, independentemente do tempo de contratação, com exceção da dispensa por justa causa, de empregado que tenha sido contratado há menos de 6 (seis) meses pelo empregador.

É fundamental esclarecer que muitas são as dúvidas acerca da aplicação, ou não, da Convenção n. 132 à legislação nacional, bem como acerca das alterações que dela advieram. Portanto, nosso estudo pretendeu apresentar, de forma tão precisa quanto possível, os atuais contornos da legislação trabalhista de férias, para que esse direito fundamental do trabalhador seja respeitado e garantido.

Assim, a fim de contribuir para que o tema seja mais claramente observado, deixamos registrada uma sugestão de alteração da legislação de férias. Essa é uma tentativa de dirimir algumas dúvidas, que, porventura, possam existir a respeito das reais garantias relativas ao descanso anual remunerado. Por fim, afirmamos que, segundo nosso entendimento, a regulamentação desse direito é o mecanismo adequado para alcançar a finalidade das férias e garantir sua correta aplicação.

ANEXOS

1. DECRETO N. 3.197, DE 5 DE OUTUBRO DE 1999

Promulga a Convenção n. 132 da Organização Internacional do Trabalho — OIT sobre Férias Anuais Remuneradas (revista em 1970), concluída em Genebra, em 24 de junho de 1970.

O PRESIDENTE DA REPÚBLICA, no uso da atribuição que lhe confere o art. 84, inciso VIII, da Constituição,

Considerando que a Convenção n. 132 da Organização Internacional do Trabalho — OIT sobre Férias Anuais Remuneradas (revista em 1970), foi concluída em Genebra, em 24 de junho de 1970;

Considerando que o Congresso Nacional aprovou o Ato multilateral em epígrafe por meio do Decreto Legislativo n. 47, de 23 de setembro de 1981;

Considerando que o Ato em tela entrou em vigor internacional em 30 de junho de 1973;

Considerando que o Governo brasileiro depositou o Instrumento de Ratificação da referida Convenção em 23 de setembro de 1998, passando a mesma a vigorar, para o Brasil, em 23 de setembro de 1999;

DECRETA:

Art. 1º A Convenção n. 132 da Organização Internacional do Trabalho — OIT, sobre Férias Anuais Remuneradas (revista em 1970), concluída em Genebra, em 24 de junho de 1970, apensa por cópia a este Decreto, deverá ser executada e cumprida tão inteiramente como nela se contém.

Art. 2º Este Decreto entra em vigor na data de sua publicação.

Brasília, 05 de outubro de 1999; 178º da Independência e 111º da República.

FERNANDO HENRIQUE CARDOSO

Luiz Felipe Lampreia

2. CONVENÇÃO N. 132 DA OIT

Convenção sobre Férias Anuais Remuneradas
(Revista em 1970)

A Conferência Geral da Organização Internacional do Trabalho, convocada em Genebra pela Administração da Repartição Internacional do Trabalho, e tendo-se reunido em sua Qüinqüagésima-Quarta Sessão em 3 de junho de 1970, e tendo decidido adotar diversas propostas relativas a férias remuneradas, assunto que constitui o quarto item da agenda da sessão, e tendo determinado que estas propostas tomarão a forma de uma Convenção Internacional, adota, em 24 de junho de 1970, a seguinte Convenção que será denominada Convenção sobre Férias Remuneradas (revista), 1970:

Artigo 1

As disposições da presente Convenção, caso não sejam postas em execução por meio de acordos coletivos, sentenças arbitrais ou decisões judiciais, seja por organismos oficiais de fixação de salários, seja por qualquer outra maneira conforme a prática nacional e considerada apropriada, levando-se em conta as condições próprias de cada país, deverão ser aplicadas através de legislação nacional.

Artigo 2

1. A presente Convenção aplicar-se-á a todas as pessoas empregadas, à exceção dos marítimos.

2. Quando necessário, a autoridade competente ou qualquer órgão apropriado de cada país poderá, após consulta às organizações de empregadores e de trabalhadores interessadas, onde existirem, proceder à exclusão do âmbito da Convenção de categorias determinadas de pessoas empregadas, desde que sua aplicação cause problemas particulares de execução ou de natureza constitucional ou legislativa de certa importância.

3. Todo Membro que ratifique a Convenção deverá, no primeiro relatório sobre sua aplicação, o qual ele é obrigado a apresentar em virtude do Artigo 22 da Constituição da Organização Internacional do Trabalho, indicar, com base em motivos expostos, as categorias que tenham sido objeto de exclusão em decorrência do parágrafo 2 deste Artigo, e expor nos relatórios ulteriores o estado de sua legislação e de sua prática quanto às mencionadas categorias, precisando em que medida a Convenção foi executada ou ele se propõe a executar em relação às categorias em questão.

Artigo 3

1. Toda pessoa a quem se aplique a presente Convenção terá direito a férias anuais remuneradas de duração mínima determinada.

2. Todo Membro que ratifique a Convenção deverá especificar a duração das férias em uma declaração apensa à sua ratificação.

3. A duração das férias não deverá em caso algum ser inferior a 3 (três) semanas de trabalho, por 1 (um) ano de serviço.

4. Todo Membro que tiver ratificado a Convenção poderá informar ao Diretor-Geral da Repartição Internacional do Trabalho, por uma declaração ulterior, que ele aumenta a duração do período de férias especificado no momento de sua ratificação.

Artigo 4

1. Toda pessoa que tenha completado, no curso de 1 (um) ano determinado, um período de serviço de duração inferior ao período necessário à obtenção de direito à totalidade das férias prescritas no Artigo terceiro acima terá direito, nesse ano, a férias de duração proporcionalmente reduzidas.

2. Para os fins deste Artigo o termo "ano" significa ano civil ou qualquer outro período de igual duração fixado pela autoridade ou órgão apropriado do país interessado.

Artigo 5

1. Um período mínimo de serviço poderá ser exigido para a obtenção de direito a um período de férias remuneradas anuais.

2. Cabe à autoridade competente e ao órgão apropriado do país interessado fixar a duração mínima de tal período de serviço, que não poderá em caso algum ultrapassar 6 (seis) meses.

3. O modo de calcular o período de serviço para determinar o direito a férias será fixado pela autoridade competente ou pelo órgão apropriado de cada país.

4. Nas condições a serem determinadas pela autoridade competente ou pelo órgão apropriado de cada país, as faltas ao trabalho por motivos independentes da vontade individual da pessoa empregada interessada tais como faltas devidas a doenças, a acidente, ou a licença para gestantes, não poderão ser computadas como parte das férias remuneradas anuais mínimas previstas no parágrafo 3 do Artigo 3 da presente Convenção.

Artigo 6

1. Os dias feriados oficiais ou costumeiros, quer se situem ou não dentro do período de férias anuais, não serão computados como parte do período de férias anuais remuneradas previsto no parágrafo 3 do Artigo 3 acima.

2. Em condições a serem determinadas pela autoridade competente ou pelo órgão apropriado de cada país, os períodos de incapacidade para o trabalho resultantes de doença ou de acidentes não poderão ser computados como parte do período mínimo de férias anuais previsto no parágrafo 3, do Artigo 3 da presente Convenção.

Artigo 7

1. Qualquer pessoa que entre em gozo de período de férias previsto na presente Convenção deverá receber, em relação ao período global, pelo menos a sua remuneração média ou normal (incluindo-se a quantia equivalente a qualquer parte dessa remuneração em espécie, e que não seja de natureza permanente, ou seja concedida quer o indivíduo esteja em gozo de férias ou não), calculada de acordo com a forma a ser determinada pela autoridade competente ou órgão responsável de cada país.

2. As quantias devidas em decorrência do parágrafo 1 acima deverão ser pagas à pessoa em questão antes do período de férias, salvo estipulação em contrário contida em acordo que vincule a referida pessoa e seu empregador.

Artigo 8

1. O fracionamento do período de férias anuais remuneradas pode ser autorizado pela autoridade competente ou pelo órgão apropriado de cada país.

2. Salvo estipulação em contrário contida em acordo que vincule o empregador e a pessoa empregada em questão, e desde que a duração do serviço desta pessoa lhe dê direito a tal período de férias, uma das frações do referido período deverá corresponder pelo menos a duas semanas de trabalho ininterruptos.

Artigo 9

1. A parte ininterrupta do período de férias anuais remuneradas mencionada no parágrafo 2 do Artigo 8 da presente Convenção deverá ser outorgada e gozada dentro de no máximo 1 (um) ano, e o resto do período de férias anuais remuneradas dentro dos próximos 18 (dezoito) meses, no máximo, a contar do término do ano em que foi adquirido o direito de gozo de férias.

2. Qualquer parte do período de férias anuais que exceder o mínimo previsto poderá ser postergada com o consentimento da pessoa empregada em questão, por um período limitado além daquele fixado no parágrafo 1 deste Artigo.

3. O período mínimo de férias e o limite de tempo referidos no parágrafo 2 deste Artigo serão determinados pela autoridade competente após consulta às organizações de empregadores e trabalhadores interessadas, ou através de negociação coletiva ou por qualquer outro modo conforme à prática nacional, sendo levadas em conta as condições próprias de cada país.

Artigo 10

1. A ocasião em que as férias serão gozadas será determinada pelo empregador, após consulta à pessoa empregada interessada em questão ou seus representantes, a menos que seja fixada por regulamento, acordo coletivo, sentença arbitral ou qualquer outra maneira conforme à prática nacional.

2. Para fixar a ocasião do período de gozo das férias serão levadas em conta as necessidades do trabalho e as possibilidades de repouso e diversão ao alcance da pessoa empregada.

Artigo 11

Toda pessoa empregada que tenha completado o período mínimo de serviço que pode ser exigido de acordo com o parágrafo 1 do Artigo 5 da presente Convenção deverá ter direito em caso de cessação da relação empregatícia, ou a um período de férias remuneradas proporcional à duração do período de serviço pelo qual ela não gozou ainda tais férias, ou a uma indenização compensatória, ou a um crédito de férias equivalente.

Artigo 12

Todo acordo relativo ao abandono do direito ao período mínimo de férias anuais remuneradas previsto no parágrafo 3 do Artigo 3 da presente Convenção ou relativo à renúncia ao gozo das férias mediante indenização ou de qualquer outra forma, será, dependendo das condições nacionais, nulo de pleno direito ou proibido.

Artigo 13

A autoridade competente ou órgão apropriado de cada país poderá adotar regras particulares em relação aos casos em que uma pessoa empregada exerça, durante suas férias, atividades remuneradas incompatíveis com o objetivo dessas férias.

Artigo 14

Medidas efetivas apropriadas aos meios pelos quais se dará efeito às disposições da presente Convenção devem ser tomadas através de uma inspeção adequada ou de qualquer outra forma, a fim de assegurar a boa aplicação e o respeito às regras ou disposições relativas às férias remuneradas.

Artigo 15

1. Todo Membro pode depositar as obrigações da presente Convenção separadamente:

a) em relação às pessoas empregadas em setores econômicos diverso da agricultura;

b) em relação às pessoas empregadas na agricultura.

2. Todo membro precisará, em sua ratificação, se aceita as obrigações da Convenção em relação às pessoas indicadas na alínea *a* do parágrafo 1 acima ou em relação às pessoas mencionadas na *alínea* b do referido parágrafo, ou em relação a ambas categorias.

3. Todo membro que na ocasião da sua ratificação não tiver aceitado as obrigações da presente Convenção senão em relação às pessoas mencionadas na alínea *a* ou senão em relação às pessoas mencionadas na alínea *b* do parágrafo 1 acima, poderá, ulteriormente, notificar ao Diretor-Geral da Repartição Internacional do Trabalho que aceita as obrigações da Convenção em relação a todas as pessoas a que se aplica a presente Convenção.

Artigo 16

A presente Convenção contém revisão da Convenção sobre Férias Remuneradas, 1936, e a Convenção sobre Férias Remuneradas (Agricultura), 1952, nos seguintes termos:

a) a aceitação das obrigações da presente Convenção em relação às pessoas empregadas nos setores econômicos diversos da Agricultura, por um Membro que é parte da Convenção sobre Férias Remuneradas, 1936, acarreta, de pleno direito, a denúncia imediata desta última Convenção;

b) a aceitação das obrigações da presente Convenção sobre Férias Remuneradas (Agricultura), 1952, acarreta, de pleno direito, a denúncia imediata desta última Convenção;

c) a entrada em vigor da presente Convenção não coloca obstáculo à ratificação da Convenção sobre Férias Remuneradas (Agricultura), 1952.

Artigo 17

As ratificações formais da presente Convenção serão comunicadas ao Diretor-Geral da Repartição Internacional do Trabalho, para fins de registro.

Artigo 18

1. A presente Convenção não vincula senão os Membros da Organização Internacional do Trabalho cuja ratificação tenha sido registrada pelo Diretor-Geral.

2. Ela entrará em vigor 12 (doze) meses após o registro pelo Diretor-Geral, das ratificações de dois Membros.

3. Subseqüentes à presente Convenção entrará em vigor para cada Membro 12 (doze) meses após a data do registro de sua ratificação.

Artigo 19

1. Todo Membro que tiver ratificado a presente Convenção poderá denunciá-lo ao término de um período de 10 (dez) anos contados da data da entrada em vigor inicial da Convenção por um ato comunicado ao Diretor-Geral da Repartição Internacional do Trabalho e por ele registrado. A denúncia só terá efeito 1 (um) ano após ter sido registrada.

2. Todo membro que tenha ratificado a presente Convenção e que, dentro de 1 (um) ano após o término do período de 10 (dez) anos mencionado no parágrafo precedente, não tenha feito uso do seu direito de denúncia previsto por este Artigo, estará vinculado por um novo período de 10 (dez) anos e, subseqüentemente, poderá denunciar a presente Convenção ao término de cada período de 10 (dez) anos nas condições revistas neste Artigo.

Artigo 20

1. O Diretor-Geral da Repartição Internacional do Trabalho notificará a todos os Membros da Organização Internacional do Trabalho do registro de todas as ratificações e denúncias que lhe forem comunicadas pelos membros da Organização.

2. Quando notificar os Membros da Organização sobre o registro da segunda ratificação a ele comunicada, o Diretor-Geral deverá chamar a atenção dos Membros da Organização para a data da entrada em vigor da presente Convenção.

Artigo 21

O Diretor-Geral da Repartição Internacional do Trabalho comunicará ao Secretário-Geral da Organização das Nações Unidas, para fins de registro, de acordo com o artigo 102 da Carta das Nações Unidas, informações completas sobre todas as ratificações e atos de denúncias registrados por ele de acordo com as disposições dos Artigos precedentes.

Artigo 22

Quando julgar necessário, o Corpo Dirigente da Repartição Internacional do Trabalho apresentará à Conferência Geral um relatório sobre a aplicação da presente Convenção e examinará a conveniência de colocar na agenda da Conferência a questão de sua revisão total ou parcial.

Artigo 23

1. No caso de a Conferência adotar uma nova Convenção que revise a presente Convenção, e a menos que a nova Convenção disponha em contrário:

a) a ratificação por um membro da nova Convenção contendo a revisão acarreta a denúncia imediata da presente Convenção, não obstante as disposições do Artigo 19 acima, se e quando a nova Convenção entrar em vigor;

b) a partir da data da entrada em vigor da nova Convenção que contém a revisão, será vedada a ratificação da presente Convenção pelos Membros.

2. A presente Convenção, em todo caso, será mantida em vigor, quanto a sua forma e conteúdo em relação aos Membros que a houverem ratificado mas não houverem ratificado a Convenção revisora.

Os textos em francês e em inglês do texto da presente Convenção fazem igualmente fé.

O texto que precede é o texto autêntico da Convenção devidamente adotada na Conferência Geral da Organização do Trabalho, em sua qüinquagésima quarta sessão, realizada em Genebra e declarada encerrada a vinte e cinco de junho de 1970.

Em fé do que apuseram suas assinaturas, no dia vinte e cinco de junho de 1970.

O Presidente da Conferência

V. Manickavasagam

O Diretor-Geral da Repartição Internacional do Trabalho

Wilfred Jenks

BIBLIOGRAFIA

1. Obras citadas

ACCIOLY, Hildebrando; SILVA, Geraldo Eulálio do Nascimento e. *Manual de direito internacional público*. 13ª ed. São Paulo: Saraiva, 1998.

ALMEIDA, Ísis de. *Manual de Direito do Trabalho*. São Paulo: LTr, 1998.

_____. *Manual da prescrição trabalhista*. 3ª ed. São Paulo: LTr, 1999.

ARAUJO, Luiz Alberto David; NUNES JÚNIOR, Vidal Serrano. *Curso de Direito Constitucional*. São Paulo: Saraiva, 1998.

ARIOSI, Mariângela. *Conflitos entre tratados internacionais e leis internas: o judiciário brasileiro e a nova ordem internacional*. Rio de Janeiro: Renovar, 2000.

BARROS, Alice Monteiro de (Coord.). *Curso de Direito do Trabalho: estudos em memória de Célio Goyatá*. São Paulo: LTr, 1993.

_____. *Curso de direito do trabalho*. São Paulo: LTr, 2005.

_____. *Contratos e regulamentações especiais de trabalho: peculiaridades, aspectos controvertidos e tendências*. 2ª ed. São Paulo: LTr, 2002.

BARROS, Cássio Mesquita. "A Convenção n. 132 da OIT e seu impacto sobre o regime das férias". *Revista de Direito do Trabalho*. São Paulo, ano 28, n. 108, out.-dez. 2002.

_____. "A Convenção n. 158 — proteção contra a despedida injustificada". *Revista LTr*, São Paulo, ano 60, jul. 1996, p. 887.

BARROS, Glauce de Oliveira. "Alterações no capítulo IV da CLT — Convenção n. 132 — OIT". *Suplemento Trabalhista*. São Paulo, ano 36, n. 177, p. 953.

BELTRAN, Ari Possidônio. *Dilemas do trabalho e do emprego na atualidade*. São Paulo: LTr, 2001.

BERENSTEIN, Alexandre. *Labor law in Switzerland*. Deventer: Kluwer Law and Taxation Publishers, 1994.

BEZERRA LEITE, Carlos Henrique. "A eficácia, vigência e denúncia dos tratados internacionais e os direitos sociais". *In:* SILVA NETO, Manoel Jorge (Coord.). *Constituição e Trabalho*. São Paulo: LTr, 1998.

BOBBIO, Norberto. *Teoria do ordenamento jurídico*. 10ª ed. São Paulo: Editora Universidade de Brasília, 1997.

BUEN, Néstor de (Coord.). *Jornada de trabalho e descansos remunerados: perspectiva Ibero-Americana*. São Paulo: LTr, 1996.

CABRAL, Adelmo de Almeida. *Férias: doutrina, legislação, jurisprudência*. São Paulo: LTr, 1998.

CAMARGOS, Ana Amélia Mascarenhas. *As férias e sua conversão em abono pecuniário*. São Paulo: Dissertação de mestrado PUC/SP, 1992.

CANOTILHO, José Joaquim Gomes. *Direito constitucional e teoria da Constituição.* 5ª ed. Coimbra: Livraria Almedina, 2002.

CARRION, Valentin. *Comentários à Consolidação das Leis do Trabalho.* 25ª ed. São Paulo: Saraiva, 2000.

CASELLA, Paulo Borba. "A Convenção n. 158 da OIT as relações entre direito interno e direito internacional". *Revista LTr,* São Paulo, ano 60, n. 7, julho de 1996, p. 900.

CAVALCANTE, Jouberto de Quadros Pessoa; JORGE NETO, Francisco Ferreira. *O empregado público.* São Paulo: LTr. 2002.

CESARINO JR., A. F. *Direito social brasileiro.* Rio de Janeiro: Livraria Freitas Bastos, 1963. v. 1 e v. 2.

CRETELLA JÚNIOR, José. *Comentários à Constituição Brasileira de 1988.* 2ª ed. Rio de Janeiro: Forense Universitária, 1992. v. IV.

CUNHA, Antônio Geraldo da. *Dicionário etimológico Nova Fronteira da língua portuguesa.* Rio de Janeiro: Nova Fronteira, 1982

CUNHA, Sólon de Almeida. *Da participação dos trabalhadores nos lucros ou resultados da empresa.* São Paulo: Saraiva, 1997.

DANTAS JR., Aldemiro Rezende. "A Convenção n. 132 da Organização Internacional do Trabalho e as férias anuais". *Revista do Tribunal Regional do Trabalho da 11ª Região,* Manaus, vol. 10, n. 10, jan.-dez./2002, p. 79.

DALLARI, Pedro B. A. *Constituição e tratados internacionais.* São Paulo: Saraiva, 2003.

DELGADO, Mauricio Godinho. *Curso de Direito do Trabalho.* 4ª ed. São Paulo: LTr, 2005.

_____.*Jornada de trabalho e descansos trabalhistas.* São Paulo: LTr, 2003.

DINIZ, Maria Helena. *Compêndio de introdução à ciência do direito.* 8ª ed. atual. São Paulo: Saraiva, 1995.

_____.*Conflito de normas.* 2ª ed. São Paulo: Saraiva, 1996.

ETALA, Carlos Alberto. *Contrato de trabajo.* 4ª ed. Buenos Aires: Editorial Astrea, 2002.

FERNANDES, A. L. Monteiro. *Direito do Trabalho.* 9ª ed. rev. e actual. Coimbra: Livraria Almedina, 1994.

FERRAZ JR., Tercio Sampaio. *Introdução ao estudo do direito: técnica, decisão, dominação.* 4ª ed. São Paulo: Atlas, 2003.

FRANCO FILHO, Georgenor de Sousa. "A Convenção n. 132 da OIT e seus reflexos nas férias". *Revista LTr,* São Paulo, ano 66, maio de 2002, p. 561.

_____. "Os tratados internacionais e a Constituição de 1988". *In:* PELLEGRINA, Maria Aparecida (Diretora); SILVA, Jane Granzoto Torres da (Coord.). *Constitucionalismo social:* estudos em homenagem ao Ministro Marco Aurélio Mendes de Farias Mello. São Paulo: LTr, 2003.

GARCIA, Gustavo Filipe Barbosa. "Convenção n. 132 da OIT: fracionamento das férias e outros aspectos". *Síntese Trabalhista.* Porto Alegre, n. 185, v. 16, nov. 2004, p. 21.

GIGLIO, Wagner D. *Férias e Descansos Remunerados.* São Paulo: LTr, 1978.

GOMES, Orlando; GOTTSCHALK, Elson. *Curso de direito do Trabalho.* 16ª ed. Rio de Janeiro: Forense, 2003.

GOMES, Orlando. *O Salário no Direito Brasileiro.* Ed. Fac-similada. São Paulo: LTr, 1996.

GOMIERI, Olga Aida Joaquim. "A Convenção n. 132 da OIT e a falta de seu manejo pelos aplicadores do direito". *Revista LTr,* São Paulo, ano 67, fevereiro de 2003, p. 147.

HUSEK, Carlos Roberto. *Curso de direito internacional público.* 5ª ed. São Paulo: LTr, 2004.

KANITZ, Stephen. "Férias? Nem pensar" (Ponto de Vista). *Revista Veja* — 30 de janeiro, 2002.

KELSEN, Hans. *Teoria Pura do Direito.* Coimbra: Armênio Amado Editora, 1984.

MACIEL, José Alberto Couto. "Trabalho doméstico". *In:* ROMITA, Arion Sayão (Coord.). *Curso de direito constitucional do trabalho: estudos em homenagem ao Professor Amauri Mascaro Nascimento.* São Paulo: LTr, 1991.

MAGANO, Octavio Bueno. *Manual de Direito do Trabalho.* 4ª ed. rev. e atual. São Paulo: LTr, 1993, v. II e v. IV.

MALLET, Estêvão. "Alterações no capítulo das férias, da CLT pela Convenção n. 132 da OIT". *Anais do III Congresso Nacional de Direito do Trabalho e Processual do Trabalho do TRT da 15ª Região.* Campinas: Vida e Consciência, 2001.

MANNRICH, Nelson. *A modernização do contrato de trabalho.* São Paulo: LTr, 1998.

MANUS, Pedro Paulo Teixeira; ROMAR, Carla Teresa Martins. *Consolidação das Leis do Trabalho e Legislação Complementar.* 4ª ed., rev. e atual. São Paulo: Malheiros, 2004.

MARANHÃO, Délio. *Direito do Trabalho.* 6ª ed. Rio de Janeiro: Fundação Getúlio Vargas, 1978.

MARTINS, Sérgio Pinto. *Manual de contrato de trabalho doméstico.* São Paulo: LTr, 1989.

_____. "A convenção n. 158 da OIT e a dispensa do trabalhador". *Suplemento de Legislação, Jurisprudência e Doutrina.* São Paulo, n. 07, julho de 1996, p. 353-346.

_____. "O direito a férias e a Convenção n. 132 da OIT". *Repertório de Jurisprudência IOB,* São Paulo, n. 14, julho-2002, p. 396-389.

_____. *Comentários à Consolidação das Leis do Trabalho.* 6ª ed. São Paulo: Atlas, 2003.

_____. *Direito do Trabalho.* 21ª ed. rev. atual. e amp. São Paulo: Atlas, 2005.

MEDEIROS, Alexandre Aliprandino; LAET, Flávio Antônio Camargo de. "As novidades no sistema jurídico das férias individuais. Convenção n. 132 da Organização Internacional do Trabalho". *Revista Trabalho e Doutrina.* São Paulo: Saraiva, n. 26, dez./2001, p. 19.

MELGAR, Alfredo Montoya. *Derecho del Trabalho.* 21ª ed. Madrid: Editorial Tecnos, 2000.

MELLO, Celso Duvivier de Albuquerque. *Curso de direito internacional público.* 4ª ed. rev. e aum. 1. vol. Rio de Janeiro: Freitas Bastos, 1974.

MONTORO, André Franco. *Introdução à ciência do direito.* 11ª ed. São Paulo: Revista dos Tribunais, 1987. v. I e v. II.

MORAES FILHO, Evaristo de; MORAES, Carlos Antonio Flores de. *Introdução ao Direito do Trabalho.* 9ª ed. São Paulo: LTr, 2003.

MOURA, Luiz Arthur de. "A convenção n. 132 da OIT e a revogação dos artigos da CLT referentes às férias". *Suplemento Trabalhista,* São Paulo, ano 39, n. 129, 2003, p. 889.

MOREIRA, António José. *Compêndio de leis do trabalho.* 8ª ed. Coimbra: Livraria Almedina, 2000.

NASCIMENTO, Amauri Mascaro. *Direito do Trabalho na Constituição de 1988.* 2ª ed. atual. São Paulo: Saraiva, 1991.

_____. *Comentários às Leis Trabalhistas.* 2ª ed. São Paulo: LTr, 1992. v. I.

_____. *Curso de Direito do Trabalho.* 17ª ed. rev. atual. São Paulo: Saraiva, 2001.

_____. "Princípios do Direito do Trabalho e direitos fundamentais do trabalhador", *Revista LTr,* São Paulo, ano 67, ago./2003, p. 903.

_____. *Iniciação ao Direito do Trabalho.* 31ª ed. rev. e atual. São Paulo: LTr, 2005.

NOGUEIRA JUNIOR, J. A. *Das férias anuais remuneradas.* São Paulo: Est. Graf. Cruzeiro do Sul, 1943.

OLEA, Manuel Alonso; BAAMONDE, Maria Emilia Casas. *Derecho del Trabajo.* 18ª ed. rev. Madrid: Civitas Ediciones, 2000.

PAIVA, Luiz Fernando Valente de (Coord.). *Direito falimentar e a nova lei de falências e recuperação de empresas.* São Paulo: Quartier Latin, 2005.

PELLEGRINA, Maria Aparecida; SILVA; Jane Granzoto Torres da (Coord.). *Constitucionalismo Social: estudos em homenagem ao Ministro Marco Aurélio Mendes de Farias Mello.* São Paulo: LTr, 2003.

PIMPÃO, Hirosê. *Problemas Práticos de Direito do Trabalho.* Rio de Janeiro: José Konfino Editor, 1961.

PINTO, José Augusto Rodrigues. *Curso de Direito Individual do Trabalho.* 5ª ed. São Paulo: LTr, 2003.

PRADO, Roberto Barreto. *Tratado de Direito do Trabalho.* São Paulo: Revista dos Tribunais, 1971, v. I e v. II.

PRUNES, José Luiz Ferreira. *Férias anuais remuneradas: na CLT e na Convenção n. 132 da OIT.* São Paulo: LTr, 2004.

RÁO, Vicente. *O direito e a vida dos direitos.* 2ª ed. São Paulo: Ed. Resenha Universitária, 1976. v. I, tomo II.

RANGEL, Vicente Marota. "Os conflitos entre o direito interno e os tratados internacionais". *Boletim da Sociedade Brasileira de Direito Internacional.* Rio de Janeiro: Revista dos Tribunais, ano 05, n. 45 e 46, nov.-dez./1967.

REALE, Miguel. *Lições preliminares de direito.* 11ª ed. rev. São Paulo: Saraiva, 1984.

_____. *O direito como experiência.* 2ª ed. São Paulo: Saraiva, 1992.

REZEK, José Francisco. *Direito internacional público: curso elementar.* 3ª ed. rev. e atual. São Paulo: Saraiva, 1993.

ROCHA, Osiris. *A nova lei de férias.* Rio de Janeiro: Forense, 1977.

RODAS, João Grandino. *A publicidade dos tratados internacionais.* São Paulo: Revista dos Tribunais, 1980.

_____. *Tratados Internacionais.* São Paulo: Revista dos Tribunais, 1991.

RODRIGUEZ, Américo Plá. *Princípios de Direito do Trabalho.* São Paulo: LTr, 1993.

ROMITA, Arion Sayão. *O princípio da proteção em xeque e outros ensaios.* São Paulo: LTr, 2003.

RUPRECHT, Alfredo J. *Princípios de Direito do Trabalho.* São Paulo: LTr, 1995.

RUSSOMANO, Mozart Victor. *Direito do trabalho: perspectivas.* São Paulo: Forense, 1988.

_____. *Comentários à Consolidação das Leis do Trabalho.* 17ª ed., rev. e ampl. Rio de Janeiro: Forense, 1997, v. I.

_____. *Curso de Direito do Trabalho.* 7ª ed. rev. e atual. Curitiba: Juruá, 2000.

_____; RUSSOMANO JUNIOR, Victor; ALVES, Geraldo Magela. *Consolidação das leis do trabalho anotada.* 5ª ed. rev. e atual. Rio de Janeiro: Forense, 2003.

SAAD, Eduardo Gabriel; SAAD, José Eduardo Duarte; CASTELLO BRANCO, Ana Maria Saad. *Consolidação das Leis do Trabalho Comentada*. 37ª ed. atual. e rev. São Paulo: LTr, 2004.

SILVA, Antônio Álvares da. *Questões polêmicas de direito do trabalho*. São Paulo: LTr, 1996. v. VIII.

SILVA, De Plácido e. *Vocabulário jurídico*. Rio de Janeiro: Forense, 1967, v. I a IV.

SILVA, Homero Batista Mateus da. "A discreta vigência da Convenção n. 132 da OIT sobre férias anuais remuneradas". *Suplemento Trabalhista*, São Paulo, ano 2001, n. 111, p. 525.

SILVA, José Afonso da. *Curso de direito constitucional positivo*. São Paulo: Revista dos Tribunais, 1990.

SILVA, Luiz de Pinho Pedreira da. *Principiologia do direito do trabalho*. 2ª ed. São Paulo: LTr, 1999.

SILVA, Otacílio P. "Empregados Domésticos". *In*: BARROS, Alice Monteiro de (Coord.). *Curso de Direito do Trabalho:* estudos em memória de Célio Goyatá. São Paulo: LTr, 1993.

SILVA, Otavio Pinto e. *Subordinação, autonomia e parassubordinação nas relações de trabalho*. São Paulo: LTr, 2004.

SILVA NETO, Manoel Jorge e (Coord.). *Constituição e trabalho*. São Paulo: LTr, 1988.

SÜSSEKIND, Arnaldo. *Comentários à nova lei de férias*. São Paulo: LTr, 1977.

_____. *Convenções da OIT.* 2ª ed. São Paulo: LTr, 1998.

_____. *Direito Constitucional do Trabalho*. Rio de Janeiro: Renovar, 1999.

_____. *Direito Internacional do Trabalho*. 3ª ed. amp. e atual. São Paulo: LTr, 2000.

SÜSSEKIND, Arnaldo; MARANHÃO, Délio; VIANNA, Segadas; LIMA TEIXEIRA FILHO, João de. *Instituições de Direito do Trabalho*. 21ª ed., 2v. São Paulo: LTr, 2003.

SÜSSEKIND, Arnaldo; CARVALHO, Luiz Inácio B. "Parecer". *Suplemento Trabalhista,* São Paulo: LTr, 1997, ano 33, n. 61, p. 295.

TORRAZA, Rolando Murgas. "Jornada de trabalho e os descansos no direito panamenho". *In:* BUEN, Néstor de (Coord.). *Jornada de trabalho e descansos remunerados: perspectiva Ibero-Americana*. São Paulo: LTr, 1996.

VALÉRIO, João Norberto Vargas. "Férias anuais remuneradas e a Convenção n. 132 da OIT". *Revista LTr,* São Paulo, ano 65, set./2001, p. 1.051.

VIANNA, Cláudia Salles Vilela. *Manual prático das relações trabalhistas*. 5ª ed. São Paulo: LTr, 2002.

XAVIER, Bernardo da Gama Lobo. *Curso de Direito do Trabalho*. 2ª ed. com aditamento de actualização. Coimbra: Editorial Verbo, 1999.

"Guide pratique du droit du travail". *Ministère de l'emploi et de la solidarité*. 3ª ed. Paris: Documentation française, 1998.

Legislación laboral y de Seguridad Social. 2ª ed. Madrid: Editorial Tecnos, 2000.

"Atlas Geográfico Mundial". 2ª ed. São Paulo: *Folha de São Paulo*, 1994.

2. Obras consultadas

ARAUJO, Luiz Alberto David. "A Convenção n. 158 da Organização Internacional do Trabalho e o ferimento da Constituição Federal". *Revista LTr,* São Paulo, ano 60, jun./1996, p. 790.

BARATA SILVA, C. A.; SANVICENTE, Breno. *Introdução ao Direito Brasileiro do Trabalho.* Porto Alegre: Sulina Editora, 1963.

BARRETO, Amaro. *Tutela Geral do Trabalho.* Guanabara: Edições Trabalhistas, 1964, v. 1.

BARROS, Cássio Mesquita. "O futuro do Direito do Trabalho". *Revista LTr,* São Paulo, ano 66, mai./2002, p. 525.

BASTOS, Celso Ribeiro. *Curso de Direito Constitucional.* São Paulo: Saraiva, 1990.

BEZERRA LEITE, Carlos Henrique. *Constituição e Direitos Sociais dos Trabalhadores.* São Paulo: LTr, 1997.

CORDEIRO, Antônio Menezes. *Manual de Direito do Trabalho.* Coimbra: Livraria Almedina, 1994.

COSTA, Armando Casimiro; FERRARI, Irany; MARTINS, Melchíades Rodrigues. *Consolidação das Leis do Trabalho.* São Paulo: LTr, 2005.

DE MASI, Domenico. *O futuro do trabalho: fadiga e ócio na sociedade pós-industrial.* 3ª ed. Rio de Janeiro: José Olympio; Brasília: Ed. da UnB, 2000.

DELGADO, Mauricio Godinho. *Princípios de direito individual e coletivo do trabalho.* 2ª ed. São Paulo: LTr, 2004.

FERRARI, Irany; NASCIMENTO, Amauri Mascaro; MARTINS FILHO, Ives Gandra da Silva. *História do Trabalho, do Direito do Trabalho e da justiça do Trabalho: homenagem a Armando Casimiro Costa.* São Paulo: LTr, 1998.

FRANCO FILHO, Georgenor de Souza (Coord.). *Direito do Trabalho e a Nova Ordem Constitucional.* São Paulo: LTr, 1991.

_____.*Tratados internacionais.* São Paulo: LTr, 1999.

GONÇALES, Odonel Urbano; MANUS, Pedro Paulo Teixeira. *Duração do Trabalho.* São Paulo: LTr, 1996.

MACIEL, José Alberto Couto. *Comentários à Convenção n. 158 da OIT: garantia no emprego.* São Paulo: LTr, 1996.

MAGANO, Octavio Bueno. *Primeiras lições de direito do trabalho.* 3ª ed. rev. e atual. São Paulo: Revista dos Tribunais, 2003.

_____. "Convenção n. 158 da OIT". *In:* BAPTISTA, Luiz Olavo; FONSECA, José Roberto Franco da (Coord.). *O direito internacional no terceiro milênio:* estudos em homenagem ao Prof. Vicente Marotta Rangel. São Paulo: LTr, 1998.

MANUS, Pedro Paulo Teixeira. *Direito do Trabalho.* 9ª ed. São Paulo: Atlas, 2005.

MARTINEZ, Wladimir Novaes; NOVAES FILHO, Wladimir. *Lei Básica da Previdência Social.* 7ª ed. São Paulo: LTr, 2005.

MARTINS, Adalberto. *Manual didático de direito do trabalho.* São Paulo: Malheiros, 2003.

MARTINS, Sérgio Pinto. *Curso de Direito do Trabalho.* São Paulo: Dialética, 1998.

MELLO, Celso Duvivier de Albuquerque. *Direito Internacional Público.* Rio de Janeiro: Renes, 1970.

NUNES, Luiz Antonio Rizzato. *Manual da Monografia Jurídica.* São Paulo: Saraiva, 1997.

PRADO, Roberto Barretto. *Direito do Trabalho.* São Paulo: Revista dos Tribunais, 1963.

PRUNES, José Luiz Ferreira. "Alterações no capítulo das férias, da CLT pela Convenção n. 132 da OIT", *Anais do III Congresso Nacional de Direito do Trabalho e Processual do Trabalho do TRT da 15ª Região.* São Paulo: Vida e Consciência, 2001.

RANGEL, Vicente Marota. *Direito e relações internacionais.* São Paulo: Revista dos Tribunais, 1971.

ROMITA, Arion Sayão. Efeitos da ratificação da Convenção n. 158 da OIT sobre o direito brasileiro. *Revista da Academia Nacional de Direito do Trabalho.* São Paulo: LTr, ano V, n. 5, 1997.

SAAD, Eduardo Gabriel. *Constituição e direito do trabalho.* 2ª ed. atual. e rev. São Paulo, LTr, 1989.

SÜSSEKIND, Arnaldo. A convenção da OIT sobre despedida imotivada. *Revista da Academia Nacional de Direito do Trabalho.* São Paulo: LTr, ano V, n. 5, 1997.

_____. A globalização da economia e a Organização Internacional do Trabalho. *Revista Trabalho e Doutrina.* São Paulo: Saraiva, n. 21, jun./1999, p. 79.

Produção Gráfica e Editoração Eletrônica: **IMOS**
Capa: **MICHAEL WAHRMANN**
Impressão: **CROMOSETE**